Andrew Taylor Still

Autobiographie

Andrew Taylor Still

(1828-1917)

Autobiographie

Traduit de l'anglais par
Pierre Tricot

SULLY

Prière d'Andrew T. Still

O mon Dieu, je m'agenouille devant Toi, le Grand Médecin.
Toute grâce et tout don parfait venant de Toi,
Je t'en supplie, accorde à mes mains l'habileté,
À mon esprit la claire vision
Et à mon cœur la bonté et la compassion.
Accorde-moi une intention juste,
La force de soulager au moins une partie
Du fardeau et de la souffrance de mon prochain
Et une vraie compréhension du privilège qui est le mien.
Enlève de mon cœur tout artifice
Et tout attachement à ce monde,
Afin qu'avec la foi sincère d'un enfant,
Je puisse m'en remettre à Toi.

© Éditions Sully, 1998
4e édition 2013
BP 171, 56005 Vannes Cedex
Tél. : 02 97 40 41 85, fax : 02 97 40 41 88
E-mail : editions.sully@wanadoo.fr
Site : www.editions-sully.com
ISBN : 978-2-35432-091-1

Sommaire

de la nature en obstétrique – L'ostéopathie définie – Fouet
de la quinine pour chasser la fièvre – Le corps calleux – Corpuscules –
Les équipements des chirurgiens de Fremont – Comment Dieu se
manifeste.

Note de l'éditeur ·

Depuis la première édition en français de l'*Autobiographie* de A.T. Still (1998), l'ouvrage de Carol Trowbridge, *A.T. Still* (The Thomas Jefferson University Press, Kirksville, MO, 1991), biographie moderne de A.T. Still, de nombreuses fois cité en notes, est paru en français sous le titre *Naissance de l'ostéopathie* (Sully, Vannes, 1999).

    Aux éditions Sully, trois autres traductions de Still ont été publiées : *Philosophie de l'ostéopathie* (1999, nouvelle édition augmentée 2003), *Ostéopathie, recherche et pratique* (2001), *Philosophie et principes mécaniques de l'ostéopathie* (2009).

AVANT-PROPOS

Voici l'extraordinaire histoire d'un homme et de son invention, racontée par lui-même. Avant de laisser la parole à Still, il me paraît indispensable, pour comprendre aujourd'hui son cheminement, de replacer ses propos dans le contexte de l'époque et du lieu.

– **Still et son époque** : dans l'introduction de son livre *Andrew Taylor Still*, Carol Trowbridge écrit : « L'histoire de cet homme et de son mouvement médical est pratiquement inconnue de la majorité des américains, bien que tous les deux soient typiquement américains. Still a vécu la grande Ruée vers l'ouest, la seconde révolution industrielle et l'éveil scientifique. Il participa à la guerre du Kansas frontalier libéral et en conséquence, participa à la guerre de Sécession. Plus important pour l'histoire de l'ostéopathie, il naquit fils d'Abram Still, un prêcheur méthodiste itinérant de la frontière, de telle sorte que la doctrine méthodiste du perfectionnisme imprégna sa philosophie, tout comme elle imprégna d'une manière ou d'une autre l'ensemble de la pensée et de l'activité américaine du XIXᵉ siècle. [...] Quelques philosophes étendirent le concept de perfectionnisme à ce qu'ils percevaient comme l'étape logique ultérieure et demandèrent : "Si Dieu est parfait, comment toute chose par Lui créée, y compris le genre humain, pourrait-elle être imparfaite ?" Telle fut la position de Still. » (Trowbridge, 1999, 15)

D'autres influences non négligeables vinrent de sa confrontation à toutes sortes de sujets agitant les hommes pensants de cette époque : « L'univers de Still ne fut plus jamais le même après qu'il se soit accordé à la pensée des transcendantalistes, des universalistes, des spiritualistes, des mesméristes et des phrénologistes, chacun d'eux étant le fer de lance de mouvements

1. Trowbridge, Carol, 1999. *Naissance de l'ostéopathie*. Sully, Vannes, 292 p., ISBN : 2-911074-16-5.

13

fondés sur un monde centré sur l'humain fonctionnant selon des lois naturelles. Leurs idées firent vibrer toute la pensée américaine du XIXe siècle et ouvrirent la voie à l'acceptation de la théorie de l'évolution. Bien que l'ostéopathie soit née à la frontière, Still a retiré de ce flux incessant d'idées du XIXe siècle, formulant sa science à partir de la phrénologie, du mesmérisme ou du magnétisme, du reboutement, du spiritualisme, du perfectionnisme, de la mécanique, et des concepts évolutionnistes. » (Trowbridge, 1999, 16)

– **Still et la médecine :** c'est à travers l'impuissance à soulager son prochain, la souffrance consécutive à la perte d'êtres chers et à cause de son aversion naturelle pour les drogues que Still remit en cause le système médical de l'époque, élaborant peu à peu le nouveau concept qu'est l'ostéopathie.

Pour comprendre aujourd'hui son cheminement, sa sévérité vis-à-vis des médecins et des systèmes médicaux, il nous faut rapidement évoquer le contexte médical de l'époque et du lieu. Dans les États pionniers, la pratique de la médecine n'est pas réglementée. Elle ne le sera que progressivement à partir des années 1870. Cette médecine est probablement plus proche des descriptions de Molière que de la médecine actuelle et, bien entendu, elle est le plus souvent impuissante. Il l'appellera lui-même *médecine de l'à-peu-près*, ou du *viser-rater*. Rappelons que c'est seulement à cette époque que Claude Bernard (1813-1878) jette les bases de la médecine expérimentale, fondement de la médecine actuelle.

Still apprendra la médecine auprès de son père, au contact des indiens Shawnee et de leurs pratiques. Là encore, l'influence méthodiste semble avoir été déterminante : « Bien qu'Andrew se soit ultérieurement éloigné de la religion organisée, il hérita du méthodisme une aversion pour l'alcool et l'esclavage, un intérêt pour l'éducation et une approche de la médecine privilégiant davantage la santé que la maladie. » (Trowbridge, 1999, 21)

Son intérêt pour la mécanique le conduira à rapprocher ses trouvailles de l'organisation de la structure humaine et à se plonger dans l'anatomie, qu'il étudiera sur les squelettes indiens. Il sera ainsi révolutionnaire en émettant l'idée d'une relation entre l'anatomie et la fonction. Cette étude, lui fournissant un support réel de connaissance, lui permettra également de sortir de l'empirisme médical de l'époque.

Dans les années 1860, il voudra parfaire sa formation médicale : « …Ultérieurement, il dira que lors de son entrée à l'École de médecine et de chirurgie de Kansas City, immédiatement au sortir de la guerre de Sécession, il fut dégoûté par les enseignements et n'alla pas jusqu'au diplôme. Évidemment, un diplôme d'une école médicale de l'époque ne signifiait pas grand-chose, si ce n'est un papier à accrocher au mur. Les conditions exigées pour entrer dans ces entreprises pour la plupart commerciales se réduisaient généralement à la capacité de payer les frais de scolarité. L'étudiant devait assister à un cours de deux années de conférences échelonnées de novembre à février, la deuxième année présentant le même programme que la première, sans entraînement clinique et comme beaucoup d'étudiants étaient illettrés, seul un bref examen oral était requis pour obtenir le diplôme. » (Trowbridge, 1999, 133-134)

– **Convaincre :** Still veut convaincre. Il utilise pour cela les systèmes de son époque : « Dans les nombreuses pages consacrées à la philosophie évolutionniste, ses descriptions et comparaisons allégoriques semblent étranges et excentriques pour qui n'est pas familier des prêches péremptoires des réunions de camp du XIXᵉ siècle. L'influence de cette rhétorique est présente de manière évidente dans son livre. Still personnifie la maladie à l'image du Prince des Ténèbres (le Diable) des sermons évangélistes. Le Josué de l'Ostéopathie est envoyé pour lutter contre Oreillons, Diphtérie, Pneumonie et Scarlatine. Tout comme les prêcheurs méthodistes de la frontière poussaient leurs congrégations à l'action avec des images militantes d'actes guerriers contre le Diable et le péché – charger au son du clairon –, le Vieux Docteur commandait à ses généraux de brandir leur sabre et d'attacher leurs baïonnettes contre les ravages de la maladie. » (Trowbridge, 1999, 245)

Enfin, le ton péremptoire qu'utilise souvent Still pourra agacer. Mais imaginons bien que comme tout novateur, il se heurte à l'incompréhension et à l'ostracisme. Ainsi, souvent

15

affleure la souffrance de n'être pas compris. À nous de procéder aux ajustements qui s'imposent. En revanche, tout au long de cette *Autobiographie*, la pensée profonde, source même du concept ostéopathique est exprimée, et elle défie les époques et les lieux. C'est elle qui nous intéresse et elle émerge à chaque ligne de cette histoire, celle d'un homme dont on pourra tout dire sauf qu'il fut ordinaire.

La première publication d'*Autobiographie* date de 1998. Dix ans déjà... Certes, déplorer le manque de traductions d'ouvrages fondateurs, comme je le faisais à cette époque, n'est plus de mise. Pourtant, je crois que la lecture voire la relecture d'*Autobiographie* est plus que jamais d'actualité, notamment suite à la publication des déplorables décrets (avril 2007) qui prétendent réglementer la profession tout en méprisant les fondements et la logique de l'ostéopathie.

Still est notre *fulcrum*. Ce mot, emblématique de l'ostéopathie, signifie « point d'appui ». Il dit bien ce qu'il veut dire. Il évoque un centre, immobile et stable à partir duquel, autour duquel bougent les choses. La capacité à maintenir un point d'appui stable est la source même de la puissance. Face à l'incompréhension, à l'incompétence de ceux qui prétendent nous réglementer, inutile de gémir, de brandir banderoles ni de hurler slogans. Nous avons mieux à faire : centrons nous sur notre fulcrum et œuvrons, journellement à partir de ce point. Ce n'est pas spectaculaire, pas vraiment gratifiant pour l'ego, mais c'est particulièrement efficace. Je souhaite que cette nouvelle édition d'*Autobiographie* permette aux plus jeunes de comprendre le formidable message d'amour, de bienveillance et de compassion que nous livre Still. Je souhaite qu'ils découvrent, comme je le fis en le traduisant, ses essentiels, qu'ils comprennent et rejoignent ses exigences spirituelles et techniques, fondement même de notre art, qu'ils trouvent enfin le fulcrum nécessaire pour traiter efficacement leurs patients et maintenir, contre vents et marées, le concept et la pratique de l'ostéopathie.

Pierre Tricot DO
Granville, France, janvier 2008

Préface à la première édition originale

Je désire, dès le début, informer le lecteur que ce livre est écrit pour raconter des faits, sans prétendre se confiner aux dates et personnages exacts. Les événements qui ont laissé une impression durable dans mon esprit, tirés aussi correctement que possible de ma mémoire, sont racontés sans considération pour les règles subtiles de l'écriture. Je n'ai jamais pris de notes sur ma vie, par conséquent, les histoires pourront paraître désordonnées. Lorsque je vous parlerai d'un événement, il sera aussi véridique que je pourrai me le rappeler, indépendamment de ce qu'il pourrait paraître une fois imprimé. Lorsque j'écris, je désire éviter la « biographie » parce que les « biographies » sont si gentiment arrangées que le lecteur se demande bien souvent de qui le narrateur « fait l'éloge ». Bien que je me sois souvent dit que j'aurais dû recourir à un « biographe » professionnel pour écrire ma vie, j'ai décidé de l'écrire moi-même.

Lorsque je lis dans des articles sur les batailles de la guerre de Sécession « comment le major A. T. Still chargea les rebelles sabre au clair, exhortant ses hommes à la victoire », je commence à douter des biographes professionnels parce que je sais qu'aucun sabre n'était brandi et qu'il n'y avait pas non plus de dur combat hurlant opposant trente mille combattants deux heures durant. Je me souviens également de ces reporters des années soixante qui n'essayaient jamais d'écrire la vérité, et n'auraient pas pu le faire, même s'ils avaient voulu, parce qu'à cette époque, ils ne s'approchaient jamais à moins de dix ou quinze kilomètres des balles ; et je pense qu'ils ont parfois aujourd'hui aussi peur de la vérité qu'ils avaient à ce moment-là peur du plomb. Je voudrais dire au lecteur désireux de lire mon histoire de la lire comme je l'ai écrite et non comme un compte rendu mensonger de quelque journal dénaturant les faits.

Andrew T. Still
Kirksville, Missouri, 15 juin 1897

Préface à la seconde édition originale

En présentant une seconde édition révisée de mon autobiographie aux ostéopathes et autres personnes intéressées, je dois indiquer que certaines choses de peu d'importance pour le lecteur général ont été omises, leur place étant occupée par les choses vraiment intéressantes.

En 1907, la maison d'édition qui a produit la première édition a eu la malchance de subir un incendie au cours duquel les plaques de l'*Autobiographie* ont brûlé.

Pour répondre à la requête constante concernant mon autobiographie, je conclus qu'il était préférable de réviser l'ancienne édition alors épuisée. Ainsi, la nouvelle édition sera une amélioration de la précédente. Au cours des années écoulées depuis la publication de la première édition, il y a eu des fluctuations au sein de tous les départements de mon collège. J'ai réussi à introduire l'ostéopathie de telle manière que les étudiants puissent saisir et comprendre la philosophie de cette science, et prouver leur aptitude à démontrer ce qu'ils prétendent : être des penseurs et ingénieurs correctement qualifiés, connaissant la vraie loi permettant de combattre la maladie, capables de conduire le corps humain de la maladie vers la santé.

Je désire remercier le docteur E. B. Veazie et le professeur Bean pour leur intérêt et leur inlassable travail dans l'aide qu'ils m'ont apportée pour mettre à jour cette édition révisée, car à mon âge et compte tenu de mon état de santé actuel, il m'aurait été impossible d'accomplir cela sans leur aide.

Je me propose d'ajouter un chapitre court mais éclairant, décrivant la période écoulée depuis 1897. À mes yeux, quelques données dévoilant un peu de l'histoire concernant le développement de l'ostéopathie et du collège durant les dix dernières années sont intéressantes pour le lecteur. Je voudrais étendre mes remerciements aux docteurs Franklin Fiske, Julius Quintal, à mes fils et à tous ceux qui m'ont aidé dans ce travail. Je désire les créditer pour leur aide et leur encouragement.

Cela étant mon dernier effort pour écrire ma biographie, j'espère que cette nouvelle édition donnera satisfaction à tous les lecteurs.

Sans remarque supplémentaire, je vous dis « adieu ».

Andrew T. Still
Kirksville, Missouri, 1ᵉʳ janvier 1908

Préface à l'édition française

Le livre que vous êtes sur le point de lire est difficile, pas nécessairement à cause de la matière, mais à cause de la manière dont il fut écrit. Le docteur Andrew Taylor Still naquit à une époque où la langue n'était pas aussi simple qu'aujourd'hui. Ainsi, sa terminologie et sa phraséologie peuvent être difficiles à comprendre. En lisant, souvenez-vous simplement de votre formation et du savoir que vous avez accumulé.

Au cours des ans, avant comme après être devenu D. O., j'ai eu l'opportunité de connaître un grand nombre d'ostéopathes ou groupes d'ostéopathes. Je puis honnêtement dire que je n'ai jamais vu des gens aussi intéressés et enthousiastes que ceux rencontrés venant de France. J'admire votre persévérance et votre aptitude. Comme le disait le docteur Still : « Gardez-la pure. »

Cela est pour moi un merveilleux réconfort de savoir que l'ostéopathie continuera de vivre grâce à ceux qui ont véritablement reconnu ses avantages et vont la perpétuer dans les pas du docteur Still.

Avec toute mon affectueuse estime,

Richard H. Still Jr D. O. [1]
6 novembre 1997

1. Richard H. Still Jr est le petit-fils d'Harry Mix, un des enfants jumeaux d'A. T. Still. Il est lui-même ostéopathe à Kirksville, dans le Missouri.

21

CHAPITRE I

Premiers jours – Jours d'un écolier et la sévère baguette –
Connaisseur en chiens – Mon fusil à pierre – Premier fourneau
et première machine à coudre – Arrivée de la fin du monde –
Ma première découverte en ostéopathie.

J e suppose que ma vie a commencé comme celle de nombreux enfants, avec la forme animale, l'esprit et le mouvement, le tout en état de marche. Je suppose que je pleurais et remplissais les devoirs de la nature correspondant à la vie d'un bébé. Ma mère, comme les autres, eut pour tout confort cinq ou six enfants hurlant la nuit. À quatre ou cinq ans, je reçus mon premier pantalon ; à partir de ce moment, je devins l'homme de la maison. En temps voulu, je fus expédié à l'école dans un bâtiment de bois, et enseigné par un vieil homme appelé Vandeburgh. Il semblait sage bien qu'il se déchargeât de ses devoirs consistant à déverser de 7 heures du matin à 6 heures du soir sur garçons et filles, petits et grands, quelques leçons d'orthographe, de lecture, d'écriture, de grammaire et d'arithmétique.

Puis, venait l'appel, suivi de l'ordre de rentrer chez soi sans se battre sur le chemin de l'école et d'être ponctuels à 7 heures le lendemain matin pour ingurgiter plus de littérature de bas étage, jusqu'à ce que garçons et filles n'aient plus suffisamment de bon sens pour réciter leurs leçons. Alors, à cause de notre pauvre orthographe, il nous faisait asseoir sur le squelette d'un crâne de cheval et, jusqu'à 6 heures, pardonnait nos nombreux péchés avec la « baguette de châtiment » sélectionnant celle qui, choisie parmi douze, conviendrait pour l'occasion au travail de correction.

En 1834, mon père quitta ce lieu de torture, situé à Jonesville, dans le comté de Lee en Virginie, pour Newmarket, dans le Tennessee. Alors, en 1835, je fus envoyé avec deux frères plus âgés pour étudier dans une plus grande école au collège de Holston, contrôlée par l'Église méthodiste[1] et située à Newmarket, dans le Tennessee. L'école était dirigée par Henry C. Saffel, un homme très cultivé, très intelligent, travaillant sans brutalité.

En 1837, mon père fut nommé par la conférence de l'Église méthodiste du Tennessee comme missionnaire dans le Missouri. Nous fîmes nos adieux au beau collège de briques d'Holston et, après un voyage de plusieurs semaines, atteignîmes notre destination, pour nous établir dans une région dépourvue d'écoles, d'églises et de journaux. Ma scolarité s'interrompit donc jusqu'en 1839. À ce moment, mon père, avec six ou huit voisins, embaucha pour l'hiver 1839-40 un homme appelé J. D. Halstead pour nous enseigner le mieux possible. Il était très rigide, mais pas si brutal que Vandeburgh. Au printemps 1840, nous quittâmes le comté de Macon pour celui de Schuyler, dans le Missouri, et je ne fus plus scolarisé jusqu'en 1842. Cet automne-là, nous abattîmes des arbres dans les bois pour construire une cabane en bois de cinq mètres sur dix, haute de deux mètres avec un sol en terre battue. Sur un pignon, nous avions retiré une grosse bûche pour donner de la lumière, ce qui circonscrivait un espace dans lequel nous pouvions voir suffisamment pour lire et écrire. Cet établissement d'étude fut dirigé par John Mikel, de Wilkesborough, en Caroline du Nord, travail pour lequel il était payé à raison de deux dollars par tête pour une

1. *Méthodisme* : doctrine d'une église évangélique protestante, fondée en Angleterre, au début du XVIIIe siècle sur les principes de John et Charles Wesley, en réaction contre le ritualisme de l'église anglicane. La doctrine repose sur une interprétation arminienne (fondée par Arminius) des Trente Neuf Articles, mais privilégie l'expérience personnelle de la conversion, de l'engagement et de la sanctification. Sur le plan social, elle se caractérisée une quête incessante vers la perfection et par un intérêt actif pour le bien-être social et la moralité publique. [N.D.T.]

durée de quatre-vingt-dix jours. Il était bon pour ses élèves qui, sous son égide, progressèrent rapidement. L'été 1843, M. John Hindom, de Virginie, enseigna un trimestre entier au cours duquel une amélioration mentale fut notée. Puis, retour dans la vieille cabane de bois pour un dernier trimestre dans la grammaire de Smith, sous l'égide du révérend James N. Calloway. Pendant quatre mois, il exerça très bien sa classe dans les branches anglaises, démontrant qu'il était un homme grand et bon. Il nous quitta avec l'amour et les louanges de tous ceux qui le connurent.

Au printemps 1845, nous retournâmes dans le comté de Macon. Il y avait là une école dirigée par G. B. Burkhart mais je ne la fréquentai pas parce que nous ne nous accordâmes pas. Je quittai donc la maison pour entrer à l'école de La Plata, dans le Missouri, dirigée par le révérend Samuel Davidson de l'Église presbytérienne de Cumberland. En même temps que je fréquentais cette école, je logeais chez John Gilbreath, un des meilleurs hommes que j'aie connus. Lui et sa chère épouse furent comme un père et une mère pour moi et les mots me manquent pour en parler. Sa tombe renferme un des meilleurs et des plus chers amis de ma vie. Ils ouvrirent leur porte, me laissant, moi et un ami très cher et camarade d'école, John Duvall (décédé depuis longtemps), dans leur maison. Tous les matins, tous les soirs et tous les samedis, mon ami et moi fendions du bois, trayions les vaches, aidions Mme Gilbreath à s'occuper des enfants et faisions le plus de travaux ménagers possible. Lorsque nous partîmes, elle pleura comme s'il s'agissait du départ de ses propres enfants. Je pourrais parler de beaucoup d'autres personnes avec autant de louanges, mais le temps et l'espace qui me sont impartis ne me le permettent pas. À l'été 1848, je retournai à La Plata pour fréquenter une école entièrement dévolue à la science des nombres par Nicolas Langston, un merveilleux mathématicien. Je demeurai avec lui jusqu'à ce que je maîtrise la racine cubique et la racine carrée dans le manuel d'arithmétique de Ray. Alors se termina ma scolarité à La Plata. Le lecteur ne doit pas supposer que tout mon temps était consacré à l'acquisition d'une éducation dans des écoles de bois.

J'étais comme tous les enfants, un peu paresseux et amateur d'armes. J'avais trois chiens – un épagneul pour l'eau, un chien courant pour le renard et un bulldog pour l'ours et les panthères. Pendant de nombreuses années, j'eus un vieux fusil à pierre, qu'il fallait bourrer, puis allumer avant que le coup ne parte. Ainsi, pour atteindre ce qu'on visait, il fallait le tenir un bon moment. Et si la poudre était humide, ça durait encore plus longtemps parce que la détonation ne se produisait pas tant que le pétillement n'était pas terminé et que le feu n'avait pas atteint l'orifice de contact avec la charge de poudre en arrière de la culasse. Pour atteindre la cible, il fallait donc de l'habileté et des nerfs solides.

J'étais considéré comme un bon connaisseur en chiens et passais pour une autorité à ce sujet. Un chien courant, pour être un grand chien, doit avoir une langue aplatie, large et fine, des yeux enfoncés, des oreilles fines et longues, très larges, un peu dressées sur la tête puis tombant deux centimètres et demi sous la mâchoire. Le palais doit être noir et, pour les bons ratiers, la queue doit être longue et très mince. J'étais sensé vendre de tels chiots un dollar par tête, pourtant, la plupart du temps, je les donnais. Lorsque je partais dans les bois armé de mon fusil à pierre et accompagné de mes trois chiens, ils restaient avec moi jusqu'à ce que je dise : « Attrape-le, Drummer ! » qui commandait à Drummer de partir en prospection. Lorsque je voulais des écureuils, je lançais un bâton sur un arbre et criais : « Cherche-le Drummer ! » En peu de temps, l'animal fidèle avait débusqué un écureuil. Lorsque je voulais un cerf, je chassais contre le vent, maintenant Drummer derrière moi. Lorsqu'il sentait un cerf, il venait se placer sous mon fusil que je tenais pointé devant moi. J'étais constamment prévenu par la chute de sa queue que j'étais arrivé aussi près que possible du gibier sans le faire fuir.

Ce vieux fusil de chasse à pierre datait de l'administration de Van Buren [2] et Polk [3] ; mais à l'arrivée de Harrison [4] « old Tip »,

2. *Martin Van Buren* (1782-1862). Huitième président des États-Unis d'Amérique (1837-41), premier président à être né citoyen américain. [N.D.T.]

je possédai un fusil à amorce. Maintenant, j'étais un homme, « un vrai ». Comme il suffisait de presser la gâchette pour que le coup parte, je pouvais tirer les cerfs courants. Les fusils de chasse n'existaient pas à cette époque mais le frontalier [5] que j'étais devint très expert dans le maniement de la carabine. Je pouvais toucher un faucon, une oie sauvage et n'importe quel oiseau ne volant pas trop haut ou trop vite pour mon viseur. Je tuais beaucoup de cerfs, de dindons, d'aigles, de chats sauvages et de renards. Ma vie frontalière m'avait donné le pied léger. Au cours du mois de septembre 1839 mon frère Jim et moi avons coursé et attrapé seize renards. De peur que certains ne pensent à de la vantardise, je dois expliquer qu'au cours de l'été, une maladie s'était abattue sur les renards et que nous les trouvâmes étendus dans la poussière sur le chemin brûlant, faibles et tremblants. Fiévreux et maladifs, ils étaient incapables de nous fuir. Je n'ai jamais essayé de poursuivre un renard.

Comme les fourrures ne valaient pas un cent en septembre, nos seize renards furent inutiles mais, au cours de l'hiver qui suivit, nous attrapâmes un vison et décidâmes d'aller au marché avec sa fourrure parce que pour pouvoir continuer à tirer du gibier nous avions besoin d'une barre de plomb valant cinq cents. Je sellai donc mon cheval Selim et partis pour

3. *James Knox Polk* (1795-1849). Onzième président des États-Unis d'Amérique (1845-49). Au cours de son mandat, la nation s'étendit jusqu'à l'océan Pacifique à la signature du traité de l'Oregon et la fin de la guerre avec le Mexique. [N.D.T.]
4. *William Henry Harrison* (1773-1841). Neuvième président des États-Unis d'Amérique (1841). Mort un mois seulement après son entrée en fonction. Il est surtout connu pour sa carrière militaire antérieure dont la victoire sur les Shawnee à la bataille de Tippecanoe, d'où son surnom de « Old Tip ». [N.D.T.]
5. *Frontière, Frontalier* : dans la culture américaine, le mot « frontière » ne signifie pas seulement une limite, entre deux pays par exemple, mais plus généralement, une limite atteinte dans un domaine particulier, ici la colonisation. Les territoires atteints n'étaient pas à proprement parler des pays différents, mais des régions non colonisées généralement occupées par différentes tribus indiennes. [N.D.T.]

Bloomington (quinze kilomètres) pour échanger ma peau de vison contre du plomb. L'échange se fit avec mon bon ami Thomas Sharp (un oncle du révérend père Georges Sharp, de Kirksville dans le Missouri) et bientôt la peau rejoignit ses fourrures de raton laveur et d'opossum. Alors, j'enfourchai Selim et repartis pour la maison pour dire à Jim que j'avais trouvé un marché permanent pour les peaux de vison à cinq cents pièce. En peu de temps, je tuais un cerf et avais une peau de daim à ajouter à mon commerce de fourrure ; et avec mes « gros » cinquante cents, j'achetai de la poudre, du plomb, et des cartouches.

Au début des années 40, je redoutais beaucoup le jugement dernier, ou quelque autre terrible calamité. On m'avait parlé des signes majeurs et mineurs devant se manifester avant la « comète finale » au point que mon jeune esprit était vraiment perturbé.

Les hommes étaient devenus si sages qu'ils savaient exactement quand les grandes roues du temps allaient s'arrêter. Mais l'histoire du jugement dernier n'était rien à côté de l'invention d'un grand homme sage, appelée machine à coudre, et qui pouvait faire plus de cent points à la minute. Je savais qu'elle pouvait faire cela parce que je l'avais lu dans le *Methodist Christian Advocate* de New York. Lorsque je racontai l'histoire à mon copain Dick Roberts, il me dit que c'était forcément un mensonge étant donné que sa mère, une des femmes les plus élégantes du pays, « ne pouvait pas en faire plus de trente », il n'allait donc pas gober un tel truc.

Je ne disais pas à Dick toutes les choses merveilleuses dont j'avais entendu parler. Je voulais lui dire que « Sœur Stone », juste à six kilomètres et demi de chez nous, m'avait dit avoir rapporté de l'Est une cuisinière sur laquelle elle pouvait faire du café, de la viande bouillie ou frite, du pain cuit au four, du sirop, ou cuire n'importe quoi, dans de bonnes conditions. Mais pour être sûr de la chose, je décidai d'aller voir moi-même si c'était vrai avant de le raconter à Dick.

Je dis à mon père que j'allais chasser le bétail perdu. Il dit : « très bien ». Ayant rejoint l'église quelques dimanches aupara-

vant, il supposait que j'étais honnête en affirmant aller à la recherche de bétail, alors que je voulais en réalité voir la cuisinière de sœur Stone et avais décidé de faire appel au mal pour obtenir le bien. Donc, j'enfourchai Selim et, dès que je fus hors de portée de vue de mon père, je l'aiguillonai sur les flancs et l'arrière-train jusqu'à ce que nous ayons parcouru six kilomètres et demi. En arrivant chez sœur Stone, je demandai : « Hello Sœur Stone, n'aurais-tu pas par hasard aperçu des bêtes de notre troupeau errant par ici il y a un jour ou deux ?
– Non, dit-elle, mais descends de là et entre. »
Je sautai à terre rapidement, en demandant : « Puis-je avoir un verre d'eau ?
– Oh, oui. Il fait rudement chaud ! »
Tout en buvant, elle attira mon attention sur sa cuisinière. Je lui demandai ses possibilités de cuisson, et elle m'expliqua tout. Je lui demandai si elle pouvait cuire du pain de maïs.
« Oh oui, attends juste quelques minutes, je vais t'en faire un peu. » Elle le fit à la perfection et je m'empiffrai de pain et de lait. Je la remerciai pour sa gentillesse, enfourchai Selim et trouvai rapidement du bétail que j'avais remarqué en venant chez elle. Ainsi, mon père ne sut jamais que je lui avais « juste un peu » menti.

Un court moment plus tard, je vis Dick et lui racontai mon histoire de cuisinière. Il prit un air incrédule, mais ne me contredit pas. Je suppose qu'il eut peur que je contredise ses sentiments en lui donnant un coup de poing sur le nez. Cela fut un des signes de la fin des temps, et l'histoire de la machine à coudre en fut un autre.

Cela survint à l'époque où la prophétie de Miller [6] prédi-

6. *William Miller* (1782-1849). Baptiste convaincu par la lecture de la bible que la seconde venue du Christ surviendrait vers 1843. Des milliers de convertis par ses enseignements commencèrent après 1831 à préparer le retour du Christ. Comme 1843 passa sans que survienne l'événement, Miller spécifia le 21 mars 1844 et plus tard le 22 octobre 1844 comme dates pour l'événement. L'échec de ces prédictions fut fatal au mouvement, mais Miller, entouré de quelques irréductibles, continua de prédire le retour imminent du Christ. Les Adventistes du

sant la fin du monde effrayait tant de gens et où beaucoup se préparaient pour le grand événement. Un homme bon possédait un beau cochon qu'il pensait cuire pour la venue du Sauveur. Il fut très désappointé en apprenant qu'Il ne mange pas de porc. Ainsi allait l'histoire dans les premiers temps, pleine de signes et de prodiges. Le même homme pieux, à la même époque, rencontra un Indien qui demanda à rester avec lui toute la nuit et fit beaucoup de gestes mystérieux adressés aux nuages et au sol, disant à l'Homme blanc « Chee muckeeman », qu'il voulait rester dans la maison par peur de la neige. Le brave homme le laissa entrer, pensant qu'il pouvait s'agir du Sauveur. Il était très perplexe parce qu'il ne parlait pas hébreux et ne comprenait pas le Sauveur et était surpris que le Sauveur ne comprenne pas l'anglais. Un moment plus tard, Bill Williams arriva et dit : « Sago, Towanin », et entra en grande conversation avec Towanin, le chef des Indiens Sac.

Quatre-vingt-dix pour cent des gens vivant en Amérique n'ont aucune idée des difficultés et des réalités inhérentes à la vie d'un pionnier de l'Ouest. C'est une occupation profitable que de lire leur histoire lorsqu'elle est écrite par quelqu'un ayant passé son enfance, sa jeunesse ou sa vieillesse dans l'Ouest, à l'époque où tant d'épreuves furent nécessaires pour établir et civiliser une région dans laquelle vos gentilles maisons se dressent aujourd'hui comme des monuments de civilisation. L'esprit et l'énergie de cette époque sont aujourd'hui totalement oubliés mais ils remplissent les tombes des plus grands esprits de l'Amérique parmi lesquels Boone [7], Benton [8] et plein d'autres de même valeur. Leurs voix se sont tues, mais leurs actes jalonnent les voies de la renommée. Ce sont les hommes et les

Septième Jour sont l'émergence de l'excitation provoquée par Miller autour de la seconde venue du Christ. [N.D.T.]

7. *Daniel Boone* (1734-1820). Fils de colons quakers de l'ouest de la Caroline du Nord. Il atteint la célébrité en tant qu'homme de la frontière à l'époque de la Révolution américaine, pour ses exploits de combattant et de chasseur. [N.D.T.]

8. *Thomas Hart Benton* (1782-1856). Figure majeure de la vie politique américaine, sénateur américain en 1812. Il supporta l'expansion vers

femmes qui apprivoisèrent le Sauvage, nettoyèrent et cultivèrent les champs, éliminant ainsi difficultés et dangers. Ils renoncèrent à leurs conforts pour le bénéfice des générations suivantes, vivant peu, toujours sur leurs gardes jusqu'à ce que les écoles et la civilisation soient établies dans notre contrée sauvage et que commence le travail d'éducation des esprits permettant une autre sorte de vie. Vous êtes aujourd'hui riches de l'héritage légué par le sang et la sueur du pionnier et, bien que vous puissiez maintenant sourire de ses superstitions et de sa mélancolie, vous devez respecter sa mémoire.

Avec le temps, les peurs engendrées par Miller commencèrent à s'estomper. Les rites qu'elles avaient initiés tombèrent en désuétude pour ne plus que servir de sujet à d'amusantes anecdotes.

Mon expérience de frontalier changea. Je jouissais d'avantages dont peu pouvaient profiter. Mon père, homme habitué à accomplir toutes sortes de travaux, était pasteur, docteur, fermier et meunier. Ma mère était un mécanicien né et confectionnait habits, vêtements et tartes à la perfection. Elle croyait que « qui aime bien châtie bien », et utilisait la baguette sur un mode homéopathique. Mon père disait : « Pour avaler un repas, il faut ouvrir la bouche. Pour avoir du bon sens, il faut laisser l'esprit ouvert. Pour chevaucher un cheval, il faut grimper sur son dos ; et pour devenir un cavalier, il faut y rester. » Ma mère disait : « Pour boire du lait, il faut le mettre dans la bouche et non sur les vêtements parce qu'il n'y a que ce moyen pour boire le lait. » Mon père, en tant que fermier, pensait qu'un peu d'éducation dans le domaine de la culture des céréales serait une bonne chose, associée à mon savoir de meunier ; et dès mon plus jeune âge on m'apprit à conduire un attelage et accomplir tous les gestes de la ferme jusqu'à ce que je puisse diriger les attelages, les herses, les charrues et les racloirs. Lorsque je revenais des champs pour dîner, mon père me disait que je pouvais me reposer en portant la soupe aux cochons. Je ne faisais pas attention

l'ouest, l'attribution de terres libres aux colons et s'opposa à l'expansion de l'esclavage. [N.D.T.]

au travail ; c'était l'exercice qui dérangeait mon esprit. Lorsque je croisais le vieux Dan, le Noir, il disait : « La couronne est pour l'homme de foi » ainsi que plein d'autres mots d'encouragement, comme : « va et apporte les œufs », « fait démarrer le feu sous la viande ». Et alors il chantait « sweet bye and bye » pour mon éducation. Inéluctablement, j'atteignis l'âge bête qui dura un bon moment. J'étais gauche, ignorant et débraillé jusqu'à ce que je passe vraiment sous contrôle maternel. Elle utilisa largement savon et boutons. Après cela, il sembla que j'avais plus de ressort dans les talons et la tête que jamais auparavant. Elle me donna deux seaux et une tasse et me dit de me dépêcher d'aller traire les vaches pour ensuite l'aider à tondre le mouton avec Dany. À sept heures, nous étions dans l'enclos. Le vieux Dan me dit : « Trappe c'mouton », et ma mère répéta : « Attrape ce mouton » et tante Becky fit écho : « Attrape m'en un. » À ce moment, la vieille négresse Rachel arriva avec ses ciseaux et dit : « J'en veux un aussi. » Et juste à ce moment-là, la godiche fut mise K.O. Au moment où j'attrapai un mouton pour elle, le vieux bélier se dit : « c'est le moment de commencer la danse », et m'envoya rouler d'un bon coup de tête. Cela me fit hurler et rire les autres. Cet incident m'apprit à regarder derrière et devant moi, en haut et en bas, à droite et à gauche et à ne jamais m'endormir en pays ennemi mais, au contraire, à rester sur mes gardes.

Mes instructeurs, pensant que j'étais suffisamment entraîné pour être admis dans une compagnie plus relevée, me permirent d'accompagner Dany au bois, pour y apprendre à couper le bois, fendre des bûches, brûler les branchages et nettoyer le sol pour labourer. Tout se passa pour le mieux, sauf une fois ou deux lorsque Dan raviva mon don d'observation en jouant le bélier jusqu'à ce que je puisse voir une branche aussi grosse que le doigt. Il conclut alors avec le proverbe « la propreté rapproche de Dieu. Je veux que toutes ces cochonneries soient nettoyées, même les plus p'tites ». À midi, il donna la nouvelle tant attendue : « Allez viens on a gagné not' manger ». En approchant de la maison, nous rencontrâmes tante Becky. Elle nous dit que le prédicateur venait pour déjeuner et me demanda de laver son cheval, de le desseller, de l'étriller puis de venir dans le fumoir pour qu'elle me donne une part de tarte ; mais elle n'était pas assez grande pour ma faim. Elle dit qu'elle avait quelque chose à me raconter.

« Qu'est-ce que c'est ? demandais-je.

– Peut-être que cet homme sera ton oncle un jour. Si tu restes dans le fumoir et attends jusqu'au second service, je t'apporterai le gésier du poulet. » Je la pris au mot et eus le gésier ; elle eut le prédicateur et devint l'épouse d'un cavalier itinérant. Peu de temps après, je me rendis compte que je pourrais être moi aussi un cavalier itinérant. Je montais des chevaux, des mules et des veaux et essayais de ressembler à un prédicateur. Mon coursier clérical préféré était un veau qui avait un pas très majestueux. Je le sortis du pré avec un licou, le montai et commençai à jouer le prédicateur. Tout alla bien et je me demandais où je serais nommé lorsqu'un serpent fila devant le nez du veau. Je m'étalai sur le dos devant lui et mes talents de prédicateur se répandirent avec moi sur le sol. Ils y sont restés depuis.

Je voudrais conclure ce chapitre concernant mon expérience de jeune garçon avec un incident qui malgré sa simplicité peut être considéré comme ma première découverte dans la science de l'ostéopathie. Très tôt dans ma vie, j'ai exécré les drogues. Un jour – je devais avoir dix ans –, j'eus mal à la tête. Je pris les rênes qui servaient à mon père pour labourer et j'en fis une balançoire en les accrochant entre deux arbres. Mais la tête me faisait trop mal pour que le balancement soit confortable. Je laissai donc la corde pendre à environ vingt ou vingt cinq centimètres du sol, étalai dessus l'extrémité d'une couverture et m'allongeai sur le sol en utilisant la corde comme oreiller oscillant. Ainsi, je reposai étendu sur le dos, la corde en travers du cou. Très vite, je me sentis plus à l'aise et m'endormis. Je me réveillai peu de temps après, le mal de tête ayant disparu. Comme à cette époque je ne connaissais rien à l'anatomie, je ne prêtai pas attention au fait qu'une corde puisse arrêter un mal de tête et la nausée qui l'accompagnait. Après cette découverte, j'encordais mon cou chaque fois que je sentais venir un de ces signes. J'ai utilisé ce traitement pendant vingt ans avant qu'un peu de raison n'atteigne mon cerveau, me faisant comprendre que j'avais suspendu l'action des grands nerfs occipitaux et harmonisé le flux de sang artériel vers et à travers les veines, avec pour effet le bien-être décrit au lecteur. Depuis l'époque où j'étais gamin, j'ai travaillé plus de cinquante ans pour obtenir une connaissance plus approfondie de l'activité des mécanismes de la vie dans la production du bien-être et de la santé. Et aujourd'hui, je suis, comme je l'ai été pendant cinquante ans, totalement convaincu que l'artère est le fleuve de la vie, de la santé et du bien-être et que, lorsque le sang est chargé ou corrompu, la maladie survient.

CHAPITRE II

Le jeu sauvage de la Frontière – Le cerf de M. Cochran – Le pied du cerf –
Obligé de fuir un chevreuil – Je capture un aigle – Nuit de chasse –
Le cor de frère Jim – La philosophie des sconses et des buses –
Traite dans la difficulté – Attaqué par des panthères.

Le gars de la Frontière connaît de multiples aventures excitantes avec les animaux sauvages dont le garçon des villes ne
peut pas avoir idée sauf par ce qu'il lit dans les livres. En obser-
vant, on apprend plus sur les habitudes et les coutumes des animaux sauvages avec lesquels on est en contact que dans un
cours d'histoire naturelle, parce que le grand livre de la nature
est constamment ouvert devant les yeux.

Peu de temps après que mon père se fut établi dans le
Missouri, j'avais autour de huit-neuf ans, je m'amusais dans la
cour avec mes jeunes frères âgés de trois et cinq ans, lorsque
retentit un coup de fusil tiré à environ quatre cents mètres derrière la maison. Ma mère vint vers nous en courant et dit :
« Avez-vous entendu cette grosse détonation vers l'ouest ? »
Nous répondîmes que oui. Elle dit : « Je m'attends à ce que le
juge Cochran tue un chevreuil. Il a dit qu'il s'apprêtait à partir à
la recherche de cerf, à l'émergence de la source, là où ils viennent boire l'eau qui jaillit de la colline et il nous en a promis un
quartier pour dîner. » À partir de ce moment, nous fûmes tous
très excités. Nous grimpâmes sur la clôture, frère John, Tom, Jim
et Ed, maman et les petites filles attendant sur le pas de la porte,
tous les regards tournés vers la mare aux cerfs distante d'un
demi-kilomètre. Chaque nerf de nos corps était en alerte, nos
yeux grands ouverts, à celui qui le premier apercevrait le juge

Cochran. Rapidement, il apparut dans un espace dégagé et nous l'aperçumes tous au même moment. Je trépignai et mon frère Jim suivit mon exemple. Très vite, le juge arriva sur le pas de la porte, mais bien avant qu'il y soit parvenu, nous lui avions demandé s'il avait tué un cerf. Il répondit : « Oui, j'ai tué un beau chevreuil et vous pourrez tous avoir une très jolie venaison pour dîner, comme je l'ai promis. » Il nous demanda si nous en avions déjà mangé. Nous lui dîmes que non, nous n'en avions jamais vu, encore moins goûté.

Il nous dit que le cerf gisait à la source et qu'il voulait seller un cheval pour le ramener. Quand il monta à cheval, il me demanda si je voulais venir avec lui chercher le cerf. Je grimpai derrière le juge et nous partîmes. En peu de temps, nous fûmes à la source, impressionnés par le cerf mort, la plus merveilleuse chose que j'aie jamais vue. Il était long d'à peu près un mètre cinquante, du bout du museau à l'extrémité de la queue, haut de presque un mètre vingt sur pied, et sa queue avait à peu près trente centimètres de longueur. Ses pieds et son museau ressemblaient beaucoup à ceux d'un mouton sauf que les pieds étaient très pointus. Son pelage avait la couleur des moustaches d'un Irlandais. Ses pattes et ses pieds étaient très beaux et très sveltes, pas plus gros qu'un manche à balai, mais longs de presque un mètre. Je pensai : « Oh, comme il devait courir vite, avant de quitter cette vie pour réjouir notre table ! » Un cerf peut sauter d'un bond aussi loin qu'un enfant en six, ou quinze à dix-huit mètres lorsqu'il descend d'une colline. Il peut sauter au-dessus de la tête d'un homme sans toucher son chapeau.

Bientôt, le juge et moi fûmes de retour à la maison, avec le cerf. Nous le dépeçâmes et le suspendîmes à un arbre pour le refroidir, ainsi, nous pûmes en avoir un peu pour le petit déjeuner au lieu du dîner. Le lendemain matin, nous sautâmes du lit rapidement et de bonne heure. Maman cuisina une grande marmite pleine et la déposa dans un grand et beau plat au centre de la table. C'était la nourriture la plus délectable que j'aie jamais mangée. Peut-être mon appétit de garçon et mon exercice continuel rendaient-ils la viande délectable, comme je n'en avais jamais goûté. Avant de quitter l'évocation du cerf, je voudrais raconter l'aventure que je vécus avec un chevreuil blessé, à peu près douze ans plus tard, alors que j'étais presque un jeune homme. Ce jour-là, alors que j'étais dehors avec mon fusil et mes trois chiens, j'entendis un bruit provenant des broussailles et très vite j'aperçus un chevreuil. Chaque bois avait neuf cors et il était trois fois plus grand que celui tué par le juge Cochran. Je commençai à me rendre compte du danger que je courais face à un tel monstre si je ratais mon coup. Je réalisai que si je le tuais je serais sauf, et si je le ratais, il me tuerait, à moins que mes chiens ne puissent me sauver. Lorsqu'il fut à quelques mètres, je pointai mon fusil. Le coup partit et le chevreuil tomba. « Hourrah, Tom, je l'ai eu ! » Mais à ce moment, mon frère Tom était à cinquante mètres de moi. Je marchai vers le cerf en le croyant mort, mais quand je fus très près de lui, à ma grande surprise, il dressa la tête pour combattre. Ce n'était pas le moment de parlementer et je grimpai prestement dans un arbre, ayant toutefois la présence d'esprit de prendre mon fusil. De mon perchoir, je chargeai et tirai jusqu'à ce qu'il fût mort. Mes trois chiens étaient constamment après lui et je dus faire très attention de l'atteindre sans toucher mes chiens, engagés dans une lutte à mort avec lui. J'ai vu depuis des hommes engagés dans une lutte sans merci, mais je crois n'avoir jamais été témoin d'une rencontre aussi désespérée. Je n'étais pas le premier homme à l'avoir atteint, parce qu'en le dépeçant, je trouvai plusieurs balles ayant pénétré sa peau sans atteindre un point vital.

Une nuit, alors qu'il faisait très sombre et que la neige tombait dru, j'étais à trois kilomètres de la maison, sans fusil ni chien. En regardant vers un arbre, pas plus haut que cinq ou six mètres, je remarquai un objet sans pouvoir dire ce que c'était ; donc, je ramassai un bâton, et le lançai vers le sommet de l'arbre. J'avais un couteau à la ceinture que je tirai pour faire de mon mieux si jamais cet objet était une panthère ou un animal dangereux. Je le touchai avec mon bâton et il tomba sur le sol. Il sembla se placer de lui-même pour combattre, et attrapant un autre bâton, j'appuyai sur l'objet et posai mon pied dessus. La nuit était si sombre que c'est seulement au moment où je le sentis avec mes mains que je me rendis compte que je venais de capturer un aigle. Il avait deux mètres dix d'envergure et mesurait un mètre de la tête à l'extrémité de la queue. La serre postérieure de chaque patte mesurait sept centimètres et demi et ses pattes étaient aussi grosses qu'un manche d'outil. Je le pris sous le bras et, tout en tenant ses pattes, je le ramenai à la maison sain et sauf. Une autre nuit, je rapportai deux grands aigles à tête blanche. Si vous effarouchez un aigle la nuit, il se réfugiera toujours sur le sol et pourra être capturé avec facilité.

Mon père possédait une ferme et récoltait beaucoup de blé. Mais il avait également beaucoup de chevaux, de mules, de bovins, de moutons et de cochons à nourrir, de sorte que nos récoltes étaient consommées à la maison. Nous avions tellement de grain à éplucher et à rassembler que nous étions obligés de commencer très tôt, afin de le stocker avant l'arrivée du froid. Lorsque nous étions tous adolescents, mon frère plus âgé, dix-neuf ans, le suivant dix-sept et moi autour de quinze ans nous rassemblions le grain de l'aube jusque tard dans la soirée, donnions à manger aux animaux, soupions et nous préparions pour une bonne chasse aux ratons laveurs, renards, opossums et sconses. Nous emportions toujours un fusil, une hache, un grand couteau de boucher, du silex et de l'acier pour faire du feu. Nous avions une corne de bœuf polie que nous pouvions sonner aussi fort que les trompettes qui firent tomber les murs de Jéricho. Comme notre frère Jim était un grand bavard, il fut nommé sonneur en chef. Il sortait dans le champ et, courageusement, sonnait et fendait l'air sur des kilomètres pendant que les chiens rassemblés autour de lui jappaient et hurlaient. On n'a jamais entendu plus belle musique que celle jouée par mon frère Jim et ses chiens. Dès que ses mélodies commençaient, nous marchions en ligne, en trois rangées, devant, au milieu et derrière, et nous dirigions vers les bois pour chasser les opossums, les putois, les ratons laveurs, les chats sauvages, les renards et les dindons. Nos chiens avaient une éducation classique, chassant et tuant toutes sortes de « polissons ». À la chasse au raton laveur, nous gardions tous les chiens près de nous, sauf deux, Drum et Rouser. Leur palais était noir, leurs oreilles longues et fines et leur queue très mince. Si nous voulions d'abord des ratons laveurs, nous demandions à Jim de sonner pour les ratons laveurs, ce qu'il pouvait faire très joliment. Au son de sa musique, Drum et Rouser partaient dans la pénombre et, après quelques minutes, Drum rompait à coup sûr le silence en jappant et hurlant sur la trace. L'aboiement du chien indiquait à nos oreilles entraînées quel gibier il avait levé. S'il aboyait lentement et fort, nous étions presque sûrs qu'il avait levé un raton laveur ; s'il aboyait vite et aigu, nous options pour un renard. S'il aboyait vite et fort, nous pouvions compter sur un putois. Pour le cas où ce serait un sconse, nous rejoignions les chiens le plus vite possible, ordonnant en même temps à Jim de sonner du cor pour les rappeler, parce que l'odeur du sconse est tellement forte que, s'il leur arrivait de la prendre sur eux, leur odorat était anéanti pour tout autre gibier. Parfois, un jeune chien non entraîné avait la témérité d'attraper un sconse, ce qui gâchait la chasse, nous obligeant à sonner la retraite et à rentrer à la maison. Le sconse possède deux pouvoirs merveilleux : il peut puer plus fort et plus vite que n'importe quel animal connu ; et si vous ne le tuez pas, en quelques heures seulement, il réabsorbe toute son écœurante odeur et s'en va ; ces pouvoirs et ces qualités lui ont été donnés par la nature. Je vous conseille de ne jamais tuer un sconse, ou alors de laisser son corps là où il est tombé. Alors, la puanteur disparaîtra en très peu de temps. En lui, nous trouvons une des plus belles leçons de la nature : il ne produit que ce qu'il absorbe de son environnement.

Le putois est le sconse du sol et pue plus que tout autre animal. La buse est le sconse de l'air mais, contrairement au sconse du sol, son odeur varie très peu. Sa langue est merveilleusement conçue pour couper et déchiqueter la chair ; par ailleurs, sa tête et son bec ressemblent à ceux du dindon commun. Ainsi, la nature a largement pourvu tous les animaux des moyens pour se déplacer, se défendre et survivre, du puissant lion de la jungle à la fourmi de la terre.

Au cours de l'année 1852, je tuai un grand nombre de cerfs. Je les dépeçai, les salai et séchai la viande, m'approvisionnant ainsi largement, ainsi que mes voisins. Un après-midi, je tuai un très beau jeune cerf, le rapportai à la maison et le plaçai dans le fumoir. Mes vêtements, mon corps et mon cheval étaient particulièrement maculés du sang de l'animal. Comme il était trop tard pour me changer, je pris un seau et allai dans l'enclos attenant à l'étable pour traire ma vache. Dans l'enclos, il y avait à peu près vingt gros cochons. Je m'assis et commençai de traire la vache lorsque, tout à coup, les cochons s'agitèrent et se réfugièrent dans un coin de l'enclos, humant l'air avec terreur. J'inspectai les environs du regard, à la recherche de ce qui avait provoqué leur fuite, et là, à pleine vue, à peu près à neuf mètres devant moi, se tenait une monstrueuse panthère certainement longue de trois mètres de l'extrémité du museau à la pointe de la queue avec sûrement un mètre de haut. J'étais en train de traire dans un seau en fer, ce qui faisait beaucoup de bruit, de sorte qu'elle ne tracassa ni les cochons ni moi, mais sauta hors du parc et courut vers les arbres. Alors, elle commença à gronder à rugir, comme une femme en détresse. J'aimais beaucoup cette musique, mais plus elle venait de loin, meilleure elle était. Je suis heureux qu'elle n'ait pas pensé à moi davantage et n'ait pas décidé de passer plus de temps en ma compagnie. C'est à coup sûr le sang sur le cheval et sur la selle qui l'attira vers nous. Je ne le lui ai pas demandé et j'ai seulement supposé qu'elle venait pour un cuissot de chevreuil.

Un jour, alors que je rentrai à la maison dans mon char à bœufs, je rencontrai trois panthères sur le chemin – deux vieilles bêtes et une jeune. Je n'avais ni fusil ni couteau pour me défendre et, si elles m'avaient attaqué, elles m'auraient tué ainsi que mes bœufs. Mes chiens virent les dangereuses brutes ; ils les chargèrent hardiment et elles bondirent dans un arbre. Nul doute qu'elles se tenaient là dans l'idée de festoyer aux dépens de mes bœufs. Même après avoir gagné le refuge des arbres, elles nous jetèrent des regards féroces et avides. Je fis claquer mon fouet qui résonnait vraiment comme un pistolet et elles sautèrent des arbres pour s'enfoncer dans les bois. Je menai mes bœufs avec hâte jusqu'à la maison, sentant chaque cheveu de ma tête aussi dressé qu'une aiguille à tricoter, et je n'eus plus jamais l'envie de rencontrer des panthères.

Mon expérience de frontalier fut pour moi d'une valeur

que je ne pourrai jamais dire. Elle fut inestimable pour ma recherche scientifique. Avant d'étudier l'anatomie dans les livres, j'avais déjà perfectionné mon savoir grâce au grand livre de la nature. Le dépeçage des écureuils m'avait mis en contact avec les muscles, les veines. Les os, grande fondation de la merveilleuse demeure dans laquelle nous vivons, furent pour moi un sujet d'étude constant, bien avant d'apprendre les noms compliqués donnés par le monde scientifique. Comme dans ma première école le crâne du cheval fut utilisé comme siège pour l'étudiant nonchalant que j'étais, j'ai pensé qu'il pouvait être représentatif du bons sens du cheval qui me guida vers la source première du savoir, là où j'ai appris que les drogues sont dangereuses pour le corps et que la science de la médecine n'est – comme disent certains grands praticiens – qu'une hypocrisie.

Mais je suis en train de digresser de l'objectif de ce chapitre, qui est de raconter certaines de mes aventures de mes premiers jours sur la Frontière. Mes aventures ne se confinaient pas seulement aux panthères, aux cerfs, aux sconses et aux ratons laveurs. Nous avions un ennemi beaucoup plus subtil et dangereux que cela. Son croc était empoisonné et sa morsure conduisait souvent à la mort. Je veux parler des serpents du Missouri des premiers temps. J'en ai tué des centaines, petits et grands, longs et courts, de trois mètres à quinze centimètres de long et de toutes les couleurs, des rouges, des noirs, des bleus, des gris, des cuivrés, des tachetés – dangereux et inoffensifs. Les premiers temps, ils étaient si abondants dans les bois et les prairies que, pour nous protéger, il était nécessaire d'emporter un bâton de la taille d'une canne de promenade, long d'un mètre à un mètre vingt. Lors de la saison chaude, nous avions tous quelque chose à la main pour tuer les serpents. Beaucoup étaient très vénéneux. Je me souviens d'un homme appelé Smith Montgomery qui fut mordu au pied alors qu'il moissonnait pieds nus. Le croc du serpent pénétra une veine charriant le sang vers le cœur et il cria : « J'ai été piqué par un serpent à sonnette ! » et se précipita vers les autres, mais il n'avait pas fait six pas qu'il s'écroula sur le sol, mort. Le poison du serpent à sonnette produit une sensation d'engourdissement qui se propage dans tout le corps, jusqu'aux poumons et au cœur qui cessent de fonctionner dès que le sang y parvient par les gros vaisseaux.

Les serpents à sonnette sont des ennemis opiniâtres. J'avais constitué une arène de foin d'à peu près trente centimètres de haut, l'avais enflammée et, lorsque tout le cercle fut embrasé, au moment le plus chaud, je jetai un serpent à sonnette au milieu du cercle. Il se débattit et se tortilla jusqu'à ce qu'il soit aussi raide qu'une canne, et ne s'arrêta que lorsque son corps fut cuit. Ainsi, il fut courageux jusqu'à l'extrême fin.

Alors que j'avançais à travers des broussailles avec mon ami Jim Jessee, nous aperçumes devant nous un très grand serpent à sonnette, d'un mètre quatre-vingt de long. Je proposai à Jim de nous offrir un peu de bon temps aux dépens du gentleman. Je dégainai mon couteau, coupai et affinai une baguette, laissai une extrémité en forme de fourche avec laquelle j'enfourchai son cou, pendant qu'avec d'autres bâtons, je lui ouvrai la gueule et la remplissai avec de l'alcali (eau ammoniaquée) ; alors nous le laissâmes et reculâmes pour voir le divertissement. À notre grande surprise, il ne fit aucune cabriole. L'ammoniaque avait fait son œuvre instantanément. J'attachai sa queue à un buisson, pensant qu'il pouvait n'être que temporairement inactif. Six heures plus tard, j'y retournai et constatai qu'il était mort, déjà attaqué par les mouches vertes. Avec cette expérience, j'appris que l'ammoniaque détruit le virus mortel du serpent. À partir de ce moment, dans tous les cas de morsure de serpent, j'utilisai l'ammoniaque comme antidote, et si je n'en avais pas sous la main, j'utilisai quelque autre alcali avec autant de succès, mais pas autant d'activité. Je voudrais vous conseiller d'avoir toujours un peu d'ammoniaque ou de soda dans votre poche lorsque vous allez dans un lieu où il y a des serpents. Et si votre chien devient fou en débusquant un serpent et vous mord, appliquez de l'acide sulfurique avec trois parties d'eau, et le virus ne vous agressera pas, car c'est un alcali et il cédera devant l'acide. Une fille fut mordue à la face par un chien enragé, laissant deux entailles de cinq centimètres que je traitai pendant dix jours avec de l'acide sulfurique dilué. Sa face guérit et aujourd'hui, trente ans plus tard, elle est toujours en vie et n'a jamais présenté de signes de rage, alors que tout ce qui a été mordu par ce chien est devenu fou.

Au cours de l'année 1847, les États-Unis et l'ancien Mexique étaient en pleine guerre et je voulus aller me battre contre les Mexicains. Comme je n'avais pas l'âge légal, mon père refusa son consentement pour mon départ au service. Un jour, alors que je chevauchais mon cheval, je m'échauffais en pensant au combat, mon sang bouillait et, à l'image de Samson, John Sullivan [1], Fitzsimmons [2] et Corbett [3], j'avais l'impression de pouvoir exterminer tous ces types. Je relevai la tête et regardai devant moi. À peu près à cent pas, je vis quelque chose gisant en travers du chemin que je pris pour une traverse de chemin de fer ou un poteau d'à peu près dix centimètres de diamètre. Je n'y prêtai plus attention jusqu'au moment où j'atteignis l'endroit où je pensais l'avoir vu. Je regardai devant et derrière, à la recherche de mon poteau, mais il avait disparu et, comme il faisait très chaud, je me demandai si je n'avais pas dormi et vu un poteau dans un rêve. Quelques pas supplémentaires m'amenèrent à un endroit très poussiéreux et je fus ébahi de voir la trace d'un serpent sur le chemin.

L'empreinte sur la poussière fine était profonde d'environ deux centimètres et demi, avec presque trente centimètres de large. À l'examen, c'était sans aucun doute la trace d'un serpent, je sus que je pouvais guerroyer, pleinement, sans aller au

1. *John Lawrence Sullivan* (1858-1918). Boxeur américain qui remporta le titre poids lourds devant Paddy Ryan en 1882. Il le conserva jusqu'en 1892, où il perdit face à James « Gentleman Jim » Corbett. [N.D.T.]
2. *Robert Prometheus Fitzsimmons* (1863-1917). Boxeur professionnel anglais, connu pour sa carrière américaine. Il remporta le titre des poids moyens en 1891. Il combattit également chez les poids lourds dont il conquit le titre en 1897 aux dépens de James J. (« Gentleman Jim ») Corbett. [N.D.T.]
3. *James John Corbett* (1866-1933). « Gentleman Jim », boxeur américain qui remporta le titre mondial des poids lourds en 1892 aux dépens du champion en titre John L. Sullivan. Il conserva son titre jusqu'à sa défaite devant Robert Fitzsimmons en 1897. Il était connu pour ses manières élégantes et son coup droit meurtrier. [N.D.T.]

Mexique. Je quittai le chemin et marchai dans les hautes herbes de presque trente centimètres, dans la direction où je pensais le trouver. Je trouvai M. Serpent enroulé. Ainsi enroulé, le serpent aurait rempli un demi-boisseau. Il dressa la tête à soixante centimètres du sol et fixa les yeux sur moi. Sa tête avait environ sept centimètres de large, juste en arrière des yeux. Je savais très bien que, si ce serpent avait trois mètres de long, il pouvait sauter aussi haut que sa taille. Fuir eût été couardise, affronter était dangereux. La pensée suivante me vint à l'esprit : « Quel aspect pouvait avoir un jeune homme voulant écraser tous les Mexicains et qui fuyait un serpent ? » J'avais vu le serpent et je ne pouvais pas dire à ma mère que j'avais fui ou que je ne l'avais pas trouvé. En désespoir de cause, je pris l'étrivière de ma selle, à laquelle était attachée une très grosse boucle en métal et les jambes flageolantes, j'approchai le commandant en chef des forces ennemies. Il avait déclenché sa fanfare, constituée de trente neuf crécelles attachées au dernier rang de son armée. Dans un souffle, je donnai l'ordre d'attaquer. Avec un mouvement circulaire de ma lanière avec sa boucle, qui pesait à peu près un demi kilo, je désarticulai le cou du général et fit toute son armée prisonnière. Je l'alignai en grande tenue et trouvai qu'il était long de trois pas entiers plus trente centimètres avec trente neuf sonnettes qui équivalent à quinze centimètres, ce qui donnait une longueur totale proche de trois mètres. Ainsi se termina le plus grand combat de serpent que j'aie jamais vécu.

Comme le serpent est l'emblème du poison, et que toutes les drogues sont du poison, on pourrait dire que ce conflit fut le premier opposant l'ostéopathie au poison, et dont elle sortit victorieuse.

CHAPITRE III

*Mon père – Transfert vers le Missouri – Long voyage – Le premier bateau
à vapeur – À Saint-Louis – Prédicateur sans scrupule – Épreuves dans
l'Ouest – Le premier prédicateur méthodiste dans le nord-est Missouri –
Président doyen – Problèmes dans l'Église méthodiste – Prise de position
du vieil Abram Still – Déménagement pour le Kansas.*

Lorsque je parle du révérend Abram Still (mon père), je dois
préciser au lecteur être seulement guidé par ma mémoire ; c'est
sur elle que je me fonde pour raconter mon histoire. Les souvenirs que j'ai pu trouver le concernant émanant d'autres personnes ne sont que de gentilles anecdotes écrites par des gens
qui l'ont très peu connu personnellement.

Au printemps 1836, tel que je m'en souviens aujourd'hui,
alors qu'il était membre de la conférence de Holston dans l'Église
méthodiste du Tennessee, papa fut transféré par cette instance
dans le Missouri, en tant que missionnaire.

En partant de New Market, dans le comté de Jefferson,
nous quittâmes le Tennessee, avec trois chariots, sept chevaux et
huit personnes constituant la famille, et commençâmes un voyage
de sept semaines vers le comté de Macon, dans le Missouri.

Ce fut un bon moment, avec de bons chemins et un
agréable voyage, jusqu'aux basses terres du fleuve Ohio, face à
Cairo dans l'Illinois. Là, nous trouvâmes un peu de boue épaisse
sur quelques kilomètres, jusqu'à l'arrivée sur le fleuve. Mais
bien avant de l'avoir atteint, nous avions entendu le sifflet d'un
bateau à vapeur. Nous voulions tous voir la bouche pouvant se
plisser pour siffler d'une manière si stridente. Je pensais : « Oh
là là, je peux entendre son rugissement aussi fort que le chant
d'un coq juché sur ma tête ! » À un homme rencontré sur le che-

min, papa demanda la distance nous séparant du fleuve ; il nous répondit qu'il devait y avoir neuf ou dix kilomètres. Déterminés à voir ce bateau et sa bouche se plisser pour siffler, nous fouettâmes nos attelages pour aller plus vite. Nos idées sur la vapeur étaient fort rudimentaires et la plupart des gens que nous connaissions ne savaient rien sur les engins à vapeur ni sur d'autres genres de machines. En arrivant sur la rive du fleuve, nous le découvrîmes, grand, comme vivant, chargé de gens, de bétail, de chevaux, de moutons, de marchandises et de déménageurs ; mais ces gens n'avaient pas du tout notre apparence. Le bateau était la curiosité ; après l'avoir vu, nous pensions tout connaître sur lui. Nous avions vu un vrai bateau à vapeur, et un très gros. Il partit bientôt dans le fil du fleuve et disparut à notre vue, mais nous pensions tout savoir sur les bateaux à vapeur et celui-ci nous procura de quoi alimenter nos conversations pendant de longs jours.

Nous étions maintenant prêts à partir pour le nord Missouri comme missionnaires pour éduquer les païens et tout leur dire sur la vapeur. Nous traversâmes le fleuve sur un ferryboat mû par des chevaux qui faisaient tourner une grande roue ; le conducteur fouettait ses chevaux en criant : « L'eau monte ! l'eau monte ! » pour les faire aller plus vite. Une demi-heure plus tard, nous débarquions dans l'État d'Illinois pour aller de Cairo à Saint-Louis. Nous avions dû embaucher des pilotes pour nous guider dans la vase et l'eau des basses terres de l'Illinois, car en quittant la route de quelques mètres nous risquions de nous enfoncer dans la vase sans pouvoir en sortir.

Nous traversâmes l'Illinois sans difficulté, pour arriver sur les bords du Mississippi en vue de Saint-Louis, et monter sur un ferry-boat à vapeur qui nous débarqua sur la rive de ce fleuve boueux, côté Missouri. Nous décidâmes de rester là un jour ou deux et de chercher le prédicateur local de l'Église méthodiste. Après l'avoir trouvé, nous restâmes le dimanche ; c'était l'habitude de mon père lorsqu'il voyageait. Je crois qu'il s'appelait Harmon. Il emprunta de l'argent à « frère Still », plusieurs centaines de dollars. Papa pris sa reconnaissance de dette, sans aucune sécurité, payable en six mois, et nous partîmes pour le comté de Macon, dans le Missouri, avec le « Dieu vous bénisse » du frère Harmon. Maman avait une petite réserve d'argent (350 $), notre seule réserve pour notre vie sauvage durant six mois ou plus. Frère Harmon ne remboursa notre père que huit ans plus tard et seulement le capital. Mon père apprit ainsi que certains prédicateurs n'étaient pas des anges, mais de fieffés menteurs, exactement comme les autres gens. Je fus très déçu et dégoûté d'apprendre qu'un pasteur déclaré avait pu jouer sur sa confiance et lui dérober l'argent qu'il avait emporté pour nourrir sa famille pendant son œuvre de missionnaire dans les contrées sauvages du nord Missouri. Les durs moments arrivèrent bientôt. Tout l'argent était dépensé, les habits complètement usés, et l'hiver fondit sur nous avec toute sa rigueur. Pour nous chausser, la seule alternative fut de tanner des peaux de cerf pour fabriquer des mocassins ou d'aller pieds nus – pantalons en peau de cerf ou aller jambes nues. Le travail était payé trente-cinq cents la journée, l'argent signifiait donc beaucoup de travail.

Comme je l'ai indiqué dans un autre chapitre, nous n'eûmes au commencement ni écoles, ni églises, ni aucune des commodités permises par une longue villégiature. Nous devions créer toutes nos commodités ou bien nous en passer plusieurs années. Mais nous débordions de courage et ne rechignions pas à la tâche.

Au printemps, papa travaillait tant qu'il pouvait avec ses trois garçons ; au moment des récoltes, il nous aidait à débuter le travail puis, enfourchant son cheval, il partait dans la prairie sauvage pour prêcher l'Évangile aux pionniers. Ses voyages de missionnaire duraient en général six semaines. Pendant ses absences, maman devait tenir la ferme, ce qu'elle faisait très bien. Elle filait, tissait, coupait et confectionnait des vêtements, sacrifiait le cochon ou le bœuf, et le partageait exactement comme papa, ou même un peu mieux, parce qu'elle était totalement maîtresse de la situation.

Papa fut le premier pasteur de l'Église méthodiste dans le nord Missouri, assurant la permanence, prêchant, établissant les premières églises et classes méthodistes et le méthodisme dans tout le nord du Missouri. Il tint sa charge jusqu'en 1844, année où l'Église méthodiste se divisa. Certains, pensant que la Bible justifiait l'esclavage humain, quittèrent l'organisation méthodiste pour constituer ce qui s'appela l'Église méthodiste du Sud.

Papa ne croyait pas que « l'esclavage humain fût d'origine divine », et refusa de rejoindre la nouvelle Église. Les comités de l'Église méthodiste du Sud tentèrent de le persuader de les rejoindre, mais sans résultat. Il demeura dans l'ancienne Église et prêcha que l'esclavage est un péché ne pouvant convenir à ses frères ayant des sentiments pro-esclavagistes. Il se rattacha à la conférence de l'Église méthodiste de l'Iowa et fut nommé comme président doyen (tel que je me souviens) pour veiller sur les méthodistes du Missouri s'opposant à l'esclavage. Les frères ayant rejoint la nouvelle organisation l'informèrent qu'il devait les rallier ou quitter le Missouri, parce que ses enseignements anti-esclavagistes ne pouvaient pas être tolérés ; mais il ne tint pas compte de leurs avertissements et, après quelques années de prédication dans le territoire où il avait établi le méthodisme, il fut nommé comme missionnaire auprès des Indiens Shawnee dans le Kansas. Cela mit fin à son combat en Missouri. La dernière partie de cette lutte fut pleine d'amertume ; plumes et goudron étaient les arguments forts de l'époque et ils furent largement utilisés, mais ils n'étaient pas suffisamment forts et cédèrent finalement la place à la corde et aux balles.

Il fut un homme aux fortes convictions, soutenues en tous lieux et en tous temps. Il prit fermement position pour l'abolition et la maintint jusqu'à ce que l'esclavage humain, qu'il soit d'origine divine ou diabolique, soit balayé de chaque arpent d'Amérique du Nord ; il mourut en se réjouissant d'avoir pu vivre en voyant tous les hommes de son pays, blancs ou noirs, libres.

Je pourrais en raconter beaucoup plus sur sa vie de 1844 à son départ pour le Kansas, comme par exemple les menaces et la violence, comme sa canne cassée par les ennemis de sa conviction religieuse avec l'Église méthodiste, l'espoir de posséder un jour une canne épée avec laquelle se défendre, les guerres de préjugés passionnés et les querelles cléricales, mais je pense en avoir suffisamment dit pour que le lecteur perçoive le caractère de l'homme et l'époque à laquelle il vécut.

CHAPITRE IV

Dans lequel je prends épouse – Présentation – Averse de grêle
destructrice – À la mission de Wakarusa – Deuil – Problème
de pro-esclavagisme – Dangereuse promenade –
Sondage de pro-esclavagistes – Mon expérience législative.

L'époque de l'écolier, le temps des défis et des sports juvéniles passa comme des joies éphémères et je parvins à l'âge adulte. Omettant mes études ultérieures [1] et ma formation médicale [2], j'indiquerai simplement que, comme mon « Père du ciel », je pensais qu'il n'était pas bon d'être seul et commençai à parader pour voir comment les filles apprécieraient l'allure d'un jeune soldat. Comme Bunyan [3], je présentai les armes et marquai un temps jusqu'à ce qu'un regard amoureux rencontre le mien.

1. Still dit avoir suivi des études d'ingénieur pendant cinq ans. Nous ne savons ni où ni quand. Le mot « études » est bien sûr à prendre avec beaucoup de précautions. Dans l'Amérique du début et du milieu du XIXe siècle, surtout dans les états pionniers, l'académisme n'existe pratiquement pas. A. Abehsera, *Traité de médecine ostéopathique*, éd. OMC, 1986, p. 16. [N.D.T.]
2. Still a dit avoir reçu une formation médicale au Kansas College of Medicine and Surgery. Il s'agit d'une phrase laconique prononcée dans une interview donnée sur le tard et rapportée dans l'article de F. Shiller sur l'ostéopathie dans *Bull. Hist. Med.*, 45, 1971. [N.D.T.]
3. *John Bunyan* (1628-1688) : Prédicateur de l'église baptiste et écrivain anglais connu pour son *Pilgrim Progress* ou *Voyage du Pèlerin*, conte allégorique sur le voyage initiatique d'un chrétien allant de la cité de la Destruction à la Cité Céleste à travers les embûches les plus variées. [N.D.T.]

Derrière cet œil, il y eut la forme de Mary M. Vaughn, la fille de Philamon Vaughn.

À mes yeux, elle était belle, gentille, active, pleine d'amour et de bon sens. Elle aimait Dieu et toutes Ses voies. Le 29 janvier 1849, dans sa maison natale, après quelques mots dits par le révérend Lorenzo Waughn, elle s'appela désormais Madame M. M. Still. Ce mémorable événement fut suivi par un bon souper et, le lendemain, nous partîmes pour un dîner de présentation (comme on disait alors) chez mon père. Après ces formalités, si indispensables dans la société des frontaliers, j'emmenai mon épouse dans notre nouveau foyer sur un terrain de vingt-cinq hectares situé à un kilomètre et demi de mon ancienne demeure. J'étais jeune et solide, travaillais tôt le matin jusque tard le soir, semais et entretenais vingt-cinq hectares de blé. C'était une beauté toute de soie et de pompons. J'en étais très fier. Je sentais que j'aurais bientôt une réserve pleine de boisseaux de grains. Au matin du 4 juillet [4] (le jour que nous aimons célébrer) j'étais plein de joie et d'espoir. À trois heures de l'après-midi, arriva une nuée, à quatre heures, elle déversa sept centimètres de grêle sur toute la surface de mon grain, ne laissant pas une seule tige ni un brin de fourrage sur la totalité de mes vingt-cinq hectares. Elle ne laissa même pas un lapin ou un oiseau vivant dans ma ferme. Tout était mort. Quelqu'un me consola par la citation suivante : « Dieu éprouve ceux qu'Il aime. » Je n'avais plus de grain et lui, dont la récolte n'avait pas été totalement détruite, en eut un peu à vendre de sorte que les choses, comme toujours, finirent pas s'équilibrer. Cet automne-là et l'hiver qui suivit, j'enseignai à l'école pour 15 dollars par mois et ainsi se termina ma première année de vie conjugale.

En mai 1853, mon épouse et moi déménageâmes pour la mission de Wakarusa, dans le Kansas, occupée par la tribu des Shawnees. Tout était indien dans cet endroit. On ne parlait anglais qu'à l'école de la mission. Cet été-là, mon épouse enseigna

---

4. Le 4 juillet est le jour anniversaire de la déclaration d'indépendance des États-Unis d'Amérique en 1776. C'est également le jour de la fête nationale des USA. [N.D.T.]

les pappooses [5], pendant qu'avec un attelage de six bœufs en ligne, tirant une charrue de soixante-quinze centimètres, je retournai trente-cinq hectares de terre, achevant le travail à la fin juillet. Certains jours, je broyais jusqu'à un hectare et demi de mottes. Ensuite, au cours de l'automne, je consultai les Indiens avec mon père. Erysipèles, fièvres, dysenteries, pneumonies et choléra étaient très fréquents. Le traitement des Indiens pour le choléra n'était pas plus ridicule que certains traitements soi-disant scientifiques utilisés par les docteurs en médecine. Les Indiens creusaient deux trous dans le sol, séparés approximativement par soixante-dix centimètres. Le patient reposait étendu entre les deux trous, vomissant dans l'un et se purgeant dans l'autre, et mourait ainsi, étendu par terre, une couverture jetée sur lui. Là, je fus témoin des crampes accompagnant le choléra et disloquant les hanches, tournant les jambes en dehors du corps. J'eus parfois à forcer les hanches pour les ramener en ligne afin de pouvoir placer le cadavre dans son cercueil. Comme curatifs, ils donnaient des thés fabriqués avec des racines noires, du gombo, sagatee, muckquaw, chenee olachee. Ainsi, ils étaient soignés, mouraient et partaient pour *Illinoywa Tapamalaqua*, « la maison de Dieu ».

J'appris vite à parler leur langue et leur donnai des drogues utilisées par les Hommes blancs, guéris la majorité des cas que je rencontrai, et fut bien accueilli par les Shawnees. J'étais à la mission shawnee de l'Église méthodiste, située à cinquante kilomètres à l'ouest de Kansas City sur la Wakurusa, à dix kilomètres à l'est de Lawrence, dans le Kansas. En 1854, un traité fut signé avec les Shawnees et d'autres tribus indiennes, permettant au gouvernement d'acheter la plupart des terres indiennes qui furent à partir de ce moment déclarées ouvertes à la colonisation blanche. En 1855, le pays était principalement occupé par des foyers de chasseurs, bien que quelques squatters [6] soient arrivés sur le territoire dès 1854. Après la signature du

5. *Pappooses* : mot d'origine indienne désignant les enfants. [N.D.T.]
6. *Squatter* : en Amérique, pionnier qui se fixait sur des terres non encore occupées par la colonisation. [N.D.T.]

traité, les gens commencèrent à coloniser le pays. C'est alors que mon épouse, qui avait partagé mes infortunes, mes épreuves, mes chagrins et vécu avec moi jusqu'au 29 septembre 1859 (date à laquelle le fil de la vie se rompit et où elle s'élança vers ce monde d'amour et de gloire pour lequel elle avait vécu toute sa vie), me laissa prendre soin de ses trois enfants. Deux d'entre eux l'ont depuis rejointe. L'aînée, Rusha H., épousa à dix-huit ans John W. Cowgill, d'Ottawa dans le Kansas, et vit aujour-d'hui dans une ferme près de cet endroit. Depuis, nos amis, par légions, sont devenus des êtres célestes, de sorte que vouloir les garder près de nous dans cette vie est sans espoir ; nous devons faire au mieux pour les quelques années qui nous restent dans ce monde, et rechercher la compagnie des êtres terrestres. Quelques-uns sont des anges de miséricorde, d'amour et de gentillesse et disent : « venez vers moi et je vous aiderai à por-ter le fardeau de la vie », cela fut vrai pour une certaine Mary E. Turner qui devint Madame Mary E. Still le 20 novembre 1860. Elle est aujourd'hui la mère de quatre enfants vivants – trois gar-çons et une fille. Tous sont des chefs de division dans l'une des plus grandes guerres que la terre ait connues, la guerre pour la vérité sous la bannière de l'ostéopathie.

Mais revenons à notre récit. Pour pouvoir continuer, il est nécessaire de raconter un peu l'histoire de cette période. Vers 1835, une partie des braves gens commença à prétendre que l'es-clavage humain était un mal n'existant que par la force des armes et de l'injustice. Il était impie, anti-progrès, inhumain, honteux et disgracieux que l'esclavage soit toléré par des gens proclamant être fiers du mot « liberté » alors qu'ils empêchaient, par la force de la loi et sous menace de lourdes peines, plus de six millions d'êtres affamés de s'abreuver à la douce coupe de la liberté. Ces âmes avaient aux yeux de Dieu la même valeur que celles des Blancs qui les maintenaient en esclavage. Ainsi pre-nait forme le sentiment de devoir tout libérer pour laisser à chaque personne une chance égale de vivre cette vie comme une partie de la vaste éternité, préparant une autre vie. Nos lois fai-saient encore d'une personne un seigneur ou un maître et d'une autre un esclave, toute ambition à jamais exclue de son esprit.

Au cours des années 30, les discussions à ce sujet apparurent au sein des Églises – les unes favorables, les autres opposées, maître et serviteur, jusqu'à la division et la rupture au sein de l'une des Églises les plus fortes et les plus influentes, intervenue au début des années 40. Avant les années 30, la peur que les esclaves obtiennent légalement la liberté gagna le Congrès, contrebalancée par l'idée qu'une majorité d'États soient admis en tant qu'États esclavagistes. Lorsque le Missouri demanda à être admis au sein des États d'Amérique, l'anxiété concernant les progrès de la liberté augmenta beaucoup. L'Illinois était un État libre, et admettre le Missouri comme un état libre aurait donné un équilibre de pouvoir au sénat. L'État et l'Église étaient intéressés à l'établissement et au maintien de l'esclavage à égalité dans les conseils ratifiant les lois de l'État et un doute existait sur le vote du « territoire du Missouri ». Quand il aurait lieu, serait-il libre à une majorité de quatorze voix ou non ? Après beaucoup de palabres sur le pour et le contre, vers l'année 1820, le Missouri s'accorda sur l'esclavage avec un compromis laissant toutes les terres ayant toujours été libres, au nord des 36° 30' de latitude nord, et à l'ouest d'une ligne allant de l'embouchure de la rivière Kaw et vers les 36° 30' de latitude nord, et le nord de la frontière du Nebraska ; alors commença sérieusement la lutte.

Laisser le Kansas venir en tant qu'État esclavagiste et le Nebraska en tant qu'État libre, était le sujet de la dispute. Je raconte cette histoire non pour sa valeur historique mais plutôt pour dire que, dans les premiers jours du Kansas, beaucoup de querelles survinrent parmi les « squatters »; serait-il admis comme État esclavagiste ou comme État libre ? La lutte était âpre et il y eut des effusions de sang. Je participai et votai pour la liberté, ce qui signifiait que, pour les pro-esclavagistes, j'étais un « sale type », un de ceux voulant spolier légalement les propriétaires d'une partie de leurs biens. En reconnaissant à un homme le droit d'utiliser un autre homme comme une propriété légale, pouvant, comme le sol, être achetée et vendue par contrat et acte notarié, le gouvernement entérinait l'idée que les opposants à l'esclavage étaient malhonnêtes. Je choisis le côté de la liberté. Je ne pouvais pas faire autrement, car aucun homme ne peut se voir déléguer par statut un droit sur la liberté de n'importe qui, même pour une question de race ou de couleur. Fort de ces vérités, je joignis tous les combats pour l'abolition de l'esclavage au pays et à l'étranger, me faisant ainsi une bonne quantité d'ennemis politiques ; de là résultèrent beaucoup de curieuses et excitantes aventures dont quelques-unes méritent d'être racontées.

Parfois, un homme est amené à prendre de grands risques, particulièrement en cas de guerre, d'inondation, de feu et de maladie. Alors, il fait volontairement des choses qu'il ne recommencerait pas, même par amour ou pour de l'argent. Nous ne savons pas comment nous agirons tant que nous ne sommes pas au pied du mur. Économiser du temps et de la distance est souvent très précieux dans les moments de danger. Des armées sont perdues parce qu'elles arrivent trop tard ; des récoltes sont perdues faute d'avoir été semées en temps voulu. La ponctualité est donc en tout temps une chose importante. Au cours des jours sanglants de la guerre du Kansas, dans les années cinquante, l'homme qui aimait la liberté était haï par toute la terre et les ennemis de la liberté pensaient qu'il n'avait pas le droit de vivre ; il était donc chassé avec des fusils et des revolvers. Il était dangereux pour le ressortissant d'un État libre d'être trouvé seul, et comme j'étais un de ces hommes épris de liberté et pratiquais la médecine à travers tout le pays, j'empruntais habituellement les routes que je savais être sûres lorsque je me trouvais sur le territoire du Kansas, particulièrement dans les périodes de grande excitation au cours desquelles les éléments pro-esclavagistes étaient rassemblés pour guerroyer, et les États libres rassemblés en quartier général pour se défendre. Les deux armées se battaient – d'un côté pour l'extension de l'esclavage, de l'autre pour sa prohibition. Au cours de l'année 1855, le territoire était en état de guerre civile. Des bandes de partisans s'affrontaient, de sorte qu'escarmouches et assassinats étaient monnaie courante.

Au cours de cette période, je me retrouvai une fois en dangereuse position. Rentrant à la maison après une visite professionnelle, mon chemin était coupé par un petit ruisseau aux berges très escarpées. Le seul moyen de traverser, c'était une poutre dont la face supérieure était taillée en aplat de trente-cinq centimètres et dont les extrémités étaient fixées sur les berges. C'était un peuplier d'à peu près dix mètres de long, soixante-quinze centimètres de diamètre. Les deux extrémités étaient solidement ancrées sur les rives des deux côtés du ruisseau. Cette poutre était faite pour être traversée à pied par les gens du voisinage. Pour rentrer à la maison, il me fallait traverser le ruisseau à cet endroit ou faire un détour de six kilomètres avec le risque d'être tué par les pro-esclavagistes qui me haïssaient avec la bile de l'amertume politique qui avait depuis longtemps cessé d'être une plaisanterie. Ainsi, je choisis, ma vie entre les mains, et le corps sur le dos d'une mule fidèle, grossièrement ferrée. Elle renifla la poutre qui se trouvait à trois mètres au-dessus de l'eau recouverte de glace. L'épaisseur de la glace ne dépassait pas deux centimètres et demi avec, en dessous, soixante centimètres d'eau et, encore en-dessous, soixante centimètres de vase. La distance entre les deux rives était de cinq mètres. Ma mule plaça d'abord un sabot sur la poutre, puis un autre et entreprit hardiment mais précautionneusement, le nez sur la poutre, de me faire traverser vers l'autre rive. Elle réussit et, en moins d'une minute, la poutre et tous les dangers étaient derrière moi. Je me retrouvai bientôt dans le camp de mes amis à peu près à huit cents mètres du chemin de ma maison. Au camp, je racontai l'histoire de la mule et de la poutre et il y eut beaucoup d'incrédules. Ayant une grande admiration pour la vérité, et n'appréciant pas les accusations de vantardise, je demandai au capitaine de me donner un comité de trois personnes auquel je devrais prouver que ma mule avait bien traversé la poutre. Comme la poutre était à moins de huit cents mètres, le capitaine dit : « nous allons résoudre cela en y allant tous » ; tous vinrent avec moi, disant que, s'ils trouvaient que j'avais raconté un mensonge, ils me lâcheraient dans la rivière. En atteignant l'endroit, le capitaine dit : « On voit bien les marques de sabot de mule tout le long de la poutre et, comme elles correspondent aux sabots de sa mule, Still a dit la vérité et les marques de sabots sont ses témoins. »

Quelques mois après l'aventure de la mule et de la poutre, je fus appelé en visite auprès d'une femme malade appelée Jones, à peu près à quinze kilomètres de la maison et, pour rendre le voyage aller-retour aussi court que possible, j'empruntai des raccourcis, certains passant à travers bois. Dans ce cas particulier, aller à travers un bois épais me permettait de gagner environ trois kilomètres. J'entrai dans le bois, suivant le chemin au galop. Tout à coup, ma mule ralentit, jeta les oreilles en arrière, avança prudemment et avec beaucoup de réticence, ce qui m'indiqua que des hommes étaient proches. Sachant que le sang de l'opposition s'échauffait sérieusement, j'amenai mes revolvers sur le devant de ma ceinture, enlevai mon fusil de sa bandoulière et me préparai à toute éventualité. Ne connaissant ni la position ni le nombre exact de mes ennemis, je conclus que le meilleur plan était de me préparer à être dangereux. En une minute, je me trouvai dans un espace d'une cinquantaine d'ares dégagés au milieu du bois, en présence de cinquante hommes pro-esclavagistes, mes ennemis mortels en politique, qui s'étaient rassemblés dans cet endroit retiré et secret pour s'exercer dans le but d'exterminer des anti-esclavagistes les jours suivants. Je ne peux pas dire que mes cheveux restèrent en place. Il n'était pas vraiment temps de me préoccuper de mes cheveux et, sachant que l'arrogance compte le plus dans tout engagement, je parlai avec une voix forte, ferme en commandant : « Que faites-vous donc camarades ? » Le capitaine commandant la troupe me répondit : « Et où diable allez-vous donc ? » Je vis à ce moment que mon assurance avait produit son effet et qu'il n'y avait plus de danger.

Je m'avançai et m'arrêtai face à la compagnie, serrai la main du capitaine, lui demandant de me donner le commandement pour que j'entraîne ses hommes en leur montrant comment faisaient Jim Lane [7] et John Brown [8], concluant par : « Si vos hommes ne sont pas mieux entraînés, et que vous rencontrez Jim Lane, il vous secouera drôlement. »

7. *James Henry Lane* (1814-1866). Connu dans l'histoire américaine comme le « libérateur du Kansas ». Il présida la convention de Topeka

Le capitaine me confia ses hommes et je les disposai en ligne, leur fit accomplir tous les mouvements de cavalerie, les enchevêtrant, les alignant, et disant au capitaine de mieux les entraîner pour qu'ils puissent se sortir d'endroits difficiles s'ils en rencontraient. Alors, je tournai la compagnie vers le vrai capitaine Owens, qui dit : « Attention, compagnie, c'est le docteur Still, le plus grand abolitionniste du lieu, il n'est effrayé ni par la grêle ni par les hautes eaux. Si vous êtes malade, allez vers lui ; il a sauvé mon épouse du choléra, c'est le plus efficace quel que soit le domaine. En politique, c'est notre ennemi, mais pour ce qui concerne la maladie, il a prouvé qu'il est notre ami. Il termina en disant : « Doc, venez à la maison dîner avec moi et j'irai avec vous voir Mme Jones. » J'allai dîner avec le capitaine et il tint parole en venant avec moi. À partir de ce moment, jusqu'à la conclusion du problème esclavagiste en 1857, je rencontrai, croisai et recroisai ses hommes sans avoir peur d'être molesté.

Je fus choisi par le peuple pour représenter le comté de Douglas dans le Kansas au corps législatif. Parmi mes collègues figuraient John Speer, George Ditzler et Hiram Appleman, tous ardents défenseurs des État libres qui haïssaient l'esclavage sous toutes ses formes, le croyant opposé au progrès des hommes et des nations.

Je fus irrité d'apprendre que mon vieil État du Missouri, mon foyer pendant vingt ans, avait plus de six cent mille kilomètres carrés de territoire scolarisé dans lesquels pas un dollar n'était dévolu à des objectifs scolaires. Quand je voulus me scolariser dans ma jeunesse, près d'un million de dollars étaient utilisés pour acheter des « mules et des nègres » et moi, dupé dans mes droits, je finançai ma scolarité en fendant du bois. En

en 1855 qui détermina la constitution de l'état libre du Kansas et commanda la milice de l'état libre dans la guérilla qui s'ensuivit contre les forces pro-esclavagistes. [N.D.T.]

8. *John Brown* (1800-1859). Abolitionniste américain particulièrement connu pour son attaque de l'arsenal fédéral d'Harpers Ferry en 1859. Il fut fait prisonnier par les armées du général Lee et fut pendu pour trahison. [N.D.T.]

tant que législateur, j'étais déterminé à faire en sorte que ce genre de chose ne se produise pas au Kansas. À une large majorité, le corps législatif n'était pas favorable à la liberté. Les chambres tout comme le gouverneur territorial, Reeder, étaient avec nous cœur et âme.

Lorsque je fus élu pour la première fois à la législature du Kansas, en 1857, les hommes favorables à l'État libre convinrent de se rencontrer à Lawrence et Topeka et de marcher ensemble jusque Lecompton. Etant du plus bas district, j'étais de ceux qui devaient se retrouver à Lawrence. Les hommes libres étaient convenus de se mettre en route pour leur marche vers la ville à dix heures trente, escortés par une garde armée. Nous arrivâmes plusieurs minutes avant les autres et, attachant nos chevaux, nous nous dispersâmes dans la ville, parlant en petits groupes. Notre comportement inquiéta bientôt les partisans de l'esclavage. Alors que j'approchais de la maison d'État, je fus accosté par quelques partisans de l'esclavage, le juge Elmore, un homme appelé Kato, un autre appelé Brindle et le troisième, Hall, qui me dirent :
– Que venez-vous faire ici ?
– Je suis envoyé par Jim Lane, répondis-je.
– Qu'est-ce que vous allez faire ?
– Ce que Jim Lane veut faire. »
Ils commencèrent à parler très fort, parsemant leurs propos de remarques grossières parmi lesquelles « damnés abolitionnistes », « damnés bouffons », « damnés voleurs de nègres » étaient les moins flatteuses.

À ce moment, un petit Yankee de pas plus de cinquante kilos, venant du Massachusetts et appelé G. F. Warren, arriva, me prit par le bras et dit qu'il désirait me parler en particulier, demandant à mes amis de bien vouloir m'excuser parce qu'il était très pressé. Avec l'assurance que j'allais bientôt revenir, je m'excusai et, lorsque nous fûmes éloignés des autres, demandai :
« Que voulez-vous Warren ?
– Je voulais simplement vous éloigner de ces types ; j'avais peur qu'ils ne vous tuent. »
Je portais mon pardessus avec des poches intérieures. Je

l'ouvris, lui montrai les deux revolvers Colt qui s'y trouvaient et lui dis de retourner à ses affaires parce que je voulais parler moi-même à ces messieurs. Si au cours de la discussion j'avais besoin de son aide, je l'appellerais sûrement.

Quittant Warren, je retournai vers les partisans de l'esclavage, dont le nombre s'était accru par l'adjonction de plusieurs personnes, dont le colonel Young. Le colonel arborait à la ceinture un énorme couteau de boucherie que les gens ne connaissant pas le langage bien élevé appellent un « bowie ». Un coup d'œil jeté vers le coin de la rue me montra que Warren me regardait avec anxiété. Je pris bien garde de maintenir les esclavagistes face à moi lorsque je leur parlai. Young, d'un ton doux que personne n'avait employé, demanda : « Qu'espérez-vous accomplir avec ce rassemblement ? »
– Nous proposons de rompre chaque lien de la chaîne de l'esclavage et d'accomplir tout ce que Jim Lane demande, pour que le Kansas soit un État libre pour tout le monde. » Pas de maître, pas d'esclave.

Ils devinrent bruyants et le juge Elmore devint insultant. Je le regardai bien en face et lui dis : « Les anges viennent. Le Seigneur est de notre côté et Ses anges seront bientôt avec nous ; alors, vous entendrez la musique de là-haut. » Un de ces messieurs dit : « Écoutez-moi ce damné bouffon, il est fou. » Je répondis : « Je ne suis pas fou juge », puis regardant ma montre, mise à l'heure la veille au soir pour correspondre à celle de mes compagnons, je constatai qu'il restait moins de deux minutes avant l'heure prévue. Je dis : « Je peux presque sentir le souffle des anges. J'entends le bruissement de leurs ailes. » Ce à quoi le juge s'écria : « Le damné fou est soit saoul, soit cinglé ; quel est le problème avec lui ? » Sa voix grave entraînée à commander aux nègres quand il les fouettait s'était à peine éteinte que : « Boum ! Boum ! Boum ! » le son des tambours et le chant aigu des fifres arrivèrent jusqu'à nous.
« Que diable est-ce donc ? rugit le juge Elmore.
– C'est la musique de la cavalerie céleste qui arrive pour nous aider à rompre les chaînes de chaque esclave. »
Au même moment, la tête de la colonne de Jim Lane, forte

de plusieurs centaines d'hommes, apparut, descendant de la colline, drapeaux flottant au vent et tambours battant.

Le juge Elmore, le colonel Young et leurs compagnons s'apprêtaient à partir. Je les exhortai à rester. « Nous avons peur de subir des violences de la part des Yankee fous, répondirent-ils.

– Il n'y a aucun danger d'aucune sorte, répondis-je, nous sommes des hommes d'État libre, je m'assurerai personnellement de votre protection, car je suis à la tête d'une compagnie et pas un cheveu de votre tête ne sera touché. » Mais leurs jambes contrôlaient leurs corps et je ne pus les convaincre. Ils s'enfuirent.

Nous nous rassemblâmes pour nous organiser temporairement. Ce soir-là, les membre de l'assemblée issus d'États libres et quelques amis parmi les trois cents se rendirent à une réunion nocturne de la convention constitutionnelle des pro-esclavagistes. L'assemblée était réunie dans un hall pouvant contenir sept cents personnes. Nous primes nos places à l'arrière et, bien que chaque homme soit armé d'au moins un revolver, certains de deux, nous avions l'intention de demeurer pacifiques si on nous laissait tranquilles. Les pro-esclavagistes étaient très calmes, et leurs procédures tout à fait méthodiques. Nous les écoutions depuis à peu près trente minutes, lorsqu'un membre commença une tirade à notre encontre, nous désignant comme des fils de chiennes, agrémentant son propos d'abondants adjectifs sulfureux. À un moment, la coupe fut pleine et déborda. Le capitaine Walker, un des nôtres, bondit sur ses pieds et hurla : « Non de non, retirez ça ! »

Je regardai autour de moi et, en plus de mes propres revolvers, je fus surpris d'en voir cinq cents tenant en respect chaque pro-esclavagiste de la salle sous l'œil de leur président. Frappant son marteau sur le bureau, le président sauta sur ses pieds en criant : « Pour l'amour de Dieu, ne tirez pas ! Cet homme est ivre et ne sait pas ce qu'il fait ! » Le capitaine Walker répondit rapidement : « Alors, jetez-le dehors et vite, non de D..., sinon, je leur ordonne de tirer jusqu'à ce que le dernier de ces sales esclavagistes soit mort, jetez-le par la fenêtre et en enfer. Nous ne sommes pas là pour nous charger de cette besogne. »

En une seconde, quatre hommes saisirent le poivrot par

les bras et les jambes, l'emportèrent précipitamment et le jetèrent dehors, nous n'avons jamais su où. Le capitaine Walker
s'adressa alors au président, lui demandant si c'était nous qui
avions commencé ce conflit.

« Non, vous avez été corrects, répondit-il.

– Maintenant, monsieur le président, je veux que vous rappor-
tiez ainsi les choses. Et si vous ne le faites pas comme cela, avec
votre signature, je vous tuerai, bon sang de vous ! »

Lorsque le corps législatif fut assemblé, le matin suivant,
il n'y eut pas d'opposition à notre égard et nous ne fûmes pas
inquiétés. Après la réunion officielle, nous nous retirâmes pour
nous rencontrer à Lawrence.

À la fin de nos délibérations, en mars 1858, nous disposions
d'une toute nouvelle loi territoriale (sauf pour les inscriptions
des décès et des mariages), qui fut accueillie avec soulagement
et suivie de paix.

Je retournai chez moi pour continuer la pratique de la
médecine et couper du bois, et ce jusqu'en 1860, sauf le temps
passé au corps législatif. Au cours de l'année 1860, nous élûmes
Abraham Lincoln [9] pour arbitrer le conflit à venir entre l'esclavage et la liberté, non pas seulement pour le Kansas, mais pour
toute l'Amérique du Nord. Alors, la lutte commença et ne cessa
que lorsqu'il écrivit en lettres d'or : « pour toujours libre, quelle
que soit la race et la couleur » et j'ajouterai : le sexe. Lorsque la
guerre de Sécession fut déclarée contre les lois et l'autorité des
États-Unis, je vis immédiatement un autre mouvement, dont
l'objet était d'étendre l'esclavage et l'illétrisme en divisant le territoire, ce qui n'aurait pas manqué d'être un exemple à imiter
pour les autres États en cas de défaite électorale, et de diviser le
pays entre Nord et Sud, ou confédération de l'Est, du Centre, de
l'Ouest ou du Sud. Nous aurions alors, une confédération de
l'Est, du Centre, de l'Ouest et du Nord et six empires de fous

---

9. *Abraham Lincoln* (1809-1865). Homme politique américain, député de
l'Illinois, puis sénateur, farouche partisan de l'abolitionnisme, président des États-Unis en 1860, réélu en 1864, assassiné en 1865 juste
après la victoire du Nord dans la guerre de Sécession. [N.D.T.]

querelleurs ruinant tout ce que nos ancêtres nous ont légué en nous demandant de le maintenir inviolé jusqu'à la fin des temps. Lincoln dit : « Je maintiendrai cet engagement. Qui veut m'aider ? »

Dans un rugissement, les légions loyales, de toutes les parties de la nation, répondirent : « Moi ! » La guerre était sur nous, avec toute sa furie diabolique, fit couler des fleuves de sang et provoqua un million de morts si ce n'est plus.

CHAPITRE V

Je m'engage dans la compagnie F, neuvième volontaire de cavalerie –
Notre mission – À Kansas City – Poursuite de Price – L'armée à Springfield –
Vengeance sommaire en guérilla – Capitaine de la compagnie D de la
dix huitième milice du Kansas – Commandant de la vingt et unième milice
du Kansas – Sur la frontière du Missouri – Combat contre John Shelby –
L'ostéopathie en danger – Enterrement des morts sous le drapeau
de la trêve – Surprise pour le régiment.

$\mathcal{E}$ n septembre 1861, à Forth Leavenworth, je m'engageai dans
le neuvième de cavalerie du Kansas, dans la compagnie F, commandée par le capitaine T. J. Mewhinne. Le régiment était principalement composé d'hommes du Kansas ayant reçu leur
baptême du feu lors du combat esclavagiste. Peu de temps après
l'engagement, on nous remit nos vêtements et notre équipement. Nous étions des hommes désireux de bien faire, engagés
avec l'idée de combattre durement et efficacement. Nous fûmes
envoyés de Leavenworth à Kansas City pour compléter notre
équipement, et nommés dans la brigade de James H. Lane, désigné pour organiser l'armée de l'Ouest. Peu de temps après, nous
reçûmes nos ordres de marche, pour nous présenter à
Springfield, dans le Missouri.

Nous quittâmes Kansas City le jour où Mulligan se rendit
au général Price [1] à Lexington. Price, pour quelque raison inconnue, choisit de marcher vers le sud en passant par Springfield.

1. *Sterling Price* (1809-1867). Général confédéré au cours de la guerre de
Sécession. Il passa la majeure partie de la guerre à l'ouest du
Mississippi, luttant sans succès pour gagner le Missouri pour la

Nous campions chaque nuit sur les lieux où Price avait campé la veille, jusqu'à Springfield. Au cours de cette marche, l'armée rebelle semblait savoir qu'elle était poursuivie. Bien que n'ayant jamais rencontré les confédérés au cours de la marche, nous prîmes beaucoup de drapeaux que Price avait abandonnés. À Pleasant Hill, Greenfield et d'autres endroits, les étoiles et barres étaient amenées pour laisser place aux étoiles et rayures.

Beaucoup de cœurs loyaux qui s'étaient cachés durant la marche de Price sortaient des bois et des broussailles pour nous rejoindre et grossir nos rangs, de sorte qu'en atteignant Springfield, notre brigade était considérablement plus nombreuse qu'en quittant Kansas City. Nous arrivâmes à Springfield juste avant que le général Fremont soit relevé de son commandement du département de l'Ouest.

L'armée rassemblée à Springfield comportait en gros cent trente mille hommes. Les abords est et ouest d'un terrain de seize hectares étaient protégés par des lignes d'artillerie disposées sur un kilomètre et demi.

Nous restâmes à Springfield à peu près jusqu'au début novembre et fûmes alors renvoyés vers Fort Scott puis vers différents points le long du Missouri, pour finalement atteindre Harrisonville, où nous installâmes nos quartiers d'hiver. Durant l'hiver qui suivit, nous fûmes sans cesse harcelés par des francs-tireurs qui s'embusquaient non seulement pour tirer sur nos soldats, mais également sur des citoyens loyaux. Cette guerre d'embuscade se développa jusqu'à devenir si gênante qu'une brigade du Colorado commandée par le colonel Ford, à qui nous avions rapporté ces faits, se mit en route pour se venger sommairement de l'ennemi. Les troupes du Colorado, de la cavalerie, étaient réparties en escouades de trente hommes par compagnie et nettoyèrent la région de Kansas City jusqu'à la rivière Osage. Il fut rapporté qu'en onze jours, elles tuèrent mille sept cents hommes dans cette région. Dans un cimetière près de Harrisonville, je comptai soixante-deux tombes récentes. Après

Confédération. Après la guerre, il vécut deux ans à Mexico avant de retourner dans le Missouri. [N.D.T.]

64

cet épisode, il n'y eut plus de problème avec la guérilla. Vers le premier avril 1862, le troisième bataillon du neuvième régiment du Kansas fut démantelé, ce qui nous libéra du service.

Je retournai chez moi et organisai une compagnie de miliciens du Kansas et, vers le 15 mai 1862, fus nommé capitaine de la compagnie D de la dix-huitième milice du Kansas. Je reçu l'ordre d'entraîner mes hommes une fois par semaine, et de patrouiller sur la route allant de Kansas City à l'ancien Mexique, appelée ancienne piste de Santa Fe. Ma circonscription s'étendait d'est en ouest à travers le comté de Douglas, dans l'État du Kansas. L'exercice et l'entraînement se poursuivirent jusqu'à ce que je reçoive l'ordre d'organiser le dix-huitième régiment de milice du Kansas dont je fus nommé commandant.

Quelques mois plus tard, arriva l'ordre de rassembler plusieurs bataillons qui devinrent la vingt et unième milice du Kansas dont je fus nommé commandant. Je servis à ce poste au Kansas jusqu'à l'automne 1864, lorsque le 10 octobre, le général Curtis nous envoya vers la frontière entre le Missouri et le Kansas pour combattre le général Price, qui était attendu sous peu à Kansas City ou Independance.

Les régiments de miliciens du Kansas furent dépêchés à la frontière jusqu'à rassembler vingt-sept mille hommes. Par l'adjonction des hommes du général Totten, nous étions trente-cinq mille. Nous étions cantonnés au sud de Westport, constituant une ligne s'étendant sur cent cinquante kilomètres. Les jeudi 22 et vendredi 23 octobre, de durs combats eurent lieu à Lexington et Independance.

Le matin du 24, le général Price fit mouvement vers l'ouest, déploya ses hommes et déclencha la bataille à partir de Westport, en se dirigeant au sud, vers la rivière Little Blue distante de dix kilomètres. Il prit l'offensive et nous allâmes à sa rencontre et le combattîmes ; ils étaient commandés par Joe Shelby, Quantrell et beaucoup d'autres commandants confédérés.

Vers quatre heures, le samedi 24, la bataille faisait rage sur toute la ligne allant de Wesport à Little Blue sur laquelle était stationnée la vingt et unième milice du Kansas. Cantonné à l'est de la frontière du Kansas, le général Joe Shelby sembla nous considérer comme des intrus et exprima sa conviction par des salves de balles. Nous considérâmes cela comme une manière bien cavalière de traiter des voisins en visite et répondîmes par un feu également nourri. Le vingt et unième du Kansas tint noblement son rang alors que nous étions entourés de feu, de fumée et de sang. Je me souvins de cette bonne vieille exhortation scripturaire selon laquelle « il est meilleur de donner que de recevoir » et dis à mes gars de leur donner le meilleur d'eux-mêmes ; et nous leur donnâmes quarante-deux attaques avec une charge à chaque fois.

Au plus chaud du combat, une balle de mousquet traversa la poche de mon gilet, emportant une paire de gants que j'avais mise dedans. Une autre traversa le dos de mon vêtement juste au-dessus des boutons, faisant à l'entrée et à la sortie un trou de quinze centimètres. Si les rebelles avaient su combien ils avaient été près de tuer l'ostéopathie, ils n'auraient peut-être pas été si précautionneux.

Au cours de cet engagement, je montais la mule qui avait traversé la poutre avec moi sur le dos, au Kansas. Les bouffon-neries de cette créature lorsque les balles venaient siffler très près d'elle étaient amusantes. Elle avait l'impression qu'il s'agis-sait de petits insectes, alors que j'étais tout à fait convaincu qu'il s'agissait de balles [2].

Beaucoup d'incidents amusants survinrent pendant notre conflit. Certains de nos gars ressentaient le besoin de prier pour que le Seigneur les protège. Dans ces circonstances, je jugeai qu'il valait mieux interrompre les dévotions, et monter en ligne pour combattre les rebelles qui nous arrosaient de plomb ; je sautai de ma mule et, venant me planter juste à côté d'eux, je rompis le charme. Ils rejoignirent le front et furent de très bons soldats pendant tout le reste du conflit.

2. Still ne dit pas qu'au cours de cet engagement, sa mule fut touchée et qu'il fut violemment projeté à terre, se blessant sérieusement le dos. Cette blessure l'handicapera tout le reste de sa vie, l'empêchant notamment de reprendre les travaux des champs (source : *Frontier Doctor, Pionnier Doctor*, Charles E. Still Jr, chap. 4). [N.D.T.]

Nous tînmes la position jusqu'à ce que les forces de Price se retirent, laissant cinquante-deux morts et cent vingt-sept chevaux qui tombèrent entre nos mains. Peu de temps après le départ de l'ennemi, la nuit étendit son bienfaisant manteau sur la scène, chassant de notre vue les horreurs de la guerre. Notre régiment marcha trois kilomètres vers l'ouest, puis dix kilomètres vers le nord et un kilomètre et demi vers l'est pour arriver dans un camp près de Shawneetown. Vers les six heures du matin suivant, l'artillerie, sous les ordres du général Totten, ouvrit le feu à l'est et au sud de Westport, sur dix à quinze kilomètres – vingt-huit pièces tirant en chœur, accompagnées du jaillissement de petites armes qui donnaient un rugissement monotone, grondant sur toute la ligne. Le bombardement fut sévère jusque vers huit heures, lorsque le général Price commença sa retraite vers le sud. Nous le suivîmes sur une distance de cent cinquante kilomètres, les accrochant tout du long et capturant vingt-huit canons, jusqu'à un kilomètre et demi de Fort Scott.

À cet endroit, nous décidâmes de ne pas escorter plus loin le général Price, mais de l'abandonner à son sort. Trouvant le général confédéré Marmaduke en mauvaise posture, nous l'invitâmes à rentrer avec nous à la maison ; nous allions insister pour le faire venir lorsqu'il consentit finalement, non sans quelque réticence, car le général avait une grande envie « d'étoiles et de barrettes ».

Le combat cessa peu de temps après que les forces de Price eurent commencé leur retraite et reprit après qu'elles eurent reculé de trente kilomètres.

Le privilège fut accordé à l'ennemi d'enterrer ses morts et, bientôt, une compagnie de cent quarante de nos braves ennemis arriva à mon quartier général avec un drapeau blanc, qui était toujours respecté. J'ordonnai au capitaine et à ses hommes de déposer leurs armes et de les empiler, ce qu'ils firent. Je demandai alors à l'officier commandant de placer ses hommes en ligne devant moi, et plaçai un garde près de leurs armes. M'adressant au capitaine, je demandai : « Manquez-vous de nourriture ?
– Presque complètement, Major ! » répondit-il.

Alors, avec un ton de circonstance et d'une manière aussi sérieuse que possible, je dis : « Je veux que vous écoutiez ce que j'ai à dire pendant à peu près cinq minutes, sans bouger un muscle, jusqu'à ce que j'aie terminé. »

Alors, je brossai un tableau des horreurs de la guerre et des mesures extrêmes parfois rendues nécessaires. Je terminai en disant que les rebelles avaient l'habitude d'abattre beaucoup de nos hommes et, bien qu'ils soient venus avec un drapeau blanc, j'avais l'intention de tirer sur le capitaine et chaque homme l'accompagnant. Les joues blêmirent et les respirations s'accélérèrent. Certains étaient prêts à objecter, lorsque je les interrompis avec : « Je veux dire que je veux vous viser à la bouche avec de la nourriture et du café, et que je veux convertir toutes vos peines en joie. Rompez vos rangs, allez à l'intendance, et restaurez-vous largement. »

Le capitaine et les officiers me donnèrent une chaleureuse poignée de main, regrettant que la guerre fasse de nous des ennemis (alors que, par les lois de la nature, nous devrions être amis), et espérèrent que l'ange de la Paix puisse bientôt étendre ses ailes blanches sur notre pays bien-aimé. Ces rebelles apprécièrent certainement le repas, le premier bon repas que ces pauvres gars avalaient depuis longtemps.

Après avoir poursuivi Price sur cent cinquante kilomètres, nous arrivâmes au Kansas, à De Soto et, le mardi 27 octobre 1864 au matin, je reçus l'ordre de démanteler le vingt et unième régiment et de rentrer à la maison. Je gardai l'ordre pour moi, déterminé à faire grincer les dents de mes gars et à avoir un peu de plaisir à leurs dépens.

J'ordonnai que tout le régiment se mette en ligne, je leur tins un discours, dans lequel je leur indiquai que nous avions une longue marche devant nous, et une bataille désespérée au bout du chemin. Je spécifiai qu'aucun d'eux ne devait entreprendre cette marche difficile ou s'engager dans la terrible bataille s'il n'était à la hauteur de l'urgence. Si quelqu'un se sentait trop malade, faible ou fragile pour nous accompagner, ou se sentait pour n'importe quelle raison incapable d'endurer la difficulté ou le danger, il n'était pas forcé de venir. Tous ceux qui étaient volontaires pour venir avec moi, à travers épreuves et dangers quels qu'ils soient, furent invités à faire six pas en avant.

À peu près un tiers du contingent avança de six pas, manifestant le désir de me suivre n'importe où. Alors, d'une voix suffisamment forte pour être entendue de tous, je lus l'ordre de démobilisation du régiment, indiquai à ceux qui ne se sentaient pas suffisamment en forme pour nous accompagner d'aller à l'infirmerie pour recevoir des soins médicaux ; aux autres, je dis : « Les gars, nous rentrons chez nous ! »

Des cris et des rugissements de rire couvrirent le reste de mes propos et, en dix minutes, il n'y avait plus un malade dans le régiment. Le régiment fut démantelé, nous rentrâmes tous à la maison et ainsi se termina mon expérience de soldat.

CHAPITRE VI

La fin de la guerre – Réjouissance à l'aube de la paix – Nouveaux dangers –
Le mal des drogues – Terribles visions – Dessin d'un tableau –
Creuser des tombes indiennes pour avoir des sujets – Études dans le grand
livre de la nature – Les ravages d'une terrible maladie : la méningite –
Prières et médecine – Décès de quatre membres de ma famille –
La médecine est-elle un échec ?

La guerre cessa comme toute personne raisonnable pouvait l'imaginer. La haine, la passion et l'avarice purent prévaloir un temps mais, à la fin, le courageux petit Sud, qui s'était si bravement battu, fut contraint de céder devant la détermination du Nord.

Du côté du Sud, les hommes et l'argent vinrent à manquer pour continuer à lutter davantage. La capitulation, puis la paix, furent proclamées, et l'esclavage humain cessa de faire partie des institutions de l'Amérique. Tous furent heureux de quitter le conflit pour reprendre leur vie de citoyens pacifiques. Comme tous les autres, je quittai avec bonheur le champ de dispute sanglante, pour reprendre les fonctions d'un citoyen ordinaire. Je ne fus pas long à redécouvrir que nous avions des habitudes, des coutumes, des traditions pas meilleures que l'esclavage dans ses jours les plus sombres et beaucoup plus tyranniques. Il m'était pratiquement impossible de dormir ; de jour comme de nuit, je voyais des légions d'hommes et de femmes titubant de par le pays, implorant pour être libérés de l'habitude de la drogue et de la boisson. À voir ainsi l'homme, créé à l'image de son Créateur, traité avec si peu de respect et de bon sens par des hommes sensés mieux savoir, mon cœur tremblait, mon esprit ne trouvait plus de repos, ni le jour, ni la nuit. Je voyais des hommes et des femmes bourrés de drogues dont les crocs empoisonnés laissaient voir le serpent de l'habitude, aussi certain de manger sa victime qu'une pierre lancée en l'air de retomber au sol. Je rêvais du mort et du mourant qui avaient été ou étaient esclaves de l'habitude. Je recherchais la cause de tant de morts, d'esclavage et de détresse au sein de ma race. Je découvrais que la cause en était l'ignorance de nos « écoles de médecine ». Je découvrais que celui qui persuadait de prendre la première dose était par lui-même un exemple de la même habitude de se droguer et de boire, une forme d'humanité affligeante, emprisonnée sans espoir dans la spirale du serpent. En vain, il criait : « Qui peut me libérer de ce serpent qui a aliéné toutes mes libertés, mes joies et celles des êtres aimés ? » Dans l'angoisse de son âme, il disait : « J'ai rêvé que j'étais aussi libre que le nègre pour lequel j'ai affronté le canon mortel durant trois longues années. »

« Oh, dit un adepte de cette habitude de la drogue et de la boisson, je peux abandonner mon maître chaque fois que je le désire, mais les nègres ne le pouvaient pas parce qu'ils étaient forcés d'obéir par la loi qui les maintenait esclaves, avec de rudes fouets, des limiers et des fusils, alors que moi, je suis libre d'utiliser les drogues ou de les abandonner quand je le veux. »

Marquez-le à la craie et surveillez-le, vous le verrez bientôt proche d'une pharmacie, se plaignant de ne pas se sentir bien. Ayant attrapé un rhume, il dit : « Mon épouse va à l'église et les réunions se prolongent si tard, et la pièce est si chaude que j'ai pris froid en rentrant à la maison, et je pense que je devrais prendre quelque chose. »

Le pharmacien dit : « Professeur, je pense qu'un peu de gingembre de Jamaïque et trente grammes de vieux seigle sont juste ce qu'il vous faut. »

– Bien, je vais essayer un peu de ça, je crois ; quand même, je n'aime pas aller à l'église bourré de whisky.

– Mâchonnez quelques clous de girofle et des graines de cardamone, cela masquera l'odeur du whisky », dit le pharmacien. Bientôt, l'église cesse ses réunions du soir, mais le professeur continue à venir avec des douleurs dans le dos et dit : « J'ai passé la nuit dernière après un renard, et j'ai attrapé encore plus froid » ; il fait un clin d'œil au pharmacien en disant : « Arrangez-moi la même chose que la dernière fois, et donnez-moi une demi-pinte pour grand-maman. »

Une telle prétention hypocrite me dégoûta de plus en plus. Moi qui avais eu quelque expérience dans le soulagement de la douleur, je trouvai que la médecine était un échec. Dès le début de ma vie, j'avais étudié le livre de la nature. Dans les premiers temps de ma vie dans le Kansas balayé par le vent, j'avais consacré mon attention à l'étude de l'anatomie. Au nom de la science, je devins un bandit. Au nom de la science les tombes indiennes furent profanées et les corps des morts exhumés. Oui, je m'étais transformé en un de ces vautours qui, munis de scalpels, étudiaient le cadavre au bénéfice du vivant.

J'avais emprunté des livres, mais je retournai au grand livre de la nature, mon maître d'études. Le poète a dit que « le plus grand sujet d'étude pour l'homme, c'est l'homme ». Je croyais cela et le croirais même s'il ne l'avait pas dit. Le meilleur moyen d'étudier l'homme consiste à disséquer quelques corps.

Mes spécimens d'étude étaient des corps exhumés des cimetières indiens. De jour comme de nuit, je parcourais la région avec une pelle, parfois au clair de lune, parfois durant le jour, je déterrais des Indiens morts et utilisais leurs corps pour le bien de la science. Quelqu'un a dit que la fin justifie les moyens et j'adoptai cette théorie pour calmer ma conscience. Les Indiens morts n'objectèrent jamais de devenir de bons exemples pour le développement de la science. Leurs proches n'en savaient rien ; et comme « il est fou de troubler l'ignorance heureuse » et que le savoir obtenu par cette recherche m'a aidé à soulager des milliers d'hommes souffrants, évitant à beaucoup la mort, je ne laisserai pas ma tranquillité d'esprit être perturbée par la pensée que j'obtins autrefois mon savoir grâce à des os d'Indiens.

Ma science ou ma découverte naquit au Kansas à l'issue de multiples essais, réalisés à la Frontière, alors que je combattais les idées pro-esclavagistes, les serpents et les blaireaux puis, plus tard, tout au long de la guerre de Sécession et jusqu'au 22 juin 1874. Comme l'éclat d'un soleil, une vérité frappa mon esprit : par l'étude, la recherche et l'observation, j'approchai graduellement une science qui serait un grand bienfait pour le monde.

La Frontière est-elle le bon endroit pour étudier la science ? Nos érudits bien éduqués peuvent se le demander. Henry Ward Beecher a fait remarquer qu'il y a peu de différence dans la manière d'acquérir une éducation, qu'elle soit acquise dans les halls ombragés et tapissés de fresques d'Oxford ou d'Harvard ou au coin du feu dans une cabane isolée de la Frontière. La Frontière est un bon endroit pour découvrir la vérité. Personne n'est là pour vous importuner. Beecher [1] y passa ses années de maturité, il savait donc de quoi il parlait. Par expérience de la vie, il avait compris que les collèges d'éducation ne mettent pas de bons sens dans une tête sans cervelle.

Le grand livre de la nature se trouve à la Frontière. Elle est la source première de la connaissance et on y apprend les premiers principes de la science naturelle. Comment le scientifique peut-il apprendre les habitudes et les manières des animaux qu'il désire étudier ? Par l'observation des animaux. Le vieux frontalier en sait plus sur les coutumes et les habitudes des animaux sauvages que le scientifique n'en découvrira jamais. Agassiz [2], malgré tout son savoir sur l'histoire naturelle, n'en connaissait pas autant sur le vison et le castor que le trappeur dont le travail, toute la vie, a été de les capturer.

Dans la quiétude de la Frontière, entouré par la nature, je poursuivis mon étude de l'anatomie avec plus de zèle et plus de résultats satisfaisants qu'au collège. Sans professeur, mais avec

1. *Henry Ward Beecher* (1813-1887). Militant, philosophe presbytérien, connu pour ses déclarations humanistes. Il fut un des premiers ecclésiastiques à abandonner la notion de miracle, de jugement dernier et de divinité du Christ et supporta la théorie de l'évolution de Charles Darwin. [N.D.T.]

2. *Louis Rodolphe Agassiz* (1807-1873). Naturaliste américain d'origine suisse. Il accomplit un travail de pionnier sur les poissons fossiles et fut l'inventeur du concept d'âges glaciaires. [N.D.T.]

les faits de la nature et sans autre camarade de classe que le blai-reau, le coyote et ma mule, je m'asseyais dans la prairie pour étudier au-delà de ce que j'avais appris à l'école de médecine. Avec, fermement ancrée dans mon esprit, la théorie selon laquelle « le plus grand sujet d'étude de l'homme, c'est l'homme », je com-mençai avec le squelette. J'améliorai ma connaissance anato-mique jusqu'à être totalement familier avec chaque os du corps humain. Cette étude de nos corps a toujours été pour moi un sujet fascinant. J'aime l'étude et je l'ai toujours suivie avec zèle. Tant que je ne fus pas satisfait, j'exhumai et disséquai Indien après Indien. Je fis des centaines d'expériences avec des os, jus-qu'à devenir très familier de leur structure.

J'aurai sans doute progressé plus vite en ostéopathie si la guerre civile n'avait pas interféré avec la progression de mon étude. On ne peut dire comment sera une chose tant qu'elle ne s'est pas développée et on découvre alors que le plus grand bien succède souvent à la plus grande douleur ou le plus grand mal-heur et nous savons tous que le feu est le meilleur test pour la qualité de l'or. Il peut être bon pour le métal, mais il est dur pour l'or. Avant d'avoir expérimenté directement, je pouvais être incertain quant à la stupidité des drogues. Tant que mon cœur n'a pas été tordu et lacéré par la douleur et l'affliction, je n'ai pas complètement pu me rendre compte de l'inefficacité des drogues. Certains pourront dire que ma souffrance était néces-saire afin que ce bien puisse survenir, mais je ressens que mon chagrin eut surtout pour origine la grande ignorance de la pro-fession médicale.

Nous étions au printemps de 1864 ; les grondements loin-tains des combats de la retraite s'entendaient facilement ; mais un nouvel ennemi apparut alors. Comparée à cet ennemi, la guerre avait été particulièrement clémente. La guerre avait épar-gné ma famille ; mais lorsque le spectre de la méningite cérébro-spinale se déploya sur le pays, il sembla choisir les miens comme proie privilégiée. Les docteurs vinrent et furent assidus dans leur fréquentation. De jour comme de nuit, ils soignèrent mes malades, prirent soin d'eux et administrèrent leurs remèdes les plus dignes de confiance, mais tout cela en pure perte. Les aimés sombraient de plus en plus. Le pasteur vint et nous consola. Avec les hommes de Dieu pour invoquer l'aide divine et des hommes qualifiés en recherche scientifique, mes aimés auraient certainement été sauvés. Chacun peut espérer qu'entre les prières et les pilules, l'ange de la mort aurait été chassé au dehors. Mais c'est un ennemi opiniâtre, et quand il a déployé ses ailes sur une victime, prières et pilules sont vaines. J'avais alors une grande confiance en l'honnêteté de mon pasteur et des docteurs, et je n'ai pas perdu cette confiance. Dieu sait que je crois qu'ils firent ce qu'ils pensaient être le mieux. Il ne négligèrent jamais leurs patients et ils donnèrent des médicaments, en rajoutèrent, en changèrent, espérant atteindre ce qui pourrait défaire l'ennemi ; mais ce fut en pure perte.

C'est lorsque je me tenais là, regardant fixement trois membres de ma famille – deux de mes propres enfants et un enfant que nous avions adopté – [3], tous morts de la méningite cérébro-spinale, que je me posai les sérieuses questions : « Avec la maladie Dieu a-t-il abandonné l'homme dans un monde d'incertitude ? L'incertitude, qu'est-ce que c'est ? Que donner et pour quel résultat ? Et une fois mort, savons-nous où il va ? » Je décidai alors que Dieu n'était pas un Dieu d'incertitude, mais un Dieu de vérité. Et toutes Ses œuvres, spirituelles et matérielles, sont harmonieuses. Sa loi de vie animale est absolue. Un Dieu si avisé a certainement placé le remède au sein même de la demeure matérielle dans laquelle habite l'esprit de vie.

Avec cette pensée, je gréai mon esquif et lançai mon embarcation, comme un explorateur. Comme Colomb, je trouvai du bois flottant sur la surface. Je notai la direction du vent, d'où il venait, et dirigeai mon bateau en conséquence. Bientôt, je discernai les vertes îles de la santé se profilant sur l'océan de la raison. Depuis ce jour, j'ai toujours veillé à la direction et à l'origine

3. Il s'agit de Susan, 11 ans, d'Abram, 12 ans, enfants de son premier mariage, et d'une petite fille adoptée de 9 ans dont on ne connaît pas le nom. La même année, mourut également Marusha, 15 ans également fille du premier mariage d'A. T. Still et Marcia Ione, née en 1863 (source : *Frontier Doctor, Pionnier Doctor*, Charles E. Still Jr, chap. 5). [N.D.T.]

du vent et je n'ai jamais manqué de trouver la source de son souffle.

Croyant que le Concepteur de l'homme, intelligent et aimant, a déposé dans son corps en quelque endroit ou dans tout le système, des drogues en abondance pour soigner toutes les infirmités, j'ai pu, à chaque voyage ou exploration, rapporter une cargaison de vérités indiscutables selon lesquelles tous les remèdes nécessaires à la santé existent dans le corps humain. Ils peuvent être administrés en ajustant le corps de telle manière que les remèdes puissent naturellement s'associer entre eux, entendre les plaintes et soulager l'affligé. J'ai toujours trouvé tous les remèdes bien en vue sur les étagères et dans les réserves de l'Infini – le corps humain.

Lorsque je partis pour la première fois en exploration, je découvris que certains remèdes étaient en bouteilles ou en jarres situées très hauts ou très bas sur les étagères, et pas aussi visibles que ceux habituellement demandés. Mais, par une étude approfondie, je découvris qu'ils se mêlaient aux autres drogues et donnaient le soulagement demandé.

Ainsi ai-je poursuivi le voyage de mer en mer, pour découvrir que la nature n'est jamais démunie des remèdes nécessaires. Aujourd'hui, après un voyage de vingt années et une observation attentive, je suis prêt à affirmer que Dieu ou la nature est le seul docteur que l'homme devrait respecter. L'homme devrait étudier et utiliser les drogues rassemblées dans son propre corps.

CHAPITRE VII

*Comme un inventeur – Le bras fatigué – La moissonneuse et la faucheuse –
Le râteau – Les doigts d'acier – Une invention perdue – À la ferme –
Une épouse dégourdie – Barattage – La philosophie du beurre –
Une autre invention – Étude des roues motrices de la nature –
La science de l'ostéopathie développée.*

L'ostéopathie étant une science fondée sur le principe que l'homme est une machine, je me dois d'attirer votre attention sur le fait que j'ai commencé l'étude de la mécanique dès 1855 et l'ai poursuivie jusqu'en 1870. Nous avions des centaines de milliers d'hectares de froment, d'avoine et de seigle, qui poussaient, mûrissaient et devaient être moissonnés ; le faible bras droit de l'homme était donc le seul serviteur dont les nations dépendaient pour leur pain. Cette année-là, je commençai à étudier la question : comment faire pour que ce bras puisse, si possible, bénéficier de ces grands et glorieux mots : « pour toujours libre, quelle que soit la race ou la couleur » ?

Pour moi, garçon de quatorze ans, le bras était un serviteur vaillant bien que fatigable et douloureux. Mon père, mes frères et les saisonniers, joints aux moissonneurs de tout le pays, semblaient faire monter leurs gémissements sans espoir pour la libération ; chaque nouvelle année semblait indiquer au bras que lui et sa postérité seraient toujours des serviteurs et balanceraient la faux du matin au soir, ou iraient se coucher affamés, ce qui dépendait aussi de lui.

À cette époque, les arts techniques avaient conçu et réalisé une faucheuse, avec une lame ou une faucille longue d'un mètre, fixée de telle manière qu'elle s'étendait à angle droit et dépassait la roue droite de la machine sur deux mètres. Elle avait une barre avec de nombreuses sections appelées lames, ajustées de manière à former des fentes entre des doigts attachés sur la faucille dans le but de couper le foin, cultivé ou sauvage.

À peu près à la même époque, il y avait comme un dévidoir, placé sur la machine, qui poussait l'herbe en arrière au moment où elle tombait après avoir été coupée. Alors, avec un râteau, quelqu'un la rassemblait en gerbes sur le sol.

Je voyais qu'avec cette invention, il y avait plus de repos pour le bras, mais le labeur était tout aussi dur pour l'homme qui poussait le grain dehors et pour celui qui balançait la faux et la fourche. C'était profitable dans la mesure où un homme pouvait éjecter le grain pendant que les deux chevaux avançaient d'un andain de deux mètres. Je commençai donc à penser à la faucheuse et imaginai un plan permettant de disposer deux longs doigts d'acier qui resteraient en place et attraperaient le grain au moment de sa chute. Ils devraient être suffisamment forts pour supporter vingt-cinq kilos sans fléchir. Lorsqu'une quantité suffisante pour faire une gerbe serait sur ces doigts, il suffirait de pousser sur le levier pour rétracter les doigts d'acier qui, ne soutenant plus le grain, le laisseraient tomber sur le sol en une gerbe pour le lieur.

Au cours du développement de mon invention, je fus, tel que je peux me le rappeler, visité par un représentant de la Wood Mowing Machine Co. dont le siège était en Illinois. Au cours de la saison suivante, la Wood Company sortit une moissonneuse avec des doigts pour attraper le grain qui tombait. Ces doigts étaient maintenus par une mécanique, jusqu'à ce que le grain soit suffisamment accumulé pour pouvoir constituer une gerbe. Alors, le conducteur laissait les doigts tomber sur le sol et ils s'effaçaient sous le blé. Wood eut le bénéfice de mon idée en termes de dollars et de cents, et moi j'eus le bénéfice de l'expérience. Le monde était à l'aube d'une révolution dans le domaine de la moisson. Le va-et-vient des vieilles fourches et faux disparaîtrait. Moissonneuses et faucheuses prirent leur place. Assez parlé de l'étude des machines moissonneuses.

Peu de temps après que le bras souffrant eut été libéré par l'amélioration de la machine, je me lançai dans l'achat d'une ferme, que je peuplai de chevaux, bétail, cochons, volailles et du matériel nécessaire pour la faire fonctionner. Nous avions de nombreuses vaches et une grande production de lait. Ma famille était peu nombreuse, mon épouse très occupée et il fallait que je baratte le lait. Je barattais et m'acharnais pendant des heures. Pendant des heures, je devais lever le couvercle et essuyer l'égouttoir, aller à travers toutes les manipulations du barattage et du battage du lait. Je devais baratter, baratter, baratter, puis frictionner mon bras, puis baratter, jusqu'à conclure que le barattage était un travail aussi astreignant que la moisson avec la vieille fourche. Mais le barattage me conduisit à l'étude de la chimie du lait, de la crème, de la caséine, de la margarine et de l'acide butyrique, jusqu'à ce que je découvre que chaque atome de beurre était enfermé dans une enveloppe de caséine, dont la forme était comparable à celle d'un œuf de poule. La question devenait alors, comment casser l'œuf et faire sortir le beurre ? Je construisis une roue d'entraînement de vingt centimètres de diamètre que je reliai à un pignon fixé à l'extrémité supérieure d'une tige de deux centimètres et demi de diamètre s'étendant du sommet à la base de la baratte. Sur cette tige, j'avais placé un bras ajustable, avec un trou et un boulon permettant de l'attacher à une tige pour l'allonger ou la raccourcir et l'adapter à la quantité de lait contenue dans la baratte. Ces tubes étaient inclinés vers le bas dans ce but. Le réceptacle à travers lequel passait le lait avait un diamètre de deux centimètres et demi et débouchait sur un orifice d'un centimètre et demi. Ainsi, vous voyez que le tube allait en s'effilant du réceptacle jusqu'à la sortie du lait. Avec cette roue, ce pignon et sa tige traversés par un support en métal à l'extrémité de la baratte, je pouvais facilement obtenir un mouvement des coupelles égal à cinq cents tours minute ou plus. Cela précipitait le lait et la crème contre la paroi résistante de la baratte à la vitesse de trente à cinquante kilomètres à l'heure.

J'avais réussi à casser l'œuf contenant tous les éléments trouvés dans le beurre et donnais aux enfants affamés du beurre provenant de cette nouvelle baratte en moins de temps qu'il ne fallait pour le dire, une fois favorables la température et les autres conditions requises. Le temps nécessaire pour baratter avec cette nouvelle invention ne dépassait pas trois à dix minutes.

Ce fut la première fois que je pus me réjouir d'avoir fait de mon pire ennemi (la baratte) un tremplin pour l'amusement. Je passai un peu de temps à faire connaître ma nouvelle invention, jusqu'à l'été 1874. Cette année-là, je commençai une étude approfondie sur les roues motrices, les pignons, les emboîtements, les bras et les conduits de la vie humaine, avec leurs forces, ressources, structure, attachement par ligaments, muscles, leurs origines et insertions ; les nerfs avec leur origine, leur approvisionnement ; l'approvisionnement sanguin à partir et vers le cœur ; comment et où les nerfs moteurs reçoivent leur puissance et leur mouvement ; comment les nerfs sensitifs agissent dans leurs fonctions de nerfs volontaires et involontaires dans l'accomplissement de leurs devoirs, la source de leur approvisionnement, et le travail accompli en état de santé, dans les parties obstruées, dans les endroits à travers lesquels ils passent pour jouer leur partie dans l'économie de la vie ; toute cette étude éveilla en moi un nouvel intérêt. Je croyais que quelque chose d'anormal pouvait se trouver dans quelques divisions nerveuses pouvant entraîner une suspension temporaire ou permanente du sang dans les artères ou les veines et provoquer la maladie.

Avec ces pensées à l'esprit, je commençai à me demander, qu'est-ce que la fièvre ? Est-elle un effet ou au contraire a-t-elle une existence propre comme le décrivent communément les auteurs médicaux ? Je conclus qu'elle n'était qu'un effet et, sur ce point, j'ai expérimenté et prouvé la position que je considère aujourd'hui comme une vérité, merveilleusement confirmée par la nature qui, à chaque fois, a répondu par l'affirmative. Après vingt-cinq années d'observations précises et d'expérimentations, j'ai conclu qu'il n'y a pas de maladie telle que fièvre, dysenterie, diphtérie, typhus, typhoïde, pneumonie, ou toute autre fièvre classée dans la rubrique commune aux fièvres ou rhumatismes, sciatique, goutte, coliques, maladie hépatique, urticaire ou croup, et ainsi de suite, jusqu'à la fin de la liste, elles n'existent pas en tant que maladies. Toutes, séparées ou combinées, ne sont que des effets. La cause peut en être trouvée et existe réellement dans l'action d'excitation limitée des nerfs qui contrôlent les fluides d'une partie ou de tout le corps. Il semble tout à fait raisonnable à toute personne née au-dessus de la condition d'idiot, qui s'est familiarisée avec l'anatomie et son agissement avec le mécanisme de la vie, que toutes les maladies sont de simples effets, la cause étant un échec partiel ou total des nerfs à conduire correctement les fluides de la vie [4].

Sur cette pierre, j'ai construit et soutenu l'ostéopathie pendant vingt ans. Jour après jour, les preuves que cette philosophie est correcte deviennent de plus en plus fortes.

Le 22 juin 1874, je lançai dans la brise la bannière de l'ostéopathie. Pendant vint-cinq années, elle a résisté aux tempêtes, cyclones et blizzards de l'opposition. Ses fils sont aujourd'hui plus forts que lorsque la bannière fut tissée pour la première fois. Ses couleurs sont devenues si éclatantes qu'aujourd'hui, des millions commencent à la voir, à l'admirer et à chercher refuge sous ses ailes protectrices contre la maladie et la mort. Pères et mères viennent par légions, et demandent pourquoi ce drapeau n'était pas brandi dans le vent antérieurement. Je répondrai en disant qu'il a fallu de nombreuses années pour préparer le sol à recevoir la semence de cette science comme pour toute autre vérité destinée au bénéfice de l'homme ; donc, soyez patients, ayez foi en Dieu l'Architecte et dans le triomphe final de la vérité, et tout se terminera bien.

---

4. L'idée de cause et d'effet a profondément influencé la conception que se forgea Still de la maladie. Il se décrivit lui-même comme un explorateur commençant à raisonner selon le grand principe de la cause et de l'effet... Il pense et rêve de cause et d'effet. Son esprit semble oublier tous les mots de sa langue maternelle autres que cause et effet. Il parle et prêche sur cause et effet dans tellement d'endroits que ses partenaires en viennent à penser qu'il est mentalement dérangé et bientôt bon pour l'asile (source : Carol Trowbridge, *A. T. Still*, p. 126, The Thomas Jefferson University Press, Kirksville, Mo, 1991). [N.D.T.]

CHAPITRE VIII

Un effort pour attirer l'attention des gens sur l'ostéopathie –
Échec à Baldwin, Kansas – L'histoire de l'université Baker – Prières pour
l'homme possédé – Le scepticisme de mon frère Jim – La foi de ma bonne
épouse – L'ostéopathe errant – Mon histoire dans le comté de Clinton –
Je traite l'asthme – Mes études – Un hypnotiseur.

Ayant finalement résolu le grand problème de l'ostéopathie et ayant établi sa science dans mon esprit, je décidai de tenter ma chance pour introduire ce que j'ai prouvé être une nouvelle découverte et un remède aux maladies humaines. Mon premier effort fut d'attirer dessus l'attention des gens sensés de la ville où j'habitais, Baldwin, dans le Kansas. Baldwin est le lieu de l'université de Baldwin & Baker, implantée là par trois délégués désignés par la conférence générale de l'Église méthodiste, entre 1854 et 1856. Mon père, Abram Still, L. B. Dennis et Elder Hood avaient été mandatés pour acheter le site. Ils avaient lancé un appel d'offres à des villes, villages et autres endroits pouvant être intéressés par une grande université soutenue par l'Église méthodiste et gérée sous son auspice. C'est l'offre de Palmyra, (qui devint plus tard Baldwin) qui fut acceptée par le comité chargé d'étudier la localisation.

À cette époque, je vécus à Palmyra, pris une part active à la conception du plan et fus désigné par les délégués de la conférence générale comme agent ainsi que mon frère Thomas, J. B. Abbott [1], Daniel Fry, James Blood et d'autres, pour sélec-

---

1. *James Burnett Abbott*, émigrant de la Nouvelle-Angleterre, plus âgé que Still, éduqué dans les académies de New York et de Potsdam, figure de l'histoire du Kansas. Abolitionniste convaincu, Abbott était un

tionner et localiser un endroit où construire l'université. Nous donnâmes à l'Église deux cent cinquante hectares de terrain d'un seul tenant. Deux de mes frères et moi-même donnâmes deux cents hectares de terre pour le site citadin de Baldwin afin d'aider à l'établissement de l'université Baker. Nous – moi-même, mon frère et deux hommes appelés Barricklow – achetâmes et érigeâmes une scierie de quarante chevaux vapeur et sciâmes tout le bois pour l'université et les autres bâtiments de Baldwin (comme Palmyra fut appelée après la fondation du collège) et tout le pays à trente kilomètres à la ronde. Je fus promu maître d'œuvre, m'occupai pendant cinq ans du sciage et de la construction, tout en traitant les malades atteints de petite vérole, de choléra et autres maladies et en représentant le peuple au comté de Douglas dans la législature du Kansas. De plus, pendant ce temps, nous lavions et faisions disparaître de l'État les dernières traces de l'esclavage humain, comme je l'ai raconté dans les chapitres précédents. J'étais considéré comme bon docteur, législateur fidèle, homme sobre, sain et loyal, intéressé par la vérité et la justice, et le cœur plein d'amour pour tous. Hélas, lorsque j'affirmai « Dieu n'a pas d'usage pour les drogues dans la maladie et je puis le prouver par son œuvre », lorsque je dis « je peux tordre un homme d'une certaine manière et guérir la dysenterie, la fièvre, les rhumes et les maladies du climat ; secouer un enfant et stopper une fièvre scarlatine, le croup, la diphtérie, et guérir la coqueluche en trois jours par une torsion du cou de l'enfant, etc. », tout mon bon caractère disparut immédiatement. Vous auriez été honteux du genre humain ou de tout autre animal à deux jambes si vous aviez entendu les prières envoyées par les hommes et les femmes pour sauver mon âme de l'enfer. Lorsque je sollicitai le privilège d'expliquer l'ostéopa-

naturaliste respecté, un collectionneur d'art, inventeur et grand lecteur. Il semble avoir beaucoup influencé A. T. Still qui l'évoque comme un puissant stimulant. C'est sans doute lui qui introduisit Still à la phrénologie, au spiritualisme, au mesmérisme, etc. (source : Carol Trowbridge, *A. T. Still*, The Thomas Jefferson University Press, Kirksville, Mo, 1991). [N.D.T.]

thie à l'université de Baldwin, les portes de la structure que j'avais aidée à construire se fermèrent devant moi [2].

Je restai au Kansas et écoutai et ris, jusqu'à ce que je sois prêt à aller au Missouri, où je m'arrêtai avec mon frère, E. C. Still [3]. Il était de santé précaire depuis de nombreuses années et il était si faible qu'il pouvait à peine courir. Il avait été conduit et abandonné dans l'antichambre de l'enfer par « l'allopathie ». Il utilisait soixante-quinze bouteilles de morphine par an. Je me rendis compte que ce mauvais état pouvait encore s'aggraver. Je restai trois mois avec lui, le libérai de l'opium et partit pour Kirksville qui serait, je le supposais, un autre lieu d'injures. Je restai trois mois puis réclamai mon épouse et nos quatre bébés qui me rejoignirent en mai 1875. Mon épouse était méthodiste et supportait assez bien les injures [4]. Elle dit : « Je resterai avec toi ; nous serons injuriés ensemble ; peut-être que nous pourrons les faire diminuer. » Elle étudia l'économie et fut aussi courageuse qu'un aigle se battant pour ses petits. Je ne lui racontai pas qu'en arrivant dans le Missouri, j'avais trouvé une lettre adressée à mon frère Edward, venant du frère révérend James M. Still [5]

2. Dans un sous-sol humide tendu de toiles d'araignées, à l'insu des responsables du collège, Still donna sa première conférence sur ses théories sur la guérison à l'université Baker, devant la seule personne qui voulut bien l'écouter, John Wesley Reynolds, avec un chapeau avachi d'apparence grossière (source : Carol Trowbridge, *A. T. Still*, The Thomas Jefferson University Press, Kirksville, Mo, 1991). [N.D.T.]
3. Edward C. Still (1825-1905), frère aîné d'Andrew, médecin à Macon, dans le Missouri. Il était malade et Andrew devait venir l'aider. Il pensait démarrer une clientèle et faire venir sa famille (source : *Frontier Doctor, Pionnier Doctor*, Charles E. Still Jr, chap. 7). [N.D.T.]
4. Un jour que Marie et deux des garçons étaient à l'église, le doyen président et ancien président de l'université Baker dénonça publiquement Still et ses théories, le décrivant comme un apostat du premier jus qui se devait soit de changer soit d'aller en enfer (source : Carol Trowbridge, *A. T. Still*, p. 122, The Thomas Jefferson University Press, Kirksville, Mo, 1991). [N.D.T.]
5. *James M. Still* (1826-1907). Andrew l'appelle souvent Jim. Second enfant de la famille Still, diplômé du Rush Medical College en 1864. Andrew et lui s'étaient fâchés, Jim ne parvenant pas à comprendre les

d'Eudora dans le Kansas, indiquant que j'étais fou, avais perdu la raison et ma virilité. En la lisant, je pensai : « Jim, fais comme l'aigle qui secoue son nid, remue-toi jusqu'à ce qu'un peu de lait de la raison vienne irriguer les lobes affamés de ton cerveau. » Je croyais que le cerveau de Jim pouvait mûrir avec le temps, je le laissai donc prier, jusqu'à ce qu'au bout de dix-huit ans, il dise : « Alléluia, Drew, tu as raison ; il y a de l'argent là-dedans et je veux étudier l'ostéopathie. » Aujourd'hui, Jim est des nôtres, il est bien considéré et agit au mieux pour notre cause. Lorsqu'il lui arrive de penser à lui, il dit : « L'ostéopathie est le plus grand cadeau scientifique que Dieu ait fait à l'homme. » Il regrette également que son esprit si embrumé n'ait pu discerner la perfection de l'ostéopathie en tant qu'art de guérison quand elle lui fut présentée dans les années soixante, parce qu'il se serait mentalement régalé dès cette époque. J'ai raconté plus que je n'aurais voulu sur cette histoire, mais c'est parce que j'ai pris la plume pour écrire toute la vérité sur mon voyage avec mon rejeton, mon enfant, l'ostéopathie.

Je passai beaucoup de temps à étudier l'anatomie, la physiologie, la chimie et la minéralogie. Au cours de l'hiver 1878-1879, je fus appelé par télégramme dans mon vieux foyer du Kansas pour traiter un membre de la famille dont je m'étais occupé dix ans plus tôt, au moment de mon départ pour le Missouri. Je le traitai en partie avec des drogues, comme dans l'ancien temps, mais lui donnai également des traitements ostéopathiques. Le patient alla bien. De là, j'allai dans le comté de Henry, dans le Missouri, où je passai le printemps et l'été et développai en peu de temps une belle clientèle. Mon cabinet [6]

nouvelles idées de son frère. Il le pensait fou et possédé par le diable (source : Frontier Doctor, Pionnier Doctor, Charles E. Still Jr, chap. 7) . [N.D.T.]
6. L'annonce de son installation parut dans le North Missouri Register : « Nous attirons l'attention de nos lecteurs sur l'installation du Dr Still, magnétiseur, qui vient d'ouvrir un cabinet pour la guérison des maladies et, à cause du succès obtenu par sa profession, dépassant largement cet endroit, projette, avec quelques associés, de construire un hôpital qui sera remarqué pour ses bons offices dans la guérison de

était chez le capitaine Lowe, à vingt-cinq kilomètres à l'est de Clinton. Là, j'eus la possibilité de noter les effets de l'ostéopathie dans les maladies chroniques, car la plupart des cas se rangeaient dans la catégorie des chroniques. Mon premier cas fut une pneumonie des deux poumons en état avancé d'évolution. La patiente était l'épouse du capitaine Lowe, et elle était sérieusement malade. Je la guéris, enregistrant un succès supplémentaire pour l'ostéopathie.

Pendant que j'étais à Wadesburg, je guéris tous les cas de pneumonie qui me furent confiés. Hiram Kepner vint avec des yeux purulents et douloureux de la pire espèce. Il était presque complètement aveugle ; mais en deux mois de traitement, ses yeux furent guéris, sans avoir utilisé aucune drogue. Je m'étais contenté d'amener le sang des artères nourricières vers l'œil pour accomplir le travail de réparation.

À ce moment, un cas d'érysipèle me fut amené. La patiente était l'épouse du capitaine E. V. Stall, que les drogues n'avaient pas réussi à guérir. Je procédai à un minutieux examen du grand système artériel et veineux de la face, la traitai selon les strictes règles de l'ostéopathie et, en trente-six heures, elle allait bien. Depuis, j'ai traité un grand nombre de cas d'érysipèle par cette méthode et les ai tous guéris.

Du comté d'Henry, je partis pour Hannibal et y ouvris un cabinet durant l'automne et l'hiver. Peu de temps après que je me fus installé dans mes nouveaux quartiers, un homme vint à moi, le bras dans une écharpe. Il était tombé et s'était déboîté le coude, et quatre docteurs avaient utilisé sur lui du chloroforme sans réussir à réduire les os. J'y parvins en à peu près dix minutes, sans utiliser de chloroforme et sans le secours d'aucune machine pour mes mains. Ma méthode de traitement commença d'attirer l'attention, et on me demanda si je pouvais guérir l'asthme, et je commençai à le traiter. Jusqu'à ce jour, je n'ai

l'affligé. Ils occupent actuellement les deux pièces arrière au-dessus du magasin de Chinn et projettent d'occuper l'ensemble de l'étage. » (source : Carol Trowbridge, A. T. *Still*, p. 129, The Thomas Jefferson University Press, Kirksville, Mo, 1991). [N.D.T.]

jamais échoué dans le traitement de l'asthme et, après de nombreuses années de traitement, je peux dire que, pour l'asthme, l'ostéopathie est souveraine.

L'amusement côtoyait souvent les contrariétés. Une dame irlandaise vint à moi avec une grande douleur sous l'omoplate et me demanda si je pouvais améliorer son épaule. Bien qu'elle ne soit venue que pour traiter sa douleur d'épaule, elle présentait également une mauvaise forme d'asthme. Je découvris qu'une partie de sa vertèbre supérieure n'était pas en ligne et je stoppai la douleur en ajustant la vertèbre et quelques côtes [7]. À peu près un mois plus tard, elle revint me voir, sans aucune douleur ni trace d'asthme. Sa nature superstitieuse se réveilla et elle me demanda si je l'avais « envoûtée ». « M'douleur à l'épaule, elle est partie depuis qu' j' su v'nue vous voir la première fois, et ç'maudit asthme aussi. »

Cela fut mon premier cas d'asthme traité de la nouvelle manière, ce qui m'entraîna dans un nouvel enchaînement de pensées. Depuis cette époque, j'ai entrepris une sérieuse étude de cette maladie et n'hésite pas à répéter que l'ostéopathie est le remède souverain de l'asthme.

Je ne peux pas dire que le cas de la femme irlandaise m'ayant accusé de l'envoûter m'ait beaucoup impressionné à l'époque. Quelques mois plus tard, alors que je circulais dans la région pour mon travail, je trouvai un homme en grande détresse, en pleine crise d'asthme. Il faisait froid, mais l'homme était dehors, à califourchon sur une chaise, tourné vers le dossier. Il cherchait son souffle et souffrait tant que sa famille, complètement désarmée pour l'aider, l'entourait en pleurant.

Rapidement, je le remis sur pied et « l'envoûtai », ou, en d'autres termes, je le traitai, lui apportant immédiatement du

---

7. Il apprit à reconnaître les différentes affections aiguës au rythme des poussées de fièvre et à certaines odeurs caractéristiques. Il finit également par s'apercevoir que ces infections étaient presque toujours accompagnées de contractions musculaires le long de la colonne vertébrale selon un schéma propre à chacune d'elles (source : *Frontier Doctor, Pionnier Doctor*, Charles E. Still Jr, chap. 5). [N.D.T.]

soulagement ; il n'eut plus de crise d'asthme pendant les six années qui suivirent ce traitement. Je découvris que, comme les clam-coquillages, ma tête pouvais s'ouvrir et capter un tout petit peu de raison, jusqu'à ce que j'aie obtenu suffisamment de savoir pour connaître la cause absolue et que je sois préparé à répondre « oui » lorsqu'on me demandait si je pouvais guérir l'asthme.

Pendant que j'étais à Hannibal, une dame très bien habillée avec des yeux étincelants (et les diamants aussi) vint à mon cabinet et me dit qu'elle voulait examiner ma méthode de traitement ; elle était très soucieuse de savoir comment je guérissais les gens. Elle avait entendu dire qu'il s'agissait de guérison par la foi, de Science chrétienne, de spiritualisme et d'une grande quantité d'autres guérisons. Après s'être échauffée avec sa demande de renseignements, elle dit : « J'attends de vous que vous me disiez l'honnête vérité ; tout cela n'est-il pas essentiellement de l'hypnotisme ? » Je répondis : « Oui madame, j'ai vu dix sept hanches en un jour. » Elle sembla prudente et sursauta. J'ai traité trois hanches en présence du Dr W. O. Torrey, ex-président du comité pour la santé de l'État du Missouri. Il avait diagnostiqué les trois cas comme étant une dislocation complète de la tête du fémur. Il me chronométra et je réduisis les trois hanches en quatre minutes et quinze secondes, lui étant l'expert avant et après les opérations.

Je voudrais attirer votre attention sur un autre cas qui se présenta durant mon séjour à Hannibal, un cas obstétrical douloureux. C'était la naissance douloureuse d'un garçon de trois kilos six, en moins d'une heure à partir des premiers signes de travail. C'était sans doute le vingtième cas délivré par cette méthode, que je considère valoir toute la connaissance en obstétrique écrite à ce jour par les anciennes écoles.

Comme je suis un grand admirateur des discours brefs, nous allons laisser les détails et arrêter là.

CHAPITRE IX

Mon premier cas de dysenterie – Anciennes méthodes – D'autres cas –
Croit être possédé par le démon – Prières pour les fous – Une nuque
disloquée – Départ de Macon – À Kirksville – Mère Ivie –
Le Dr F. A. Grove – Le juge Linder – Chemin de Chinn's Cheering
– Robert Harris – Un estropié sans défense – Fièvre typhoïde – Sans santé
ni argent – Malaxage d'ivresse – Un onguent pour l'ivresse.

Au cours de l'automne, j'eus la possibilité de tester l'ostéopathie sur des maladies telles que la dysenterie infantile, les douleurs intestinales et les fièvres. Mon premier cas de dysenterie
fut un petit garçon d'à peu près quatre ans. Je descendais une
rue de Macon, dans le Missouri, accompagné du colonel
Eberman. J'attirai son attention sur des gouttes de sang frais
maculant le sol sur une trentaine de mètres. Devant nous, avançait lentement une dame accompagnée de deux ou trois enfants.
Nous les rattrapâmes rapidement et découvrîmes que son petit
garçon, âgé d'à peu près quatre ans, était très malade. Pour tout
vêtement, il portait une tunique indienne et, à notre grand éton-
nement et notre grande surprise, ses jambes et ses pieds, nus,
étaient couverts de sang tombant de son corps sur le sol.

Un simple regard avait suffit pour nous persuader qu'ils
étaient pauvres et, le colonel et moi, pris d'un élan de pitié, parlâmes gentiment à la maman en lui offrant notre aide et en lui
proposant d'amener l'enfant à la maison. Elle accepta. Je pris le
petit enfant malade, tandis que le colonel prenait celui que la
maman tenait dans ses bras et qu'elle avait porté presque jusqu'à épuisement. Je plaçai la main sur la région lombaire du
petit bonhomme que je portais, et la trouvai très chaude, même
brûlante, alors que l'abdomen était froid. Mon unique pensée
était d'aider la femme et ses enfants ; je ne pensais pas du tout

faire une découverte pour le bonheur des générations futures. Tout en marchant, je trouvai étrange que le dos fût si chaud et le ventre si froid ; le cou et l'arrière de la tête étaient également très chauds et la face, le nez et tout l'avant de la tête froids. Je commençai à réfléchir, car je connaissais très peu de chose à cette époque sur la dysenterie, si ce n'est qu'elle tuait jeunes et vieux et était plus grave par temps chaud. De ma vie, je ne m'étais jamais demandé ce qu'était la dysenterie et, parmi les auteurs que j'avais lus, aucun ne m'avait enseigné s'il s'agissait d'un état d'être, que le symptomatologiste aurait divisé en symptômes qu'il aurait rassemblés pour appeler la créature ainsi constituée dysenterie.

Je ne savais pas comment raisonner sur les maladies, parce que toutes les autorités que j'avais lues ou à qui j'avais demandé conseil ne parvenaient pas à se détacher des effets pour s'intéresser à la cause. À la douleur, ils opposaient des anti-douleurs et traitaient les intestins saignants par des astringents qui fermaient les issues par lesquelles le sang sortait, perpétuant ces remèdes jusqu'aux portes de la mort et s'alignant pour une nouvelle bataille et une nouvelle défaite avec de vieux remèdes inefficaces parce que visant uniquement les symptômes. Si leurs remèdes étaient si dignes de confiance, je m'étonnais que les docteurs soient si effrayés lorsque la dysenterie frappait leurs propres familles.

Je savais qu'une personne avait une moelle épinière mais, réellement, je savais très peu de chose sinon rien sur son utilité. J'avais lu en anatomie que la portion supérieure du corps était innervée sur le plan moteur par la partie antérieure de la moelle épinière et que la partie postérieure de la moelle fournissait les nerfs sensitifs, mais cela ne donnait pas beaucoup d'indices sur la conduite à tenir en cas de dysenterie. Je commençai à travailler à la base du cerveau en pensant qu'avec des pressions et des frictions, je pourrais pousser un peu du chaud dans les zones froides. En faisant cela, je trouvai des zones rigides et des zones flasques dans les muscles et les ligaments tout le long de la colonne vertébrale, alors que la région lombaire était dans une condition très congestive. Je travaillai pendant plusieurs minutes avec cette philosophie, et dis ensuite à la maman de revenir le lendemain ; si je pouvais faire quoi que ce soit de plus pour son garçon, je le ferais volontiers. Elle revint le lendemain matin m'annonçant que l'enfant allait bien. La dysenterie était répandue dans beaucoup de familles de Macon. Le lecteur se souviendra qu'à cette époque, j'habitais encore Baldwin dans le Kansas et que j'étais seulement en visite à Macon. La dame dont j'avais guéri l'enfant m'amena beaucoup de gens avec leurs enfants malades pour les traiter. Autant que je puisse me rappeler, je reçus en peu de jours dix-sept cas de dysenterie sévère et les guéris tous sans drogues.

D'autres cas de maladies automnales et hivernales apparurent dans la ville et je fus appelé à traiter beaucoup d'entre eux avec succès. Je me trouvai bientôt avec une grosse clientèle. Je n'étais pas tellement surpris de découvrir que toutes sortes de fièvres et de maladies d'été et d'automne pouvaient être traitées sans drogues, lorsque j'entendis dire qu'un pasteur méthodiste avait réuni l'épouse et les enfants de mon frère dans le but de prier. Il était devenu fou ou était né ainsi (comme beaucoup de naissances trop rapides ont de tout temps produit des idiots), et le vieux blanc théologue épanchait son âme idiote vers Dieu ; il lui disait que mon père était un homme bon et un saint en paradis, alors que j'étais un pêcheur désespéré et ferais mieux de partir avant d'apporter plus de mal. Il attisa la haine à Macon, qui augmenta au point que tous ceux qu'il influença finirent par penser que j'étais cinglé. Les enfants ouvrirent la voie parce que je disais ne pas croire que Dieu fût un docteur à whisky, à opium ou à drogues ; je croyais qu'en créant l'homme, Il avait conçu jambes, nez, langue et toutes les qualités nécessaires pour les buts de la vie, aussi bien pour les remèdes que pour le confort. À cause de tels arguments, je fus appelé infidèle, excentrique, cinglé et Dieu fut avisé par ces avertissements théologiques de hibou de me tuer pour sauver les agneaux.

Au cours de cette première croisade contre moi, je fus appelé pour voir une jeune dame que l'on disait malade et condamnée, atteinte d'une prostration nerveuse consécutive à un coup de chaleur. Tout espoir avait été abandonné, et on attendait sa mort. Après de nombreux conseils médicaux, son père vint me trouver et dit : « Ma fille est très malade, et les docteurs disent qu'elle ne peut plus vivre. » Alors, il me demanda d'intervenir et de l'examiner. Il était agréable et semblait un homme très sensé, j'y allai donc pour lui faire plaisir. Je trouvai la jeune dame au lit et, en voyant la manière tordue dont sa tête reposait sur l'oreiller, je supposai qu'il y avait une dislocation partielle de la nuque. À l'examen, je trouvai l'atlas, le premier os du cou, reculé d'un centimètre, ce qui empêchait l'artère vertébrale d'approvisionner correctement le cerveau. J'ajustai la nuque avec précaution et, en quatre heures, elle était hors du lit, se faisant belle pour l'entourage. Alors, d'autres prières furent envoyées pour dire au Seigneur que j'étais possédé par le démon. Son père dit que le démon devait recevoir cinquante dollars et il me les donna pour que je les envoie à mon épouse et aux bébés demeurés au Kansas et qui en avaient besoin pour manger, le Kansas étant alors dévasté par les sauterelles.

Je ne pense pas que le Seigneur ait prêté attention à ces plaintes de vieux fous, prêts à sacrifier une femelle avec le sabre du jugement si la profusion de son lait contient une seule goutte de progrès.

Mon père fut pasteur, mais pas un fou cherchant la popularité parmi les ignorants.

J'étais comme le bon vieux Paul, qui ne pouvait pas toujours être en personne auprès des gens sensés, mais était avec eux en esprit [1].

Depuis ce temps, l'ostéopathie a été très bien acceptée à Macon City. Ils pleurèrent et se lamentèrent parce qu'ils ne connaissaient pas une vraie philosophie et m'aidèrent à construire un hôpital ce qui fit de Macon l'Athènes de l'étude de la science de l'ostéopathie, au lieu d'une ville rivale dans un comté voisin.

1. Il faut se souvenir que Still a étudié le mesmérisme, origine de l'hypnotisme, il n'est donc pas étonnant qu'il ait essayé ce genre de méthode dans sa pratique. Plus loin dans l'*Autobiographie* (chapitre 11), il écrit : comme Paul, j'essayais tout, les bonnes choses et les mauvaises. [N.D.T.]

Je leur fis mes adieux en 1875, allai à Kirksville, où je trouvai trois ou quatre personnes pensantes qui m'accueillirent, moi et mon bébé, l'ostéopathie. Une chère vieille mère, du nom d'Ivie, me donna chambre et pension pendant un mois sans que je puisse la payer. Je n'avais pas d'argent, mais c'était une vieille baptiste disant que sa religion était « Nourrissez Mes agneaux ». Elle repose depuis longtemps, mais son aimable vieux visage ne se ternira jamais dans ma mémoire. Un cher homme appelé F. A. Grove, M.D., fut un autre ami. C'était un homme de principe, finement éduqué. Il vint à moi, dit-il, pour me souhaiter la bienvenue à Kirksville, alors peuplée de mille cinq cents habitants. Il avait parcouru le monde et découvert qu'en quelques endroits poussaient de petits arbres de progrès. Nous restâmes amis jusqu'à sa mort. Il m'aida beaucoup à révéler les vérités de cette science. S'il vivait aujourd'hui, il serait mon assistant, au moment où il vécut, il m'aida à huiler les roues du progrès.

Lorsque je commençai à prouver mon travail par des résultats tangibles dans l'hôtel de Mère Ivie, un homme de bon cœur nommé Charley Chinn, bien que me sachant sans argent, me loua tout un ensemble de chambres au-dessus de son magasin. Le juge Linder, qui me connaissait par l'intermédiaire d'un garçon, vint à moi et me dit : « Je vais rester avec vous et vous aider pendant six mois, car je discerne que vos écrits sont parsemés de vérité. » Il resta tout l'été, agissant pour le mieux. Il possédait des mines d'argent en Arizona et quitta la ville pour s'y rendre. Je ne le revis jamais, mais je me rappelle son bras fort et ses avis judicieux et l'aimerai jusqu'à mon dernier souffle.

Charlie Chinn se comportait comme un homme et, lorsque j'étais avec lui, bien qu'il soit un « Campbelliste » [2], je me sentais comme dans une bonne vieille fête d'amitié méthodiste.

Il trouvait toujours une chose bonne à dire pour me remonter le moral dans mes moments de mélancolie. Il me donnait

2. *Thomas Campbell* (1763-1854). Leader religieux américain d'origine irlandaise qui fonda avec son fils Alexander les Disciples du Christ ou Christian Church (1809). Thomas Campbell est un transfuge de l'Église presbytérienne. [N.D.T.]

une petite tape dans le dos et disait : « Rigole frérot, tu finiras bien par sortir de la tourmente. » Il ne disait jamais : « Tu me dois ton loyer, je dois être payé, ou bien rends les chambres. » Il prouva être de la race des hommes à qui l'on s'attache. Je m'attachai à lui et il eut tout l'argent que je lui devais, mais la dette de gratitude, je ne pourrai jamais la lui rembourser, à moins que je tire parti d'une loi sur la banqueroute, mais je suis opposé à cela, car ça ne paye jamais les dettes. Ainsi, je laisserai toujours la dette en suspens, payant un peu de temps en temps, laissant mes enfants régler le solde quand je serai parti.

Tôt dans ma carrière à Kirksville, je rencontrai Robert Harris [3], l'un des meilleurs hommes que j'aie jamais vu depuis que notre bannière s'est animée dans le vent. C'était un mécanicien, un machiniste et un ancien armurier du gouvernement. J'ai passé avec lui des heures, des jours, des mois et des années – en fait, tout le temps que je pouvais accorder. Lorsque je voulus comparer l'humain à une machine contenant la sagesse de Dieu de manière inhérente dans toute les parties de la vie, et exposer comment tout cela travaille de manière merveilleuse, il estima que l'homme est la machine de toutes les machines et que toutes les machines ne sont que des imitations de parties ou de principes contenus en l'homme. Le talent de Dieu fut de créer un travail fini. Je demandai à mon ami M. Harris pourquoi l'humain était si lent à voir et adopter une vérité alors même qu'elle lui est inhérente et je n'oublierai jamais sa réponse. Ce ne fut pas une harangue verbeuse en grec, en hébreux, en français ou en latin mais une réponse évidente et sensée.

« L'homme redoute naturellement d'emprunter un chemin qu'il n'a jamais pris et a peur de ce qu'il ne comprend pas. Il ne comprend ni la vie ni la mort, il redoute donc de penser ou de parler de ces sujets. » Il termina par : « Seuls peu d'hommes

3. Robert Harris était mécanicien, ancien armurier du gouvernement et chercheur d'or. Il était également spiritualiste et appartenait à un cercle local se réunissant tous les samedis et au sein duquel Still fut accueilli cordialement (source : Carol Trowbridge, *A. T. Still*, p. 127-129, The Thomas Jefferson University Press, Kirksville, Mo, 1991). [N.D.T.]

se permettent de penser en dehors des sentiers battus. » C'était la phrase des phrases qui me donna réconfort et soutien lorsque les hommes rejetaient la vérité et ne l'acceptaient pas. Certains hommes sont devant la vérité comme le Texas devant le blé. Il redoute de l'approcher parce qu'il ne le comprend pas. Ils disent : « N'attendez pas trop d'un homme, car beaucoup d'entre eux ne pensent pas tant qu'ils n'ont pas évolué un peu. »

Après un moment, je trouvai quelques personnes commençant à penser et, à partir de 1875, le changement a été au-delà de tous les rêves ou réalités. Aujourd'hui, Kirksville est peuplée de six mille habitants dont aucun n'est si aveugle. Ils voient au contraire que l'ostéopathie est destinée à s'étendre pour le bien-être de la race humaine comme toutes les autres vérités à travers les âges.

Parmi les nombreux cas intéressants de mes premières expériences, il y a celui d'un petit garçon paralysé des jambes et des hanches. Il avait à peu près quatre ans. Sa mère (Mme Truit) me l'amena pendant six mois en le portant à bras afin que je le traite pour ses membres inutiles. À l'examen, je trouvai une colonne de forme imparfaite, du moins par rapport à ce que je connaissais de la colonne à cette époque. Toutes les deux semaines pendant six mois, j'articulais chaque vertèbre du mieux que je pouvais. La maman évoquait de petits progrès que seule une mère peut voir. Elle me l'amena tout l'été. Elle devait faire quatre kilomètres par grande chaleur à travers bois. Son père était sceptique quant à cette nouvelle manière de traiter et n'aida jamais son épouse dans ses tentatives pour rétablir l'enfant : quelque personne au vieil esprit étroit lui avait dit que Still était un cinglé excentrique et ne pouvait faire aucun bien à l'enfant. À la fin des six mois, la famille déménagea vers l'ouest et je n'entendis plus parler de l'enfant pendant dix ans. J'appris alors la mort de son père mais aussi que le pauvre petit gars était devenu un homme de cinquante kilos, conduisant une ferme et entretenant sa mère au cœur angélique. Il la récompensait ainsi de la lutte qu'elle avait menée entre vie et mort à travers froid et chaud pour le sortir de son état d'infirme sans espoir. L'histoire était d'autant plus merveilleuse que, bien que j'y ai cru vraiment, je n'avais constaté aucun signe marqué d'amélioration dans sa colonne avant son départ.

Avec le temps, les patients me payèrent suffisamment pour nourrir mon épouse et mes enfants et payer la location de la maison. Tout alla assez bien jusqu'à l'automne 1876. J'eus alors un sévère attaque de fièvre typhoïde qui dura de septembre à juin 1877. J'étais très faible et, la moitié du temps, incapable de travailler. Pendant ce temps, mes finances étaient au plus bas [4]. Les temps devinrent très durs et il devint très difficile pour mes garçons et moi de satisfaire même les demandes familiales. En 1880, j'allai à Wadesburgh, dans le comté de Henry, dans le Missouri. Je commençai alors à prouver mon travail. Je traitai à Clinton, Holden, Harrisonville et autres endroits jusqu'à peu près 1886. Cette année-là, je visitai Hannibal, Palmyra, Rich Hill, Kansas City et autres endroits. Finalement il y eut tellement de travail que je décidai de demeurer dans un seul endroit et de laisser les patients venir à moi. Ainsi, j'abandonnai le voyage et demeurai à Kirksville, comté d'Adair, dans le Missouri, pour enseigner, traiter et construire une institution dont je parlerai plus tard.

Je conclurai ce chapitre par un incident qui survint dans le comté de Macon. Alors que je me trouvais à Macon City, pendant le développement d'une des affaires politiques des années soixante-dix, au moment du rassemblement d'une grande convention enthousiaste destinée à dévoiler les fautes de l'administration républicaine et à jeter dehors un certain nombre de racailles pour en intégrer d'autres, un bon forgeron, l'air honnête, s'approcha de moi en souriant et dit : « Allons dans le bar, nous avons quelque chose à boire. » Je n'étais pas buveur de whisky

---

4. À cette époque, plusieurs tentatives furent faites pour obtenir une pension du gouvernement, pour les services rendus par A. T. Still lors de la guerre de Sécession et pour la blessure reçue lors de la bataille de Westport. Mais comme la milice du Kansas n'avait pas été officiellement déclarée au sein des forces fédérales, la demande de pension fut rejetée (source : Carol Trowbridge, *A. T. Still*, p. 131, The Thomas Jefferson University Press, Kirksville, Mo, 1991). [N.D.T.]

et, à son apparence, je savais que cet homme en avait déjà assez bu. Il était en manches de chemise et son gros abdomen s'épanouissait de manière proéminente. Dans l'espoir que je pourrais lui être utile, mais en plaisantant, j'exposai une partie de son abdomen là, dans la rue, en public, devant un grand nombre de gens et, prenant un ton sérieux, je lui dis : « Mon cher ami, j'ai le pouvoir sur la terre et dans le ciel. Je connais les hommes vivants et les anges, mâles et femelles, ainsi que votre mère dont l'esprit s'étend sur nous et me dit de m'emparer de vous pour vous éloigner de l'enfer du whisky. » Avec les mains, je commençai alors à pousser, tirer, frotter et tordre, puis je travaillai sa colonne vertébrale et ses côtes. Après cela, je posai le coude sur son dos et poussai dessus avec force. Mon objectif était de sortir de l'esprit du vieil homme la pensée de boire, jusqu'à ce que je puisse l'impressionner avec les mots qui suivent : « Pour aujourd'hui, ça suffit. Davantage de whisky vous rendrait malade. Vous vomirez chaque fois que vous le sentirez. » Après un moment, je lui dis d'entrer dans le bar, de sentir le whisky puis de revenir à moi et, s'il n'était pas malade de l'avoir reniflé, je paierais sa boisson ; il entra dans le bar, et ressortit rapidement en me disant qu'il était malade de l'estomac et ne désirait pas boire. Cela fut mon premier effort concernant l'habitude de boire, et je confesse ma surprise en apprenant, malgré les années passées, que cet homme avait entièrement perdu son attirance pour le whisky. Dès qu'elle sut que j'étais l'homme ayant sauvé son mari de l'alcoolisme, son épouse, une femme chrétienne, m'accueillit à chaque fois qu'elle me rencontra par : « Dieu bénisse frère Still. » Trois fois par jour, ce vieil homme passait devant les bistrots dans lesquels, depuis plus de vingt ans, il avait l'habitude de dépenser soixante cents par jour. Il m'a toujours remercié de l'avoir sauvé de l'alcoolisme. Il mourut à peu près sept ans plus tard, sobre.

J'avais peu réfléchi sur la philosophie de tout cela : pourquoi une personne peut avoir un tel désir de boisson alcoolique ; mais après sa mort, j'y pensai et envisageai que la cause pouvait en être une défaillance du pancréas, de la rate ou du foie dans l'accomplissement de leurs fonctions naturelles dont résultait la création en quantité insuffisante des composés destinés à neu-traliser les fluides naturellement maintenus en harmonie pour satisfaire la demande – sans nécessiter d'alcool.

Le cas de cet homme, son traitement et ses résultats me conduisirent à expérimenter sur d'autres avec de bons résultats. Je crois que la cause de l'alcoolisme résulte d'un échec de ces organes à accomplir normalement leurs fonctions.

Je commençais à monologuer et à me questionner dans cette direction. Est-ce une honte pour un homme de boire de l'alcool, du brandy ou du whisky lorsqu'il ressent une grande soif pour ce genre de boissons ? Ne serait-il pas cruel de lui tour-ner le dos froidement comme s'il était un criminel et honteux d'être vu en sa compagnie ? Est-il malade ?

Son désir de boire jusqu'à l'ivrognerie la plus abjecte est un cri à l'adresse de tout philosophe pouvant raisonner de l'ef-fet à la cause, lui demandant de s'arrêter et de rester avec cet homme, de ne jamais l'abandonner tant qu'il n'aura pas trouvé et enlevé la cause produisant cette soif pour les liqueurs, qui ont été (selon son opinion) – sa seule source de réconfort dans les heures de solitude et d'affliction, bien que ruinant son foyer et les joies de sa vie et de la vie de ceux qu'il aime. Ce whisky était-il son ami ? Je dis oui un millier de fois. Mais le docteur n'entend pas la plainte ni ne voit le doigt de la nature se manifestant dans ce désir violent pour le whisky. Ce désir violent suggère que la cause de sa soif inextinguible pour la liqueur résulte d'un échec des organes du corps à délivrer leurs sécrétions en quantité et qualité suffisantes pour maintenir le taux de calcaire, de chaux et autres substances minérales en solution et, par là, prévenir la formation de calculs biliaires ou rénaux. N'est-ce pas une raison pour conclure que le buveur d'alcool est un homme malade ? Celui qui agit peut dire à n'importe quel raisonneur que, par accident, effort ou autre raison, il y a une suspension de l'apport nerveux et sanguin au pancréas, à la rate ou au foie et que le désir d'alcool disparaîtra après que l'ajustement des structures aura permis un approvisionnement nerveux et sanguin normal vers ces organes.

En disant que le whisky est le meilleur ami de l'ivrogne,

nous voulons dire qu'il lui offre une libération temporaire de l'action oppressive du calcaire et de la chaux retenus dans son système dans une condition anormale. Il devrait également être le meilleur ami du docteur capable de raisonner de l'effet à la cause et l'aider dans son diagnostic et lui permettre de trouver une paralysie temporaire des nerfs de la rate, du pancréas ou du foie, suffisante pour suspendre le pouvoir générateur de ces organes ou pour interférer d'une manière ou d'une autre avec la production d'acides en quantité suffisante pour neutraliser le calcaire et la chaux déposés dans le système. Il sait très bien (à condition que ses principes ostéopathiques soient bien posés) comment enlever la pression ou enlever l'obstruction ou accomplir l'ajustement structurel nécessaire pour restaurer le fonctionnement normal de ces organes.

Peu de temps après que j'eus traité ce vieux monsieur, quelques dames m'amenèrent un docteur pour que je le traite pour son habitude de boire. On le tenait par chaque bras, essayant de l'enjôler pour le faire entrer dans ma maison fraternelle. Il dit : « Il suffit, Sally, Jane ; vous n'allez pas laisser Still m'envoûter, car j'aime trop bien mon whisky ; vous ne pouvez pas le faire venir. »

Le docteur était si fermement convaincu que j'allais le persuader d'abandonner son whisky qu'il eut peur du remède et partit. Si les dames m'avaient auparavant fait part de leur attention, j'aurais été préparé à résoudre la situation. De par les différentes expressions de sa face et de ses yeux, il croyait vraiment que j'allais lui faire définitivement passer l'amour du whisky. Supposons que j'aie libéré ce docteur de sa soif de whisky et que, l'ayant traité un peu plus, cela ait déclenché quelque engouement populaire parmi les docteurs traités pour l'habitude du whisky, combien de centaines de milliers aurai-je dû taper, tirer et tordre chaque année ? Ce qui me fait dire qu'ils seraient des centaines de milliers, c'est que, parmi ceux que j'ai rencontrés, ils sont moins de dix pour cent à ne pas posséder de bouteille ou de cruche près de leur cabinet contenant une décoction pour soigner leur estomac.

J'ai traité un seul cas d'ivrognerie par médicament. J'avais un peu de vieux liniment volatile composé essentiellement d'ammoniac et d'huile douce. Il était destiné à traiter les ecchymoses ou les entorses. Un jour que je marchais avec une bouteille de ce liniment à la main, je rencontrai une vieille connaissance qui avait l'habitude d'être « éméché », comme il disait. Lui-même était relativement net, mais ses jambes flageolaient. Il me dit qu'il avait très mal à la tête. Je l'assurai que mon liniment traitait tout, maux de tête compris. Il ôta son chapeau dans la rue et me demanda de verser sur sa tête une « bonne rasade de mon bidon. » Je débouchai ma bouteille et commençai à en verser sur le sommet de son crâne. J'en versai l'équivalent d'une bonne cuiller à soupe ; il en coula de ses cheveux sur le front et les yeux. Il sortit son mouchoir, moi le mien et nous essuyâmes le visage et les yeux. Il dit que sa tête était en feu et que ses yeux le brûlaient. Je me procurai de l'eau et du savon et lavai le liniment. À partir du moment où son visage fut lavé et séché, il devint très sobre, et n'a plus jamais été saoul depuis. Je voudrais recommander à toutes les femmes dont les époux boivent et parlent trop fort de lubrifier le sommet de leur tête avec du liniment volatile et de ne pas le laver trop vite. S'ils boivent à nouveau, ce qui est très improbable, il suffira de les enduire à nouveau pour le bien de leur estomac. Ce liniment coûte cinquante cents le demi-litre. Tout droguiste le fabriquera pour vous et vous pourrez en verser un peu dans les yeux de votre époux chaque fois qu'il se saoulera et il ne boira plus ou demandera le divorce.

CHAPITRE X

J e pense souvent à ces passionnants jours de défi des années soixante et quatre-vingt. Des questions comme celles-ci jaillissent parfois dans mon esprit : si un homme peut choisir la route qu'il suit dans la vie, pourquoi s'engage-t-il si souvent dans des voies qu'il regrette d'avoir empruntées ? Beaucoup de ces chemins, avant qu'on ne s'y engage, se présentent comme des chemins d'agrément, de paix et d'abondance. Chaque possibilité apparaissant à la vue incite celui qui ne réfléchit pas à s'engager, et le novice à l'impression que cette route est celle qui le conduira au repos, à la sagesse, et à des pâturages suffisamment vastes pour lui fournir tout ce dont la vie mortelle a besoin.

Les jours et les années peuvent se succéder, semblant nous montrer des arbres chargés de fruits mûrs et de suaves parfums se mélangeant à la vie, nous invitant à poser nos charges de soucis et à festoyer pour toujours. Mais le lendemain arrive, avec les faits écrits à l'encre rouge de la défaite, présente tout le long du chemin, qui attaque et coupe les arbres verts de l'espérance, les faisant s'évanouir à la vue de celui dont les espoirs s'envolent. Des cyclones de feu traversent les arbres ombragés de l'espérance, les détruisent à leurs racines et les empilent en amas de ruines pour nous rappeler sans cesse que le chemin emprunté conduit à la défaite et que la vie n'est qu'une succession d'échecs. Nous sommes abandonnés, habitant pour des années sous la sombre nuée, sans même une étoile visible pour nous réconforter dans notre ennuyeux voyage de misère. Le faible éclair de la luciole n'est même pas là pour nous dire que la lumière existe. Nous cherchons des amis, en vain. Nous prions, espérons et pleurons sans jamais trouver le pain ni le repos. Nous lançons loin dans les airs les flèches de la détresse, mais aucun ami mortel n'aperçoit les signes de la misère. Nous sentons que la mort est le seul ami qui nous reste, et qu'elle nous accueillerait volontiers, mais les pleurs de nos enfants détournent nos pensées de la drogue mortelle et du glaive suicidaire.

Dans la nuit de désespoir j'eus une vision. Je vis mon épouse venir près de moi et me dire : « Regarde notre petit garçon de dix ans. Il nous a rapporté qu'il avait trouvé un travail rémunéré pour un mois. Il est allé seul et a trouvé le travail. » Je semblais attentif à sa petite histoire, et quand il dit avoir cherché, cherché tout seul, jusqu'à trouver le travail [1], comme un éclair de lumière, il me sembla voir une image d'espoir et de joie perchée sur un socle. Dans ma vision, je vis le cerveau de l'homme triomphant reposant sur un plat, avec une grande bannière d'or flottant au vent. Sur le plat, je vis le cerveau d'un homme – non pas le cerveau d'un frère, ni le cerveau d'un docteur, ni le cerveau d'un pasteur, ni le cerveau d'un général, ce n'était pas non plus le cerveau d'un oncle richissime, mais celui d'un homme, utilisé pour réussir en toutes choses et les mots de la légende étaient : « Ce cerveau ne peut être utile à personne d'autre. Cet homme n'est pas meilleur que les autres, sauf en une chose : il eut le courage d'utiliser son propre cerveau sans s'occuper de tous les autres. » [2]

1. Il s'agit de son fils Charley qui trouva tout seul un travail d'apprenti imprimeur (source : *Frontier Doctor, Pionnier Doctor*, Charles E. Still Jr, chap. 6). [N.D.T.]
2. Cela semble correspondre à l'intérêt porté par Still à la phrénologie, science de l'époque qui tentait d'établir une relation entre la forme d'un crâne et les caractéristiques psychiques d'un individu. Elle établissait également une cartographie du cerveau, attribuant à certaines régions des fonctions spécifiques. Cette discipline fondée par l'Autrichien F. J. Gall vers les années 1780 s'était répandue dans les États pion

Je me levai du divan du désespoir sur lequel j'étais étendu et dépérissais depuis ce qui semblait être une éternité. Je lavai mon visage – pas votre visage, ni le visage de mon voisin fortuné, mais le visage que Dieu m'a donné. Je me lavai les yeux et les utilisai pour moi-même, sciai pour moi et pour moi seulement. Je gardai les yeux fixés sur le socle supportant l'emblème du succès dessiné en grandes lettres sur le devant du grand monument, victoires du travail de tous les temps et de tous les âges.

J'appris la leçon, une des plus précieuses leçons de ma vie : mon cerveau est le seul ami fiable. C'est un juge qui me donne un avis soigneusement étudié. C'est le juge que l'architecte de la Nature a envoyé pour siéger sur le grand trône de la raison, pour tous les hommes. Et Il a donné un juge convenant à chaque cas. Une question me vint alors : « Dieu est-il capable de choisir un juge qui serait pleinement compétent pour conduire les actions de toutes les femmes et de tous les hommes et pour les conseiller pour qu'ils réussissent, en offrant un appui bien confortable à ceux qui dépendent de lui ? » Si la réponse était non et que ce soit vrai, nous aurions alors prouvé que Dieu n'est pas parfait dans Son plan, ni capable de choisir des agents compétents pour présider les différentes cours de la vie. Alors, nous aurions découvert pourquoi les homme échouent si souvent dans les affaires qu'ils entreprennent.

Une autre question surgit : l'homme a-t-il traité ce juge avec un respect bienveillant et a-t-il agi selon son conseil, ou a-t-il écouté d'autres dieux et ignoré son seul et meilleur ami – son propre cerveau, qui devrait être la boussole ou le quadrant guidant son vaisseau, pour le débarquer dans le sein de mère Nature, toujours pleine d'amour, de succès et de bonheur ?

Regardons l'héritage que laisse un homme pauvre à sa

niers. J. B. Abbott, qui influença beaucoup Still, en était un fervent propagandiste. Elle semble avoir influencé notablement Charles Darwin pour l'élaboration de sa théorie de l'évolution (source : Carol Trowbridge, *A. T. Still*, pp. 96-101, The Thomas Jefferson University Press, Kirksville, Mo, 1991). [N.D.T.]

mort. Pas d'argent, ni d'amis pour veiller sur ses chers petits abandonnés et déguenillés, sur son épouse [3] ou sa vieille mère. Pas non plus de maison pour les abriter des rigueurs hivernales. Pas d'argent pour payer le cercueil, ni les formalités du décès. Mais son épouse, l'amie fidèle dit (comme c'est souvent le cas) : « Je ferai tout ce que je pourrai. Nous survivrons d'une façon ou d'une autre Pa, même après que tu seras parti. Je m'occuperai des enfants. Ne te laisses pas tracasser par ça. » Ce sont les mots qu'elle emploie pour le consoler jusqu'à ce que son cœur se soit arrêté pour un silence éternel.

Alors, elle commence à planifier et s'arrange pour respecter les promesse faites à son époux mourant. Son premier travail est de nettoyer et rénover la petite hutte enfumée, le taudis ou la maison dans laquelle il est mort.

Elle ressent les crampes d'estomac et entend les cris de ses quatre petits abandonnés et affamés, les gémissements et les sanglots de la mère de l'homme décédé. Alors, l'instinct maternel s'éveille en elle, et elle porte chez le chiffonnier la plus grande partie des vêtements effilochés qui pourraient encore être portés quelque temps. Mais la faim ne fait pas de quartiers, elle doit être satisfaite d'une manière ou d'une autre sous peine de mort. Tout en portant le ballot chez le fripier, sachant très bien qu'elle n'en obtiendra que quelques cents, elle étouffe quelques sanglots et réprime ses soupirs. Elle ne grogne même pas à la pensée du fardeau qu'elle doit porter. Elle ne cherche pas d'amis pour l'aider ; elle a déjà essayé et sait que c'est inutile. Elle a depuis longtemps appris la leçon primordiale : son cerveau est son seul recours et, de lui, elle doit tirer le lait de l'énergie et de l'intelligence. Comme le héros de combats triomphants, elle se barde d'énergie et part au combat. Elle unit tous ses enfants et la grand-mère par une chaîne de pensée et d'amour qu'elle relie à

3. Cette évocation rend hommage à son épouse demeurée seule au Kansas avec les enfants lorsqu'il était parti pour Macon, chez son frère, puis pour Kirksville et avait subvenu quasiment seule aux besoins de la famille (source : Carol Trowbridge, *A. T. Still*, p. 125, The Thomas Jefferson University Press, Kirksville, Mo, 1991). [N.D.T.]

son cœur, assurant les enfants et l'ancêtre qu'elle les nourrira, les habillera et les logera ou mourra, peut-être par manque d'énergie, mais certainement pas par désespoir. Elle dit : « Ma, prends soin des bébés pendant que je vais chercher du travail. » Alors, elle part pleine d'entrain pour sa mission charitable, sans un centime en poche, et aucun ami sur terre à qui demander assistance. Même le pasteur ne daigne pas venir dans son taudis d'affamé. Pourtant, il n'a jamais manqué, le dimanche, de recevoir les contributions pour les pauvres ou les buts missionnaires, prélevées sur les maigres revenus de son époux et d'elle-même.

Elle va de par le monde prête à faire n'importe quoi, laver, traire les vaches, nettoyer les maisons, travailler au jardin, nettoyer les abattoirs, tout ce qui est honorable et permet de nourrir ses enfants. Tout le jour et la moitié de la nuit, elle s'anéantit dans toutes sortes de travaux et, par son énergie inépuisable et son honnête labeur, elle gagne la confiance de quelque personne de bon cœur qui s'empresse de la secourir : « Combien de personnes dépendent de votre travail ? » Et elle de répondre : « La mère de mon époux et quatre petits enfants.
– Quel âge a l'aîné ?
– C'est une fille, elle a neuf ans, le suivant, un garçon, en a sept, puis une fille et un garçon de cinq et trois ans.
– Est-ce que la grand-mère peut faire quelque chose ? »
– Oui, elle peut assembler de simples édredons, rapiécer des vêtements et des travaux de ce genre. »
– Votre petite fille peut-elle balancer un berceau et s'occuper d'un bébé ?
– Oh oui !
– Que pouvez-vous faire en dehors des corvées et du travail difficile ?
– Je peux faire tout ce qu'un cerveau de femme peut concevoir, depuis la traduction des verbes grecs jusqu'à la confection d'une sauce. J'ai suivi toute la formation classique, peinture, dessin, musique, poésie et tout ce que le pinceau du peintre peut accomplir et assembler à la hâte, grâce à l'amour et la richesse d'un père fortuné qui, par l'infortune, a été réduit à la pauvreté. »

À celui qui la questionnait en grec, elle répondait en grec. À celui qui la consolait en latin, elle disait sa gratitude dans la même langue. Bien que pauvrement vêtue, elle exécutait au piano et jouait à satisfaction tout air ou mélodie demandée. L'épreuve fut de savoir si elle était une femme de vérité et était bien celle qu'elle disait être, capable de faire face à toutes les situations depuis la traduction du grec jusqu'à la confection d'une sauce.

Comme un père aimant, il lui donna une traite, que sa main prompte et son cœur serviable exécutèrent pour un millier de dollars, en disant : « Chère madame, la vérité est mon Dieu et le mérite doit être récompensé. Ceci est ma petite contribution pour l'hiver qui va bientôt commencer et j'espère que cela vous aidera à avoir chaud, et à rester en forme vous et les vôtres, jusqu'à la venue du printemps, époque à laquelle quelque chose de beaucoup mieux arrivera, vous permettant de gagner votre vie pour vous et ceux dont vous avez la charge. »

Vous pouvez voir ce que son seul cerveau fit pour elle. Il fut son ami dans les moments de nécessité.

Qui pourrait souhaiter un plus beau legs que l'énergie et la confiance à nous données par Dieu ? Nous avons juste besoin de telles pensées et, si nous les utilisons honnêtement, elles produiront un centuple.

Dans cette évocation, j'ai essayé d'illustrer les vérités de la véritable vie, utilisant librement des scènes que j'ai vues dans ma lutte pour révéler une vérité qui vivra dans les âges à venir. J'ai vu tous les rudes chemins, les cyclones et les difficultés les plus sombres et l'obscurité des jours de peine, jusqu'à ce que la mort ne me fasse plus peur. Mais, mon petit enfant, l'ostéopathie, vint à moi et dit : « Cher père, tu ne dois pas pleurer, ni croire que tout espoir est vain, ni penser que tu seras enseveli par des mains charitables. Tu m'as nourrie lorsque je n'étais qu'un bébé et je te nourrirai en tant qu'enfant de ton cerveau. Je crois que tu as droit à une retraite d'abondance ; tu as servi dans cette guerre, à chaque grade, depuis simple soldat jusque chef de bataillon, et je souhaite que ton nom soit placé sur la liste des pensionnés. »

CHAPITRE XI

Travailleur solitaire – Le médecin des hémorroïdes et le colporteur de paratonnerres – Un docteur en médecine vient pour enquêter – La leçon d'électricité – Moteur et sensoriel – Qu'est-ce que la fièvre ? – Le docteur converti – Le succès des femmes ostéopathes – Particulièrement excellentes en obstétrique – Maladies de saison – L'allégorie de Josué – Principes de bas – L'homme trop bavard – Statuts du Collège Américain d'Ostéopathie.

J e travaillai seul à mes recherches [1], avec l'aide que pouvaient m'apporter mes quatre fils, jusque vers 1892, traitant différentes maladies et entendant beaucoup parler, en bien ou en mal, en pour ou en contre, de la nouvelle méthode de guérison de l'affligé. Ne prêtant pas attention aux commentaires, je fis le travail ; c'est tout ce que j'essayais de faire ou pensais devoir faire. Les résultats étaient bien meilleurs que ce que j'avais rêvé ou pensé obtenir. Les gens venaient me voir en grand nombre pour être traités et ma pratique me rapporta vite un peu d'argent. Je donnais des rendez-vous à la semaine ou à plus long terme dans les petites villes.

Alors que j'étais à Nevada, dans le Missouri, un homme

---

1. Sa philosophie était fondée sur les principes d'évolutionnisme et les recherches de l'époque sur les nerfs, la moelle épinière et le cerveau. Sans se préoccuper de prouver le pouvoir curatif de ses techniques manipulatives, il pouvait au moins fournir un raisonnement scientifique. Au cours des dix années qui venaient de s'écouler, Still avait expérimenté avec les idées phrénomagnétiques mais, en 1883, il commença d'incorporer à sa pratique l'ancien art du reboutement. Avec cette combinaison de traitements manuels, Still croyait posséder ce que tout le monde cherchait en tâtonnant : un traitement spécifique permettant d'influencer le fonctionnement physiologique, un système

me demanda si son fils pouvait venir et « s'embarquer » avec moi, comme il dit alors. Je lui répondis qu'il lui en coûterais cent dollars pour être importuné par lui ou toute autre personne. Il dit que son fils désirait follement apprendre quelque chose sur cette méthode de guérison de la maladie. Le jeune homme voyageait de ville en ville, traitant les hémorroïdes avec quelque pommade qu'il avait achetée. Son instruction était très limitée, et il était totalement ignorant de l'anatomie humaine. Je lui dis qu'avant de pouvoir m'être de quelque secours, il lui fallait se procurer L'*Anatomie de Gray* [2], commencer par les os et acquérir une complète connaissance de l'anatomie. Il me dit qu'à son avis, j'avais un don et qu'il croyait posséder le même pouvoir de guérison [3]. Je lui répondis que ce cadeau résultait d'une longue et difficile étude de la vie, et de l'activité de mon cerveau, utilisé dans l'étude des auteurs de base de l'anatomie. Mais, il était déterminé à étudier l'art de la guérison et je commençai à marteler son esprit avec les principes de l'ostéopathie. Ce ne fut pas aussi dur que le diamant, ni non plus aussi brillant. En à peu près douze mois, je réussis à implanter quelques idées dans son cerveau non entraîné, après quoi, il commença à voyager avec moi. Il était vierge quand nous commençâmes mais, au cours du

fondé sur des principes scientifiques et des lois universelles, et un traitement individualisé, ne recourant pas à des drogues dangereuses ou inefficaces (source : Carol Trowbridge, *A. T. Still*, p. 136, The Thomas Jefferson University Press, Kirksville, Mo, 1991). [N.D.T.]
2. *Anatomie de Gray*, ouvrage référence d'anatomie descriptive publié pour la première fois à Londres en 1858, aux USA en 1859 et utilisé par les étudiants en médecine pendant plus de cent ans. L'ouvrage original contenait 363 figures dessinées par le Dr Henry Vandyke Carter (1831-97). Depuis cette époque elle a été de nombreuses fois révisée, des photographie, des dessins et des références bibliographiques y ont été ajoutés, tenant compte des méthodes médicales modernes. [N.D.T.].
3. À cette époque et jusque dans les années 1890 Still se présentait comme *lightning bonesetter* que l'on pourrait traduire par « rebouteux éclair » ainsi qu'en témoignent ses cartes professionnelles (source : Carol Trowbridge, *A. T. Still*, p. 137, The Thomas Jefferson University Press, Kirksville, Mo, 1991). [N.D.T.]

temps, je fis de lui un plutôt bon praticien et je suis heureux de constater qu'il continue de s'améliorer. Mon élève suivant fut un colporteur de paratonnerres, que j'avais guéri de l'asthme. Lui aussi devint enragé pour me suivre et étudier avec moi. Il était très ignorant, mais tellement reconnaissant d'avoir été guéri de son asthme qu'il était vraiment désireux d'apprendre la « grande science » si j'acceptais son engagement de me payer un jour cent dollar. Je pris son engagement (je l'ai toujours) et le nourris, ainsi que son épouse, son beau-père et sa belle-mère, pendant plusieurs mois ou une année. Il me quitta après un an ou deux et rejoignit une école de médecine, et aujourd'hui ne connaît que très peu de chose sur les deux systèmes.

Comme Paul, j'essayais tout, les bonnes choses et les mauvaises. Passé quelques mois, un docteur d'Edimbourg [3], en Ecosse, vint à la maison pour s'entretenir avec moi et apprendre quelque chose sur la loi grâce à laquelle j'avais guéri et guérissais des maladies pour lesquelles la médecine avait de tout temps échoué. La conversation suivit à peu près ce cours : après qu'il se fut présenté, il déclara : « Je présume que vous êtes le fameux Dr Still dont j'ai tant entendu parler à travers tout l'État du Missouri. Je suis diplômé de médecine d'Edimbourg, en Ecosse. Actuellement, je vends des instruments chirurgicaux et scientifiques pour Aloe & Co., de Saint-Louis. J'ai visité à peu près sept cents docteurs dans le Missouri et, j'ai entendu parler de vous et de l'ostéopathie partout où je suis allé et, depuis que je suis dans cette ville, l'ostéopathie est le seul sujet de conversation. J'ai essayé d'apprendre quelque chose sur elle par les docteurs du coin, mais ils ne m'ont pas dit un mot dessus. Je trouve très étrange que des docteurs ne connaissent rien d'un système de soins utilisé dans leur propre ville depuis cinq ou six ans, alors que des guérisons merveilleuses de fièvres, de dysen-

---

4. Il s'agit du Dr William Smith d'Edimbourg. Il avait en fait parié avec certains médecins de Kirksville qu'il parviendrait, grâce à un interrogatoire serré, à confondre Still, considéré comme un charlatan. Il devint enseignant d'anatomie au collège de Kirksville (source : *Frontier Doctor, Pionnier Doctor*, Charles E. Still Jr, chap. 10). [N.D.T.]

teries, de rougeoles, d'oreillons, d'épilepsies, de naissances sans douleurs, de réductions de goitres, de pneumonies, d'yeux infectés et d'asthme ont été rapportées dans tout l'État ; et, en fait, j'ai entendu dire que vous pouviez guérir avec ce système toutes les fièvres ou maladies de nos climats. Comme je fournis tous les docteurs de cette ville en instruments chirurgicaux, ils m'ont demandé de venir vous voir et d'enquêter sur votre méthode. Mais j'ai pensé honorable de vous dire que je suis un docteur en médecine ayant suivi une formation de cinq années à Edimbourg, en Ecosse. » Il dit : « Ceux qui m'ont envoyé m'ont bien conseillé de ne pas vous dire que je suis médecin, car sinon vous n'accepteriez pas de me parler. »

J'avais accueilli ce docteur à l'entrée de ma cour, près d'un mât duquel partaient des fils allant vers d'autres poteaux et aboutissant à ma maison et aux autres maisons du voisinage.

Je commençai à répondre aux questions du docteur en lui expliquant comment et pourquoi je pouvais guérir la maladie par cette méthode. En regardant le poteau supportant les deux fils dont nous venons de parler, je lui dis que puisqu'il avait la franchise d'évoquer les nombreuses années qu'il avait passées à l'université d'Edimbourg, de me dire qu'il avait vu la reine d'Angleterre, l'océan et beaucoup de choses que je n'avais pas vues, je pensais devoir moi aussi être franc et lui dire que j'étais un « homme ignorant » ayant passé toute sa vie dans l'Ouest.

Je ne désirais prendre aucun avantage sur lui et lui dis que j'étais un philosophe, mon père un pasteur, que je m'apprêtais à partir pour le Congrès ainsi qu'un certain nombre d'autres choses que mes frères et moi ferions ; mais, déterminé à être aussi honnête avec lui, je lui dis que j'étais ignorant et essayais de comprendre à quoi servaient ces deux fils en électricité. Il révéla qu'ayant reçu une initiation pratique en électricité, il pouvait tout me dire à ce propos [5]. Il m'expliqua qu'en me donnant la peine de suivre ces fils, je trouverais leur extrémité dans des

5. C'est l'époque de l'arrivée de l'électricité dans les régions les plus rurales. Still, séduit par cette nouvelle technologie l'utilisera souvent dans ses analogies. [N.D.T.]

pots ou des cuves séparés contenant deux sortes de produits chimiques, comprenant différents éléments, les forces positives et négatives de l'électricité, et que dès que le moteur serait démarré et mis en mouvement, les qualités opposées viendraient à la rencontre l'une de l'autre avec une telle rapidité qu'une explosion sans fin en résulterait et durerait tant que le moteur continuerait son action ; il conclut en disant : « Ainsi, vous avez les ampoules électriques. Tous les fluides efficaces, les acides et ingrédients nécessaires à générer l'électricité se trouvent dans les cuves. »

À ce moment de son aimable explication, je lui demandai combien de genres de nerfs existent chez l'homme, question à laquelle il répondit gentiment deux, les moteurs et les sensitifs ou les positifs et les négatifs.

« Où se trouve la puissance d'action de l'homme, et où cette puissance est-elle générée ? », il dit que le cerveau a deux lobes et que c'est la dynamo.

« Bien, où se trouve le moteur ?

– Le cœur est le moteur le plus parfait connu.

– Qu'est-ce qui fait fonctionner le cœur, docteur ?

– Je suppose que c'est l'esprit de la vie qui le fait fonctionner.

– Est-il volontaire dans son action, docteur ?

– Il est involontaire et mis en marche par les forces de la vie.

– Peut-être quelque électricité participe au fonctionnement du cœur, n'est-ce pas ?

– Eh bien, je devrais dire, dit le docteur, que les actions et les pourquois de la vie animale ne sont pas encore complètement compris. Il y a encore beaucoup à apprendre sur l'activité de la vie. »

Alors, je demandai à mon nouvel ami, ancien d'Écosse et de Saint-Louis et encore plus ancien docteur de cabinet, là où il se remplissait de bière, avant qu'il ne parte pour voir « la plus grande foutaise de tous les siècles », quel effet aurait un pain de savon sur une batterie électrique si on en mettait un dans les cuves de fluide ? Le docteur cligna de l'œil et dit : « Ça la foutrait en l'air. »

– Bien, docteur. J'aimerais vous poser une autre question. »

Il dit gentiment : « Certainement, je répondrai à toutes les questions que vous me poserez, si je le peux. »

Ayant appris qu'un pain de savon mettrait le foutoir dans une batterie électrique, je lui demandai quel effet auraient deux litres de bière sur les nerfs moteurs et sensoriels d'un homme une fois déversés dans son estomac ou sa cuve électrique ? Le docteur hésita une minute et dit : « Ça le rendrait diablement fou, et ajouta : « Au diable votre ignorance en électricité. »

Je lui demandai ce qu'est la fièvre. Il répondit que cela dépendait de quelle sorte de fièvre je voulais parler. Je lui demandai s'il existait plusieurs sortes de fièvres, alors que je ne connaissais qu'une sorte de chaleur. Il continua et me parla des fièvres typhoïde, bilieuse, de la fièvre scarlatine ; il avait plein de fièvres, mais mon ignorance était si dense qu'elle ne me permettait de discerner qu'une seule sorte de chaleur dans toute la nature, résultant de l'électricité en mouvement, l'intensité marquant seulement les degrés de son action.

Je lui dis qu'à mon point de vue, tous les genres de nerfs comportent des centres dont partent des nerfs qui bifurquent et procurent la force aux vaisseaux sanguins, aux muscles et aux autres parties du corps, et je lui dis carrément de sortir de cette vieille ornière d'ignorance n'ayant derrière elle que pilules et stupidité. Je lui demandai d'imaginer quel effet nous obtiendrions en sectionnant les nerfs vasomoteurs. « Les vaisseaux sanguins pourraient-ils fonctionner, pousser le sang à travers tout le corps et maintenir la vie en mouvement, ou bien, en sectionnant le nerf moteur d'un membre, pourrait-il encore fonctionner ? Non, bien sûr ; que se passerait-il en ligaturant un membre de manière si serrée que l'innervation soit interrompue ? Pensez-vous que ce membre pourrait bouger ? Non, bien sûr. Alors, n'obtiendrait-on pas un effet similaire sur le cœur ou les poumons en interférant avec le ganglion sensoriel où que ce soit entre le cerveau et le cœur ? S'il en est ainsi, pourquoi ne pas diminuer la sensibilité et l'excitation du cœur et ralentir la vitesse du sang puisqu'ils obéissent simplement à l'électricité qui s'occupe des nerfs moteurs et qui, par sa trop grande activité, provoque dans toutes ces maladies la chaleur que vous appelez

116

fièvre. Ne destinez-vous pas vos remèdes ou vos drogues aux nerfs qui contrôlent le sang et les autres fluides du corps ? »

Je donnai au docteur quelques « comment et pourquoi » en plaçant mes doigts sur les nerfs gouvernant le sang des entrailles et du cerveau.

À ce moment, il dit : « Vous avez découvert ce que tous les philosophes ont cherché depuis deux mille ans sans jamais le trouver », il ajouta : « Je ne suis pas fou et, en tant que docteur en médecine, j'ai lu toute l'histoire et je sais qu'une telle philosophie n'a jamais été connue. Votre ville compte un certain nombre de docteurs stupides et imbéciles car ils vivent à dix pas de vous depuis cinq ans sans connaître les vérités de la science que vous avez révélée, ici, sous leurs nez. »

Comme il m'en souvient aujourd'hui, la visite de ce docteur s'effectua au mois de juin ou juillet et, après avoir passé presque tout l'après-midi en discussion amicale sur la science, il demanda à revenir le soir même. Au cours de la conversation du soir, nous parlâmes de créer un petit collège pour enseigner l'anatomie l'hiver suivant, parce que je voulais que mes enfants acquièrent une bonne connaissance de cette science. Je me rendis compte que ce docteur était tout à fait qualifié pour les enseigner, et comme il voulait étudier l'ostéopathie, nous conclûmes bientôt un accord et, en deux mois, mîmes sur pied un cours d'anatomie de quatre mois avec une classe d'à peu près dix personnes, dans une petite maison de six mètres cinquante sur quatre que j'avais construite pour l'occasion [6]. La classe avançait à la vitesse de l'étude des os et des muscles du bras et de la jambe. Après la session de quatre mois, quelques étudiants ne revinrent pas pour terminer l'étude ; les autres revinrent et sont d'habiles raisonneurs, alors que ceux qui n'ont pas terminé l'étude sont des ratés [7]. J'ai appris que si un étudiant est autorisé

6. Le premier cours d'ostéopathie commença le 1er novembre 1892, avec dix ou douze étudiants. Parmi eux, cinq enfants de Still : Harry, Charlie, Herman, Fred et Blanche (source : Carol Trowbridge, *A. T. Still*, The Thomas Jefferson University Press, Kirksville, Mo, 1991). [N.D.T.]

à se rendre dans les salles de clinique et d'opération avant de maîtriser l'anatomie, il donne des soins mêlés à une connaissance imparfaite de la machine qu'il essaie d'ajuster. Je sais que cela est vrai pour avoir pris en charge la classe qui s'était arrêtée à l'étude des os du corps et des muscles du bras et de la jambe. Je pus leur faire entrer quelques idées dans la tête lorsque je leur parlai de la jambe ou du bras mais, au-delà de cela, tout était du grec pour eux.

Ce savoir limité créait de leur part un désir d'aller de par le monde comme « guérisseurs universels et puits de sciences » désireux de dire et d'écrire tout et bien plus que ce qui se trouve dans l'ostéopathie.

Je n'avais jamais enseigné la science ni n'avais eu l'intention de le faire, mais je voulais que mes fils et ma fille étudient l'anatomie et reçoivent un entraînement venant d'un instructeur compétent.

Beaucoup de coups d'essais furent nécessaires pour démarrer, sans argent ni ami possédant quelque connaissance de la science que j'essayais de révéler, sans compter les montagnes de partis pris à surmonter. Mais j'aimais plutôt cela, car il y avait de l'amusement. J'ai souvent posé le pied sur la queue de mon chat ou de mon chiot endormi, appuyant juste assez pour les faire grogner ; eux grognaient et moi je m'amusais ; ainsi, le grognement de mes détracteurs a été source de plaisir.

J'ai laissé la meilleure part de mes classes pour la fin de ce

---

7. La première classe d'ostéopathie fut à la fois une expérience et un désastre. Still découvrit que ce qu'il avait mis des années à découvrir ne pouvait pas se transmettre facilement à ses étudiants dans un cours de quatre mois. [...] À la fin du trimestre, Still fut horrifié de découvrir que son école n'avait produit que des incapables et des imitateurs, aucun d'eux, selon son opinion, n'étant suffisamment compétent pour exercer l'ostéopathie. Bien que Still ait fourni des certificats aux membres de la première classe, il les exhorta à redoubler le cours, croyant qu'ils n'avaient pas vu suffisamment d'anatomie. Il rappela que « seuls les membres intelligents » revinrent (source : Carol Trowbridge, A. T. Still, p. 145, The Thomas Jefferson University Press, Kirksville, Mo, 1991). [N.D.T.]

récit. Il n'y avait pas de paresseux parmi eux et tous pouvaient parler en leur nom lorsque c'était nécessaire. La justice ne devant jamais oublier le mérite, je dois dire que toutes les femmes qui furent étudiantes dans les classes de mon collège [8] ont totalement légitimé leur sexe en tant qu'instructeurs, dans les classes, dans les cliniques et en recevant l'instruction générale et ce, depuis l'enfance du collège jusqu'à son épanouissement complet en institution de quatre-vingts salles bien meublées dotées des perfectionnements modernes, apte à enseigner tous les domaines nécessaires à une éducation ostéopathique de premier ordre, délivrant un savoir comparable à tout ce qui est enseigné dans les collèges de médecine. Par leurs succès, elles ont prouvé leur aptitude en obstétrique. Elles ont universellement, en toute sécurité, délivré l'enfant, sans déchirer la mère ni utiliser les forceps dont l'usage produit tant de fous et d'idiots parmi les enfants d'aujourd'hui.

Il est naturel de supposer que les femmes iront plus loin que l'homme dans le domaine de la parturition. Elles savent que c'est leur lot d'endurer les souffrances et les déchirures résultant de l'ignorance du médecin ; par conséquent, il est raisonnable de supposer que, pour l'amour de leur sexe, elles continueront d'étudier les lois de la parturition et obtiendront un savoir compréhensif et pratique de tous les principes appartenant à cette branche de l'ostéopathie qui apprend que les déchirures de la mère et les blessures de l'enfant par les forceps ne sont pas nécessaires, excepté dans des cas extrêmes de difformités osseuses.

À moi, elles ont prouvé que, si l'homme est la tête de la famille, sa revendication de supériorité peut se fonder sur la force de ses muscles mais pas sur son cerveau.

8. Contrairement à beaucoup d'autres collèges de l'époque, Still admet volontiers les femmes dans son enseignement. Il leur rendra souvent hommage. Cette attitude éclairée provient sans doute de sa participation active aux différents mouvements philosophiques et spiritualistes déjà mentionnés (source : Carol Trowbridge, *A. T. Still*, p. 144, The Thomas Jefferson University Press, Kirksville, Mo, 1991). [N.D.T.]

Les femmes ont bien agi dans les classes, les cliniques et la pratique et sont des diplômées de même valeur que tous les hommes ayant franchi le portail de l'École Américaine d'Ostéopathie.

Je vais essayer de donner au lecteur quelque anecdote sur la possibilité, le succès ou l'aptitude qu'a la nature à se réparer toute seule après avoir été terrassée par la chaleur, le froid, la fatigue, les irritations, les contraintes et beaucoup d'autres causes venant s'ajouter aux occasions qu'a une personne d'être submergée par les rigueurs de chacune des quatre saisons de l'année et illustrerai la pensée par l'allégorie suivante.

Je ne sais pas par où commencer mais, comme il nous faut débuter quelque part, nous choisirons l'hiver qui succède à l'automne, l'époque de l'année au cours de laquelle on travaille le plus durement. Les hommes et les femmes imposent les plus fortes contraintes à leurs systèmes en construisant des granges, des mangeoires et en stockant les fruits, chacun de ses travaux étant très dur pour le dos et les membres. À cause de la saison vivifiante et de son action sur les nerfs, les muscles et les différentes parties du corps, beaucoup de ces chocs et contraintes ne sont pas ressentis au moment où ils sont reçus. Ainsi, nous continuons et restons sur pieds jusqu'à ce que l'hiver jette son souffle glacial sur nos corps partiellement déstabilisés par les contraintes imposées à la saison précédente. Ces agressions et contraintes ont affaibli nos forces de résistance de telle sorte que nous nous retrouvons incapables de résister aux tempêtes de l'hiver. En premier vient la plainte de se sentir fatigué, puis, les douleurs osseuses, au dos et à la tête, puis nous attrapons froid, « pleurésie et pneumonie ». Nous voilà à la merci du docteur et du pasteur. La guerre pour la vie est déclarée et l'aumônier devient nécessaire lorsque les pilules, le whisky et les ventouses ont échoué ; on appelle le révérend en premier car on sait que la pneumonie « tue » autant avec ou sans les soins du docteur, parfois plus avec. Avec tout le savoir accumulé par quarante ans d'observations, je me tournai non sans hésitations, vers mon enfant, le Josué de l'ostéopathie, mal assuré, et lui dit de s'engager dans le combat et d'aider la femme fiévreuse à sortir de sa condition, de la libérer de ce monstre, la pleuro-pneumonie, pour la rendre aux siens.

« Toi, comme le Josué de l'Ancien Testament, tu dois commander au soleil et à la lune de la mort de demeurer silencieux et, si tu sais commander l'armée des victorieux, ils se tiendront cois. »

Josué de répondre : « Bien, je vais essayer et dirai demain comment l'ostéopathie a réussi dans la pneumonie. » Alors, le petit compagnon se rend au chevet de la dame, prend Pneumonie par le bras et lui dit : « Pourquoi tortures-tu cette pauvre petite femme ? » Pneumonie sourit à Josué et répond : « Je la torturerai autant qu'il me plaira et tu ne pourras la soulager de la moindre douleur, toi, petit freluquet impertinent. » Josué place ses doigts sur les nerfs sensitifs et lui dit de continuer avec la douleur si elle le peut.

Elle dit : « Comment puis-je la faire souffrir si tu ne me laisses pas utiliser les nerfs pour le faire ? » et elle part dégoûtée des actes de Josué.

Josué dit à Pneumonie : « Tout est permis en cas de guerre. Tu vas t'arrêter et je sauverai la petite dame. » L'invalide reconnaissante promet à Josué de lui faire une tarte dès qu'elle sera suffisamment bien. Juste au moment où elle réalise sa promesse, une femme vient à la porte et appelle le Dr Josué, disant que quatre de ses enfants et son père sont alités avec une pleurésie. Josué se précipite, oubliant son chapeau et son manteau, et il combat, à droite et à gauche, et frappe, jusqu'à ce que Pleurésie s'envole, laissant entre les mains du garçon tous les patients en bonne forme, comme autant de trophées pour la bannière sous laquelle il combat.

Oh, comme il fait fuir rougeole, diphtérie, scarlatine et toutes ces choses qui partent, jouant la fille de l'air !

Josué dit à Diphtérie : « Je veux que tu arrêtes d'embêter ces petits enfants car ils doivent aller à l'école, alors cesse de t'occuper d'eux. » Vieille Diph dit : « Je vais lui donner une dose qui va mater son courage. » Et, pendant dix heures, Josué est appelé vingt fois au chevet du malade. Vieille Diph s'est attaquée aux bébés, elle les tient et les choque jusqu'à ce que leurs langues pendent et dit : « Laissez ce gars (Josué) les rentrer s'il peut ».

Pendant ce temps, Josué déguste lentement la tarte promise mais, dès qu'il entend que vieille Diph s'attaque aux bébés, il se précipite sur son vélo, faisant retentir sa sonnette à chaque croisement, jusqu'à atteindre le champ de bataille, où il fait rapidement réintégrer toutes les langues dans les bouches et demande aux mères de lui cuire des tartes, comme celle qu'il était en train de déguster, en morceaux aussi gros qu'Hawaii.

Ensuite, Josué rencontre trois grands et gros géants et leur demande où ils vont. Ils disent qu'ils vont tuer trois petits garçons et deux fillettes. Josué dit : « Dites-moi vos noms s'il vous plaît car je dois vous dénoncer aux autorités. »

Le plus méchant dit : « Mon nom est Scarlatine ; je vis sur les enfants blonds aux yeux bleus. »

Un autre sauvage, un vétéran rougeaud ayant à son actif des milliers de combats vainqueurs, dit : « Mon nom est Rougeole. Je suis un cannibale et je mange le plus de chair humaine possible ; mais je ne mange qu'au printemps et à l'automne. Je vais commencer à manger du jeune et du vieux, du nègre et tout ce qui me passe par la main dans à peu près deux semaines. »

Le troisième dit : « Mon nom est Oreillons, et je mange de tous les âges et tous les sexes, du blanc et du noir ; et tous les trois, allons avoir du plaisir avec Josué. »

Quatre enfants garçons et filles, accompagnés de leur grand-père, sont en vue, chacun d'eux tient une gentille tarte et grand-père a du jambon fumé, du pain, du café et des oignons pour Josué. Il remercie les chers petits qui ont été si choqués par la vieille « Diph » et, avant qu'il ait eu le temps de dire « filez », les quatre petites créatures joyeuses l'entourent de leurs bras, l'étreignent et l'embrassent de sorte qu'il arrive bien difficilement à manger la tarte et les oignons.

Une jolie petite fille dit : « Dr Josué, tu aimes la tarte ? » – Oui, chérie, et si vous restez tranquille, je vais vous montrer comment je peux manger deux tartes, un jambon, deux oignons et boire quatre tasses de café. » Josué commence à manger quatre tartes, six oignons, un jambon et boit seize tasses de café supplémentaires, lorsqu'une petite fille timide dit : « Oh, mais ne les mange-t-il pas terriblement vite ? » Ce à quoi grand-pa répond : « Oui, mais pas aussi vite qu'il vous a fait rentrer la langue avec l'ostéopathie. »

Une petite fille voudrait encore plus d'embrassades et de tartes lorsqu'un homme pousse la porte et dit : « Le vieil Oreillons vient faire son sale travail sur le fils du docteur Neil. » Le Dr Neil est un docteur en médecine d'une grande habileté et Oreillons a décidé de prendre un peu de bon temps aux dépens du docteur écossais, à le voir appliquer des cataplasmes et donner des médicaments à l'enfant. Le messager demande si le Dr Josué est là. « Oui », répondent les quatre petites filles en même temps et grand-pa ajoute : « C'est Josué, docteur en ostéopathie. » – Le Dr Neil réclame votre aide et m'a envoyé pour que je vous ramène afin d'aider son fils. » Josué dit à ses hôtes qu'il sera de retour dans trente minutes.

Enfourchant son vélo sifflant, il part comme une flèche pour un trajet d'un kilomètre et demi, lorsqu'il voit l'enfant, il jette dehors cataplasmes et brouets amoncelés autour de lui et dit : « S'il vous plaît, Docteur, écartez-vous jusqu'à ce que je dégage ce qui interrompt les lymphatiques des glandes parotides. » Et avant même que le vieil Oreillons sache ce que fait Josué, celui-ci contrôle tous les approvisionnements nerveux, glandulaires et sanguins, puis il quitte l'enfant guéri, laissant les oreillons subjugués.

Vieil Oreillons présenta à Josué trente cas, croyant que certains d'entre eux le feraient fuir, mais sans résultat. Leurs étendards furent à chaque fois capturés.

Après un petit laps de temps, Rougeole et Scarlatine disent : « Nous allons nous allier et lancer une attaque combinée sur les petits garçons et filles ainsi que leurs mères. Comme ça, ils ne se vanteront plus et ne mangeront plus de tartes. Nous allons attendre dimanche et en attaquer six ou huit d'un seul coup. Ces cas seront pris dans des familles riches, là où l'on croit en la médecine et, comme le vieux docteur Jones ne sait pas quand arrêter les pilules, les invalides seront farcis de drogues au moment où le docteur Josh arrivera et, comme il ne connaît rien aux médicaments, nous le regarderons se gratter la tête. »

Arrive le dimanche matin. Josué se rase, se fait beau et s'habille pour aller à l'église comme il l'a promis à ses petits amis. Tous sont assis et Rougeole et Scarlatine préparent leur attaque. Vers neuf heures du matin, ils commencent à enfler les yeux et les gorges, méchamment, comptant trois cas de rougeole et cinq de scarlatine. Un Irlandais nommé Pat, à peine sorti d'un demi-litre de whisky, est envoyé à l'église avec ordre d'aller jusqu'à la chaire demander au prêtre d'appeler le Dr Josué et de ne rien permettre empêchant d'avoir ce docteur. Pat se précipite à l'intérieur, pousse le sacristain sur deux ou trois rangs et, lorsqu'il arrive à la chaire, trouve le prêtre en prière. Pat chuchote : « Mon père, pouvez-vous appeler le Dr Josué pour moi ? » Le prêtre ne répond pas, cela enrage Pat qui sent qu'il s'agit d'une question de vie ou de mort et qu'il doit avoir le Dr Josué. Alors Pat lui frotte les oreilles et lui dit : « Hé, vieux radoteur, vous ne m'entendez donc pas ? J'veux que vous arrêtiez votre baratin et que vous demandiez après l'Dr Josué. » On montre Josué à Pat, il l'emmène avec lui et ils se dépêchent d'aller là où Rougeole et Scarlatine sont en train de sévir. Avant même que les oreilles du prêtre aient cessé de siffler après le frottement que leur a infligé Pat, tous les cas sont en bonne santé. Rougeole et Scarlatine ont de nouveau perdu leurs drapeaux et n'ont pu rire de l'ignorance et de l'échec de Josué, même après avoir combiné leur attaque avec plein de médicaments. Depuis ce temps, les maladies de printemps n'ont pu bafouer Josué et il peut ainsi retrouver les fillettes et profiter des fleurs de l'été.

La dysenterie commençant à rendre malade quelques bébés, Josué dit aux mamans de faire ceci, de faire cela, pour empêcher la dysenterie de tuer leurs petits. Après avoir suivi mon fils Josué à travers les quatre saisons de l'année, sans que sa bannière ne soit mise en berne par la défaite, j'arrêterai maintenant l'allégorie. Il est croyant et combat sous la bannière que la nature a tissée pour l'homme lorsqu'il fut placé sur terre. C'est la loi donnée par Dieu à l'homme pour guérir le malade.

Toute conclusion philosophique doit, à tout moment, être précédée par des principes de base. Ainsi, il y a un centre à partir duquel, avec une corde, on peut tracer un cercle, à l'intérieur duquel toutes les preuves de la vérité que l'on désire établir peuvent être trouvées. Une vérité est comme une machine conçue dans un but précis. Toutes les parties doivent être en place et la puissance appliquée doit être adaptée, sinon, la machine ne peut accomplir le service pour lequel elle a été conçue et l'objectif est manqué. Si cela n'est pas fait, votre travail démontre que votre point de départ de raisonnement est nébuleux et, dans cette mesure, c'est un échec.

Dans cette zone de raison, vous avez un cercle ne contenant que des faits. Ils sont toujours incertains, et attendent d'être testés pour que des preuves valables soient acceptées et retenues.

Il faut se souvenir que nous sommes là devant la cour suprême de la raison et que la moindre incertitude ne peut être tolérée. Il vaudrait mieux que vous obteniez votre vérité immédiatement ou alors abandonniez l'idée d'être un philosophe. On peut toujours rêver d'être un aigle mais c'est comme essayer d'établir la vérité sans retenir tous les témoignages relatifs au cas. Rassemblez-les, mélangez-les, appliquez la puissance pour tester toutes les parties et abandonnez toute partie qui ne s'intègre pas à la recherche de base. Ne permettez jamais à votre œil de quitter, ne serait-ce qu'un moment, « la coupe de platine » ; elle contient des acides rongeant toutes les substances qui ne reposent pas sur le socle éternel de la vérité. Si cela est votre socle de raison, votre succès est assuré pour toujours, autrement, chaque jour de votre vie vous apportera du désappointement parce que votre filtre n'aura pas été un bon séparateur.

On voit les hommes réussir ou échouer. Le succès est la marque de la vérité. À tous les hommes qui échouent, je dirai de fouler aux pieds le dôme des faits constitués par les vérités non tamisées et rejetées lorsque incorrectes. Faites une chose correctement et laissez le reste de côté. Voit-on jamais un raton laveur grimper sur deux arbres en même temps ? S'il faisait cela, il serait comme un ostéopathe dispersé dans différents systèmes de traitement et qui échoue parce qu'on ne peut escalader qu'un seul arbre à la fois.

Ce n'est pas l'homme qu'il faut dans votre chambre de

malade. Il a trop d'idées et fera pour vous comme il a fait pour lui : prouver qu'il échoue dans tous les domaines. Une autre sorte de danger existe en arrière-plan : l'homme trop bavard. Il parle continuellement mais pense peu. « Vent » et sagesse ne se mélangent jamais. Ecartez-le dès le départ, sinon, vous vous en repentirez à terme. Il parle pour lui-même et le mensonge vous apparaîtra tôt ou tard. Mes enfants et voisins, méfiez-vous du bagout.

Je conclurai ce chapitre avec les statuts actuels de l'École Américaine d'Ostéopathie [9] et les enregistrements de la société dans les archives de Jefferson City, Missouri, et chez le notaire de Kirksville, comté d'Adair, dans le Missouri.

ÉTAT DU MISSOURI
DÉPARTEMENT DE L'ÉTAT

Moi, Alexander A. Lesueur, secrétaire d'État de l'État du Missouri, certifie par la présente que les pages annexées contiennent une copie intégrale, vraie et complète des articles de l'association ou contrat écrit, du « Collège Américain d'Ostéopathie », avec les différents certificats archivés le 30 octobre 1894 dont la copie figure dans les minutes de cet office, comme la loi l'exige.

En témoignage de cela, j'appose ma griffe et colle le grand sceau de l'Etat du Missouri. Fait en cet office, en la cité de Jefferson, ce 30 octobre 1894.

A. A. Lesueur
Secrétaire d'État

---

9. American School of Osteopathy, dont les initiales souvent utilisées sont A.S.O.

CONSTITUTION

Article 1 – Le nom et le type de cette société seront « The American School of Osteopathy », et elle sera située dans la ville de Kirksville, comté d'Adair, État du Missouri.

Article 2 – Les dirigeants de cette société seront un président et d'autres dirigeants que les administrateurs pourront juger nécessaire de désigner.

Article 3 – L'objet ce cette société est d'établir un collège d'ostéopathie dont l'objectif est d'améliorer notre système actuel de chirurgie, d'obstétrique et de traitement général des maladies, de placer les mêmes disciplines sur des plans les plus rationnels et scientifiques, de communiquer l'information à la profession médicale et d'accorder et de conférer les honneurs et degrés habituellement accordés et conférés par les collèges de médecine réputés ; de délivrer les diplômes témoignant de cela à tous les étudiants diplômés de l'école sus mentionnée sous le sceau de la société, avec la signature de chaque membre de la faculté et celle du président du collège.

Article 4 – Que les pouvoirs associatifs dudit collège seront dévolus à un bureau d'administrateurs, constitué d'un nombre au moins égal à cinq et jamais supérieur à quinze et que le président de ce bureau sera d'office président du collège ; ledit bureau aura une succession perpétuelle, avec possibilité à l'occasion de combler les vacances parmi les membres et A. T. Still, Harry M. Still, Charles E. Still, Herman T. Still, Thomas A. Still et Blanche Still seront les premiers membres dudit bureau, et auront pouvoir d'augmenter leur nombre comme spécifié ci-dessus.

Article 5 – Que ledit bureau des administrateurs et leurs successeurs, pour une période de cinquante ans auront tous pouvoirs et autorité pour nommer un corps enseignant dans le but d'enseigner les sciences et arts habituellement enseignés dans les collèges de médecine, en leur ajoutant la science de l'ostéopathie ; de combler les vacances au sein du corps enseignant ; d'en enlever des membres ; de déclarer le statut et les devoirs de tous les administrateurs et enseignants et de fixer leurs dédommagements ; de procurer un immeubles adapté, de le meubler et de fixer le montant des frais de scolarité à la charge des étudiants, le nombre et la durée des périodes que les étudiants devront effectuer dans ledit collège avant d'obtenir leur diplôme de fin d'étude ; de décerner les diplômes à tous les diplômés qui atteindront une moyenne de quatre-vingt-dix sur cent dans chacune des branches dont l'enseignement et l'apprentissage sont requis par le programme d'études dudit collège. Tout diplôme décerné montrera le grade atteint dans chaque matière enseignée ; et pour accomplir tous les actes nécessaires pour mettre en application les objectifs de cette société, sans contradiction avec les lois de l'État du Missouri et sa Constitution.

A. T. Still
Harry M. Still
Blanche Still
T. A. Still

ÉTAT DU MISSOURI, COMTÉ D'ADAIR

Le 22 octobre 1894, ont personnellement comparu devant moi, A. T. Still, Harry M. Still, Blanche Still et Thomas A. Still, connus de moi pour être les personnes déjà mentionnées, exécuteurs de l'acte susmentionné et reconnaissant l'exécuter comme un acte et un contrat libres.

En témoignage de cela, j'ai ci-joint déposé ma griffe et apposé mon sceau officiel à mon office de Kirksville, Missouri, le jour de l'année en premier mentionné ci-dessus. Mon mandat expire le 2 mai 1895.

H. E. Patterson
Notaire public
Classé le 22 octobre 1894
A. P. Hibbs
Greffier de la circonscription

Rappelons qu'à une session de la cour itinérante de la circonscription du comté d'Adair, Missouri, commencée et tenue au palais de justice dans la ville de Kirksville, dans le comté ci-dessus mentionné, le quatrième lundi d'octobre 1894, le 22ᵉ jour d'octobre, étaient présents : Andrew Ellison, juge de la seconde circonscription juridique du Missouri ; George W. Rupe, shérif ; A. P. Hibbs, greffier ; et James B. Dodson, procureur du comté d'Adair ; et que le quatrième jour du trimestre susmentionné, le 25 octobre 1894, les actes suivants ont été ajoutés, à savoir :

A. T. Still, président et consorts. Requête pour la forme concernant le décret d'incorporation du Collège Américain d'Ostéopathie.

Aujourd'hui, A. T. Still, président, et Harry M. Still, Charles E. Still, Herman T. Still et Blanche Still, administrateurs dont la déclaration est enregistrée depuis plus de trois jour dans cette cour, comparaissent devant la cour pour être entendus sur le fond et la forme, dans l'ensemble et le détail ; et après examen approfondi sur le fond et audition de toutes les preuves fournies par les demandeurs, et un examen des articles de concordance et d'objectifs de l'association, la cour fonde et formule l'opinion que les articles de concordance et d'objectifs de l'association viennent se ranger dans les attributions de l'article dix du chapitre quarante-deux des statuts révisés de 1889 de l'État du Missouri intitulé « Bienfaisance, Religion, Sciences, Fraternité », et ne sont pas en contradiction avec la Constitution ou les lois des États-Unis ni de cet État.

Donc, pour cette raison, la cour ordonne, adjuge et décrète que les conclusions et jugements susformulées soient enregistrés par le greffier de cette cour, et que les demandeurs soient déclarés autorisés par ce décret à être reçus dans leur demande, les incorporant sous le nom de société American School of Osteopathy, comme un collège avec tous les pouvoirs, droits et privilèges accordés à ce genre d'association en vertu de l'article dix, chapitre quarante-deux, des statuts révisés en 1889 de l'État du Missouri.

Moi, A. P. Hibbs, greffier de la cour itinérante dans et pour ledit compté, certifie ci-dessous que ce qui précède et ce qui suit est une copie véridique des actes de ladite cour itinérante au jour de l'année susmentionné comme le même apparaît archivé dans mon office.

En témoignage de cela, j'ai ici apposé ma signature et le sceau de ladite cour à mon office situé à Kirksville, le 26 octobre 1894.

A. P. Hibbs Greffier
Par W. J. Ashlock, D.C.
Enregistré et publié le 30 octobre 1894
A. A. Lesueur, Secrétaire d'État

CHAPITRE XII

$\mathcal{E}$n abordant une discussion sur cette méthode de guérison des maladies que, pour la distinguer, j'ai appelée « ostéo-pathie », je ne demanderai pas au public d'être tendre dans ses critiques, ceci étant ma première tentative en tant qu'auteur. Je demande seulement au lecteur de lire ce que j'ai écrit. Allez où je vous envoie ; pensez ce que je vous demande de penser ; corrigez ce qui est incorrect et conservez ce qui est bon. Ceci est écrit pour les futures générations, pas seulement pour le présent. Ce sont les hommes et les femmes à naître qui seront juges. Le verdict qui sera donné par la sagesse du temps est ce qui m'importe le plus à ce moment de ma vie, c'est pour cela que j'accepte le rôle d'auteur.

J'espère que tous ceux qui liront ma prose verront que je suis pleinement convaincu que Dieu, l'esprit de la nature, a prouvé Son aptitude à planifier (si un plan est nécessaire) et à créer ou fournir de lui-même les lois, sans modèles préalables, pour les myriades de formes d'êtres animés ; et à les munir parfaitement pour les devoirs de la vie, avec leurs moteurs et toutes leurs batteries d'alimentation, le tout en action. Chaque partie est parfaitement armée pour sa fonction, possède le pouvoir de sélectionner et de s'approprier toutes les forces qui, dans le grand laboratoire de la nature, lui sont nécessaires pour accomplir les fonctions spécifiques à sa charge dans l'économie de la vie. En résumé, l'Architecte omniscient a taillé et numéroté chaque partie pour qu'elle s'ajuste à sa place et accomplisse ses fonctions dans chaque édifice au sein de la forme animale, tout comme les soleils, les étoiles, les lunes et les comètes obéissent tous à une loi éternelle de vie et de mouvement. C'est avec ces vérités à l'esprit que je commencerai mes discussions et conférences. Je ne pense pas être né ni envoyé sur votre planète comme « auteur de livres » mais après tout, il est sans doute préférable de laisser quelque legs plutôt que rien du tout.

Depuis qu'une place a existé dans le temps pour la race humaine, l'amour de la vie, de soi et de l'espèce, le grand être contenant l'Esprit, la Matière et le Mouvement ayant pris la forme de l'être humain ou homme et « doté des attributs de l'Intelligence Divine », a désiré vivre éternellement. La tâche d'esprits de toutes nations, langues et races fut de résoudre avec succès le problème du bien-être et de la longévité. Dans ce but, des chercheurs ont sondé les océans, arasé les montagnes, utilisé les règnes des animaux vivants et morts, des minéraux et des végétaux à la recherche d'une substance capable de maintenir la vie en bonne relation avec la matière visible, pour que nous puissions vivre et aimer les êtres qui nous sont chers et pour que leur apparence ne se flétrisse jamais à travers les distances infinies au-delà de notre vision, mais demeure éternellement dans le lointain.

Jusqu'à la naissance de l'ostéopathie, dans tous les combats qui opposèrent remèdes connus et maladie, la mort, lorsqu'elle s'est opposée au sage général des médicaments, a rarement laissé échapper la moindre victoire. À ce jour, aucune victoire connue des médicaments n'est répertoriée dans les archives, sans aucun doute ni discussion. Les généraux de la médecine ont vaillamment combattu, mais tous ont déposé les armes face au drapeau noir utilisant l'ignorance humaine comme meilleures munitions. Nos M.D. [1] sont des hommes bons. Ils ont combattu

---

1. *M. D.* : abréviation américaine pour Medical Doctor, par opposition à D. O., Doctor in Osteopathy. [N.D.T.]

comme de braves soldats, dignes du meilleur courage, et méritent vraiment d'être inscrits sur les registres des pensionnés, de recevoir de belles indemnités octroyées par le congrès de l'amour en dédommagement des profondes blessures reçues au corps et à l'âme dans la défense du bien-fondé de leurs assertions. Personne, pas même le moins reconnaissant, n'objectera que chaque M.D. reçoive une pension pour les blessures reçues en défendant ses généraux morts, reposant, tailladés sur tout le corps, par les vautours de la destruction. À mon avis, ils sont totalement incapables d'effectuer le moindre travail manuel et devraient toucher au moins 72 $ par mois. Contentez-vous de les écouter raconter leurs courageux combats dans ces grandes causes perdues d'avance. Ils disent : « Nous ne sommes pas défaits, mais submergés et, à chaque occasion, nous combattrons le même ennemi, à chaque fois avec les mêmes vieux gourdins. »

Le lecteur pourra trouver bien longue notre introduction à ces essais ou entretiens, mais il s'est écoulé plusieurs milliers d'années et il s'en écoulera beaucoup d'autres. À première vue, un traité sur la maladie écrit par un « cinglé » n'évoque pas chez le non-initié beaucoup de sérieux, pourtant, lorsqu'une vérité sans cesse attaquée attire le regard de la raison, un sourire apparaît sur la face du penseur à l'esprit calme qui, prudemment, demande : « Aurai-je la possibilité d'essayer ? » Tous les philosophes ont plaisir à voir venir de telles personnes car elles sont tellement rares, qu'elles ne deviennent jamais une charge pour le penseur, mais constituent au contraire du pain béni pour l'esprit et se trouvent souvent là où on les attend le moins.

Je ne puis vous livrer qu'une expérience de moins d'un demi-siècle dans cette science. J'ai exploré en lisant et en décortiquant beaucoup d'écrits sur des sujets de même nature, espérant trouver quelque chose sur cette grande loi, écrit par des philosophes anciens, mais j'en suis revenu les mains aussi vides qu'au départ. Un grand nombre d'années a passé depuis que j'ai commencé à tester les lois du Dieu de la nature comme système donnant les principes de vraie guérison, offrant à la nature la possibilité de regagner les ports de la santé. Le succès a récompensé mes efforts en une si rapide succession que je fus surpris de trouver Dieu à Son poste en tous lieux et en tous temps. Ses grains de vie sont toujours prêts et n'échouent jamais à donner plus de santé plus rapidement que pourrait espérer le plus exalté et le plus optimiste des amateurs de nature en l'aptitude de la nature à réparer n'importe quelle partie du mécanisme de la vie. M'étant prouvé que Dieu imprègne jusqu'au plus petit détail de toute Son œuvre, je sens que c'est un privilège, sinon un devoir, d'au moins faire l'effort de présenter cette science autant que cela peut être fait de mon temps et avec ce que j'en comprends aujourd'hui.

Les âges ont succédé aux âges, et si cette science a été connue, les historiens n'en ont jamais fait la moindre mention pour servir leurs successeurs. Je sens devoir régler cette dette envers le dix-neuvième siècle : au moins commencer à remplir le blanc avec les vérités de l'ostéopathie, qui a existé avant tous les siècles passés, demandant : « Devrai-je encore traverser un siècle, solitaire, sans être remarquée par l'homme ? »

Comme nous obtenons notre savoir petit à petit, nous devrions être, dans la même mesure, désireux de le transmettre. En commençant à parcourir cette introduction, le lecteur ne doit pas penser être un ostéopathe confirmé lorsqu'il aura terminé la lecture de ces pages, ni apprendre quoi que ce soit sur les mécanismes profonds de l'ostéopathie. Je n'écris pas dans ce but, mais propose ceci comme une part d'histoire.

Pour acquérir une qualification professionnelle, il faut recevoir un entraînement complet dispensé par des personnes qui en possèdent parfaitement la science et savent comment l'enseigner. Tout comme le diplômé compétent de n'importe quel autre métier ou profession, un ostéopathe ne se fait pas en un jour ni une année. Être là et observer le travail effectué par un praticien compétent ne suffit pas à qualifier quelqu'un pour détenir entre ses mains la responsabilité de la vie. Il faut être absolument familier avec tout ce qui concerne l'anatomie – pas seulement savoir le nom de quelques os, muscles, nerfs, veines et artères, mais les connaître tous tels qu'ils sont décrits par les derniers auteurs reconnus. Il faut être familier avec au moins quatre-vingt-dix pour cent du corps humain avant d'être admis au sein de nos cliniques. Là, on apprend à utiliser toutes les parties et principes énumérés lors de l'étude des ennuyeux et pourtant divertissants livres d'anatomie, de dissection et de physiologie, au cours des mois fébriles passés dans la salle de cours. Aujourd'hui, vous voilà déclaré apte à rejoindre les salles de formation en tant qu'apprenti. Une fois dans les salles de pratique, vous êtes à un endroit où les livres sont connus de toute éternité. Votre propre aptitude native, et le livre de la nature, sont tout ce qui doit être respecté dans ce domaine d'activité. Ici, vous vous trouvez au-delà des longs discours, et utilisez votre esprit avec la plus profonde et silencieuse application ; buvez à longs traits à l'éternelle fontaine de la raison, pénétrez la forêt de cette loi dont les merveilles sont la vie et la mort. Connaître tout d'un os, dans son entier, nécessiterait l'éternité.

L'esprit devient grave, un sourire d'amour se dessine sur le visage, le reflux et la marée du vaste océan de la raison, aux profondeurs insondées, grossissent dans votre cerveau agité par la houle. Vous vous restaurez et vous abreuvez ; et là, debout, dans une admiration silencieuse, là où vous n'aviez jamais distingué même une étoile, le soleil apparaît, scintillant des rayons de la sagesse divine exposée en l'homme, et des lois de la vie, éternelles et vraies comme l'esprit de Dieu lui-même.

Nos théologiens sont habituellement meilleurs pour Dieu que pour eux-mêmes. Les arbres des forêts divines se dressent, chargés, les branches ployant sous le poids des fruits mûrs, les gras écureuils de la raison courent sur leurs branches et toutes les tables de la nature sont dressées pour le philosophe ou l'affamé. Mais ils ne remarquent pas les aboiements des chiens qui regardent les arbres et aboient, remuant yeux, oreilles, gueule et queue pour attirer l'attention de leurs maîtres. Si un homme désirait être meilleur pour lui-même et étudier davantage l'anatomie, il jouirait d'un savoir plus utile et Dieu serait peut-être plus distant mais plus vénéré. Si cela vous tourmente, alors vous serez au supplice, parce que l'ostéopathie est venue pour demeurer, sans limite de temps. Elle m'a parlé de l'esprit humain me disant comment elle l'a trouvé.

Le compte rendu disait : « Nous devons rapporter, très grand maître, que nous leur avons trouvé beaucoup de dyspepsie en tête. Nous avons trouvé la grande masse en très mauvaise condition ; les estomacs mentaux sont percés de nombreuses cavités ; les foies sont martelés, noircis et bleuis par les fouets de l'habitude, de la plus stupéfiante ignorance, et de l'impardonnable stupidité de tous les temps. Ostéopathie a été essayée sur six têtes dont l'assimilation était très mauvaise. Après quelques traitements ostéopathiques, tout sembla aller pour le mieux, jusqu'à ce que nous versions quelques gouttes de raison diluée au millième. Nous en avons scrupuleusement noté l'effet. L'un était un M. D. chauve et en une semaine, ses cheveux avaient poussé de sept centimètres et continuaient. Lorsque nous lui avons donné un miroir pour se regarder, ils est entré en convulsions. Quand elles eurent partiellement régressé, il commença de parler comme un maniaque.

« Mon Dieu ! Mon Dieu ! Pourquoi m'avez-vous abandonné ? Regardez ce que ces types ont fait à ma tête. Ils m'ont fait pousser les cheveux de sept centimètres, alors que mon épouse meurt d'envie de me les arracher. Seigneur ! Seigneur ! Je veux rester aussi loin que possible de l'ostéopathie parce qu'ils font pousser les cheveux et qu'on va tirer dessus. En plus, ils arrêtent les fièvres de toutes sortes, les troubles d'intestins, ils font naître les bébés, guérissent l'épilepsie, les poumons, le cœur et toutes les maladies nerveuses, sans douleur ni drogue. Comment peuvent-ils faire tout ça sans drogue ? » demande le M. D. nouvellement chevelu en réprimant sa rage. Et nous lui avons administré une nouvelle cuillerée de raison diluée au millième et avons attendu pour voir son action. En cinq minutes, il eut froid partout, et passant la main dans les cheveux dit : « Écrivez mes dernières volontés, vite ! Je ne peux supporter cette dernière cuiller ! Ma pauvre tête va exploser ! »

Il n'attendit pas que son épouse lui arrache les cheveux comme dans le passé, il se les arracha lui-même, planta un clou dans le foramen pariétal, ce qui stoppa la pousse des cheveux, cette fois pour toujours. Il va bien maintenant et n'a pas plus de bons sens que son école n'en avait il y a cent ans.

Les mots « pas plus de bons sens que son école n'en avait il y a cent ans » tournèrent dans mon esprit jusqu'à ce que le corps semble endormi, toute action suspendue pour un long moment. La pensée me vint que le jour du Jugement dernier est arrivé. Les hommes arrivent et se mettent en ligne, une ligne unique, par légions, de ce siècle et d'autres siècles, représentant une période de vingt mille ans. Tous viennent pour être jugés, le vivant et le mort, et le greffier ouvre le grand livre des siècles en disant : « Je suis mandaté pour examiner la foule des gens qui ont été les champions de tous les combats ayant opposé au cours des vingt mille dernières années santé et maladie. » Toute victoire, quelle que soit le côté, doit être enregistrée et une couronne sera remise à chaque homme tenant entre ses mains un drapeau capturé à l'ennemi.

À ce moment, l'adjudant, d'une voix forte, annonce qu'une inspection est ordonnée et que toutes les armes et munitions vont être inspectées. Tous les fusils tirant à la fois devant et derrière seront rejetés et le général les utilisant sera déféré devant la cour martiale et, si reconnu coupable, se verra arracher épaulettes et boutons et sera envoyé à l'asile d'aliénés.

Un grand docteur rougeaud bien charpenté se tenant à la tête de la division antédiluvienne est appelé en premier. Le juge dit : « Précisez si vous savez comment vous traitiez la crise de foie avant le Déluge ?
– Eh bien Juge, je donnais de grandes suées, des purgations drastiques de *Jellipum*, de l'aloès et des poudres-à-dents !
– Stop Monsieur ! dit le juge, que désignez-vous par poudres-à-dents ?
– Votre honneur, je veux parler du calomel [2] qui détend bien les dents. Nous donnions ça, Monsieur, de sorte qu'ils ne pouvaient plus manger pendant plusieurs jours. Nous croyions que cette

---

2. *Calomel* : protochlorure de mercure (Hg_2Cl_2). Poudre blanche très fine, très dense, insoluble dans l'eau. Utilisée en interne pour son action sur le tractus digestif (antiseptique doux, vermifuge, décongestionnant du foie, cholagogue) et en pommade comme antiseptique. Aujourd'hui, utilisé comme pesticide et fongicide. [N.D.T.]

fièvre était provoquée par un engorgement de l'estomac, donc, nous leurs donnions des tue-bouches pour qu'ils ne puissent plus manger, Monsieur.

– À quelle école appartenez-vous ? demande le juge.

– Les réguliers, Monsieur ! » répond le docteur, avec beaucoup de fierté et d'emphase ; et le juge qui ne peut se retenir davantage dit : « Idiots de réguliers, oui ! Ne savez-vous pas que le mercure annihile la capacité du système à produire os et dents et que ces deux organes étant altérés, vous ne pourrez jamais avoir une constitution solide ? En résumé, vous défendez un système qui n'est pas naturel et détruit la vie ; le monde ira mieux sans vous. »

Et le juge, ouvrant les paquets, les pots et les fioles du docteur, découvre qu'ils contiennent des poisons mortels de tous les âges, ceux que le docteur prétend reconnus chez les réguliers. Il demande au docteur de quel droit il donne des poisons mortels comme remèdes aux maladies. Le docteur de répondre : « Votre honneur, ainsi le veut la tradition dans notre profession ». [3]

Le juge sourit et dit : « Clairon, sonnez l'appel pour le général de division du siècle suivant. » Au son du clairon, un fier destrier et un carrosse avec un coffre à bagages et des serviteurs se présentent pour l'inspection. Le général des drogues salue le juge et dit : « Très excellent inspecteur, suivant vos ordres, je suis fier d'aligner mes hommes pour l'inspection. »

Le juge se tourne alors vers l'inspecteur. « Examinez ses

3. Jusque dans les années 1870, aucune loi ne régulait l'exercice de la médecine. La plupart des praticiens se formaient sur le tas ou dans des écoles de médecine où l'enseignement se réduisait au strict minimum (sur deux années de novembre à février). Les réguliers utilisaient les thérapeutiques classiques de l'époque (calomel, poudres de Dover, whisky, etc.). À côté existaient les irréguliers comprenant les éclectiques (utilisant une combinaison de médecine classique, botanique, indienne et d'obstétrique), les homéopathes, travaillant selon les doctrines d'Hahnemann, mais également d'autres systèmes tels que les végétariens, hydrothérapeutes, mesméristes, phrénologistes, et rebouteux (source : Carol Trowbridge, *A. T. Still*, p. 54, The Thomas Jefferson University Press, Kirksville, Mo, 1991). [N.D.T.]

armes et munitions et voyez s'il a amélioré quoi que ce soit au cours des siècles précédents dans la maîtrise de la maladie. »

L'inspecteur salue et fait un pas en avant.

– Quelle école représentez-vous docteur ? demande-t-il.

– Votre Honneur, les Réguliers, fils de la tradition légale.

– Comment traitez-vous la crise de foie ?

– Bien, Monsieur, nous donnons des émétiques et des purgatifs.

– De quels médicaments dépendez-vous en premier ?

– Après vomissement, nous utilisons nos poudres-à-dents.

– Que voulez-vous dire par poudres-à-dents ?

– Votre Honneur, c'est le calomel.

– Quelle est la cause de la crise de foie, docteur ?

– Eh bien, selon la tradition, c'est l'engorgement de l'estomac.

– Pourquoi votre école utilise-t-elle le calomel ?

– Parce qu'il rend les dents et la bouche très amers ; le patient ne peut plus rien introduire dans l'estomac.

– Adjudant, comparez ces deux siècles et notez le progrès s'il y en a, dit le juge. L'adjudant salue et rapporte au juge : « Aucun progrès, d'aucune sorte, Juge ; le premier et second siècles sont tout à fait semblables. »

Pendant ce temps, le juge s'indigne et commande au clairon d'appeler le dix-huitième siècle.

Avec toute leur pompe légale, ils s'alignent pour l'inspection et le juge dit d'une voix brève, forte et impérieuse : « Docteur, quelle école représentez-vous ?

– Eh bien Juge, je suis un allopathe de l'école régulière. Je suis diplômé des écoles Électrique, Thomsonienne et Homéopathique, et également en chirurgie des orifices.

– Quelle est la cause de la crise de foie ?

– Eh bien, par tradition, nous avons été éduqués pour croire que la cause de la crise de foie est l'engorgement de l'estomac. Cependant, nous croyons que l'appendice vermiculaire est impliqué dans les métastases des diathèses constituant fréquemment des tumeurs fibroïdes.

– Arrêtez-moi ça ! dit le juge, sinon, je vous mets quatre-vingt-dix jours au pain et à l'eau pour outrage à la cour. Qui peut comprendre ce jargon ? Je veux que vous me disiez à combien de victoires vous pouvez prétendre dans le combat remèdes contre maladie. Vous vous en tiendrez strictement aux victoires ; non pas à ce que vous croyez être ou peut-être tel, mais aux cas que vous avez connus et guéris, quelle que soit la méthode. Vous pouvez avoir dix cas avec drogue et dix cas sans ; tous à peu près le même âge, le même sexe, ayant le même type de maladie, au cours de la même saison de l'année et avec le même soin. Cette cour demande la vérité et l'aura. La punition pour faux témoignage est vingt et un ans de sciage de bûches, avec fouet à sept heures chaque soir si vous n'avez pas scié un rang de bois en quatre. »

À ce moment, le docteur dit : « Votre Honneur m'accorderez-vous jusqu'à la session de mai pour donner ma réponse ? »

Le juge demande au docteur très diplômé pourquoi il veut plus de temps et le docteur de répondre : « Parce que je suis sur le point de suivre la formation complète du cours d'ostéopathie à Kirksville, dans le Missouri. » Alors le juge sourit et dit : « Allez, vieil homme, mais je serai plus intransigeant pour vous en mai que maintenant.

– Pourquoi cela ? demande le docteur.

– Parce que l'ostéopathie est une vraie science qui résout beaucoup de problèmes dont le M. D. n'a même pas idée.

– Bien, Juge, dit le docteur d'une voix très plaintive. Seriez-vous assez bon pour ne pas me convoquer en mai et me permettre d'essayer dans deux ans ?

– Oui, répond le juge, mais vous feriez mieux d'apporter votre scie car, si vous échouez, vous ne pourrez pas enfouir ça parmi vos autres échecs. »

Le juge accorde au M. D. un sursis de deux ans, avec de lourdes obligations et le docteur est si reconnaissant qu'il prend son plus beau char, ses serviteurs, et part pour une école d'ostéopathie.

Le juge ordonne à l'adjudant de faire sonner le clairon pour appeler trois ostéopathes devant lui. Au premier son du clairon, trois sont là.

Le juge dit : « Mesdames et messieurs, prêtez serment. »

Le premier docteur est appelé à la barre.

« Votre âge ?

– Trente ans.

– De quelle école êtes-vous ?

– Le Collège Américain d'Ostéopathie.

– Quelle est la cause de la crise de foie et quel est son traitement ?

– Pour nous, la cause de la crise de foie se trouve dans le fait que l'activité artérielle est augmentée par la chaleur et le soleil jusqu'à un point tel que les veines ne peuvent drainer le sang normalement, mais constituent un étranglement rompant l'équilibre des échanges entre veines et artères. Alors, survient un frisson, puis de la fièvre.

– Qu'est-ce que la fièvre, docteur ?

– C'est une augmentation anormale de la température, provoquée par une action augmentée de l'électricité – le cœur étant la pompe, le cerveau la dynamo, et les nerfs les distributeurs de l'électricité. Le traitement pour toutes les fièvres est naturel. Ralentir le mouvement du moteur et le flux sensoriel, puis ne rien faire et laisser la nature faire sa ronde et la construction prendra la place de la destruction, restaurant la santé. »

Je m'éveillai à ce moment, bus un verre d'eau, respirai une grande goulée d'air frais et les choses redevinrent normales. Je commençais à retrouver mon calme et je n'eus rien de plus à propos de ce rêve, jusqu'à ce qu'une seconde fois, je me retrouve en état de rêverie et entende ces mots : « Attention mondes ! En ligne, vous les diplômés de l'Ostéopathie ! Une grande et sérieuse bataille a opposé durant vingt mille ans la maladie à la santé, qui a vaillamment combattu avec tous les instruments qu'elle a pu utiliser contre l'ennemi – la maladie et la mort. De tous ces engagements, la santé n'est jamais sortie victorieuse, mais a toujours perdu ses hommes et ses drapeaux. Les estropiés et les blessés graves sont maintenant dans les ambulances, en route vers l'arrière, et vous devez monter au front et vous mettre en ligne immédiatement. Attaquez l'ennemi par la droite, par la gauche et par le centre. Ses instruments de guerre sont des Gatlings [3], comme nous les appelons aujourd'hui ; chargés de dysenterie, fièvres, maladies climatiques, pulmonaires et cérébrales ; près de mille sortes de compositions se trouvent dans

leurs cartouches de mort. » Au généraux commandants, il dit :
« Vos ordres sont de charger toutes les batteries, forts, canon-
nières, magasins, et chaque chose et méthode que cet ennemi
inlassable a imposé à la race humaine dans le but de la détruire.
Il vous est ordonné de ne pas tenir compte du feu, de l'eau, ni
des rumeurs de mort, mais de charger au centre, sabres au clair,
baïonnettes au canon et de mettre le vieil ennemi en déroute,
avec l'acier étincelant de la raison, forgé par l'Infini lui-même et
placé entre vos mains pour votre défense et celle des autres. »

Le clairon sonna – la charge et le combat commencèrent.
Ils firent rage et furent chauds et difficiles ; le sang de l'ennemi
se répandit et coula à flots. Généraux après généraux, les
charges se succédèrent contre l'ennemi, chaud et froid, avec et
sans douleur ; et la maladie et la mort ragèrent et d'une voix
assourdissante crièrent : « Nous sommes conquis et serons
conquis par la science, émanation de l'esprit du Dieu de toutes
les victoires. Nous devons étudier la tactique de l'ostéopathie,
sinon, nous allons perdre bataille sur bataille, car cet ennemi
n'utilise pas de techniques antédiluviennes. »

Et je vis, bataille après bataille, l'ennemi de plus en plus
acculé ; il céda son drapeau en disant : « Les ostéopathes sont les
champions de la loi naturelle et nous devons capituler. Ils disent
que les enfants doivent vivre et mourir après avoir atteint le
grand âge et leur discours doit être bon, parce que nous n'avons
pas de munitions à leur opposer. » Alors je m'éveillai et vis les
diplômés de l'ostéopathie venant à la maison de tous les coins
du globe avec les scalps d'Épilepsie, Rougeole, Coqueluche et
bien d'autres, trophées permettant à ceux qui font confiance aux
armes divines, à tous moments et dans chaque guerre opposant
maladie et santé, de prouver leur qualité de général.

Les conférences et essais dont cela est l'introduction sont
formulés depuis de nombreux milliers d'années. Il y a quarante
ans, j'ai trouvé un parchemin au Kansas ; j'ai essayé de le lire,

---

3. *Richard Jordan Gatling* (1818-1903). Inventeur américain du premier
fusil à tir rapide, le Gatling (1862). Fusil avec un groupe de canons
tournants mis à feu en séquence. [N.D.T.]

sans y parvenir. L'écriture manuscrite était très lisible et la langue correcte, mais j'étais atteint des oreillons de l'ignorance – la fièvre était très élevée, et j'avais la gorge très enflée des deux côtés. Je ne pus avaler le moindre morceau de la grande table dressée au centre de l'Université Divine, couverte des fruits les plus succulents. Je ne pus en profiter car j'étais incapable d'ingurgiter toute solution, même la plus diluée. Je n'étais pas entraîné à raisonner au-delà de la coutume obsolète – le plus grand obstacle de tous les temps.

Mais notre nation a fait mouvement pour rompre les chaînes de l'esclavage, ce qui donna plus de place à la pensée et au discours. Avant cette époque, écrire et dire son opinion sur tous les sujets ne faisait pas partie des droits de l'homme, comme ça l'est depuis la fin de notre guerre. Quarante ans de liberté ont démontré son utilité au monde entier. Toutes les professions ont plus ou moins progressé. Nos écoles ont déployé leurs drapeaux à la tête de la colonne du progrès. Nos théologiens ont élargi leurs idées et sont plus tolérants. Le génie inventif a révolutionné nos systèmes industriels et commerciaux. Nos déplacements sur mer et sur terre, grâce à la vapeur et à l'électricité, ont largement dépassé les rêves d'un Clay [4], d'un Morse [5], d'un Fulton [6], d'un Howe [7] et même d'un Lincoln, lorsqu'il écrivait ces mots : « Éternellement libre, quelle que soit la race ou la couleur. » Je modifie et ajoute « et le sexe ». Depuis que l'heure de la liberté a sonné, l'homme s'est déplacé à la vitesse de la

4. *Henry Clay* (1777-1852). Homme d'État américain qui négocia la paix avec l'Angleterre, et surtout parvint à maintenir par deux fois l'accord entre le Nord et le Sud (1820 et 1850), ce qui lui valut le surnom de Grand Pacificateur. [N.D.T.]
5. *Samuel Morse* (1791-1872). Peintre et physicien américain qui imagina le télégraphe électrique en 1832. Il conçut un alphabet conventionnel qui porte son nom. [N.D.T.]
6. *Robert Fulton* (1765-1815). Ingénieur mécanicien américain qui construisit le premier sous-marin à hélice (le Nautilus) et développa la propulsion des bateaux par la vapeur. [N.D.T.]
7. *Elias Howe* (1819-1867). Inventeur et industriel américain qui conçut les premières machines à coudre (1845-46). [N.D.T.]

plus véloce comète et la nature entière semble plus en harmonie avec son avancement et son confort.

Un traité se propose généralement d'apprendre au lecteur les règles par lesquelles un opérateur expérimenté peut obtenir certains résultats par l'application habile d'un principe scientifique. L'ostéopathie ne peut être transmise seulement par les livres. Elle ne peut pas non plus être enseignée intelligemment à une personne qui ne comprend pas complètement l'anatomie à la fois par les livres et la dissection.

Celui qui ne connaît pas cette branche préliminaire se trouve complètement perdu dans nos salles d'opération. Il n'agit pas avec raison parce qu'il ne connaît pas suffisamment d'anatomie pour étayer son raisonnement. Par conséquent, un traité essayant de dire aux gens comment traiter la maladie à l'aide de nos méthodes serait pire qu'inutile pour toute personne n'ayant pas été entraînée en anatomie. C'est de la philosophie de l'ostéopathie dont l'opérateur a besoin. Par conséquent, il est indispensable que vous connaissiez cette philosophie sinon, vous échouerez sévèrement et n'irez pas plus loin que le charlatanisme du « viser – rater ».

Nous avons un collège qui enseigne et entraîne dans toutes les branches de l'ostéopathie.

La science de l'ostéopathie, comme elle se présente devant le monde d'aujourd'hui, est âgée de vingt et un ans. Ces conférences diront beaucoup sur sa vie mouvementée et son cheminement jusqu'à la place qu'elle occupe aujourd'hui – position de défi, offensive et défensive, car l'ostéopathie a dû conquérir chaque position. Elle ne pouvait pas gagner la place qui lui était due sans offenser personne. Les vieilles théories et professions établies revendiquent le droit de dire qui vivra et mourra et ont revendiqué cette prérogative dès qu'elles se sont senties attaquées par la naissance d'un nouvel enfant du progrès apparaissant sur la scène et demandant à être écouté sans leur autorisation. Alors, se défendre fut inséparable de la croissance de la science parce que sa valeur est au-dessus des jugements, hormis celui de Dieu.

Quelle loi pourrait empêcher une femme d'acheter une

nouvelle robe de peur d'offenser l'ancienne ? Je dirais que même si la robe doit traverser un flot de sang, il faut la laisser venir et laisser l'ancienne grogner. Je dis de laisser la nouvelle venir et, si la valeur de l'ancienne est inférieure à celle de la nouvelle, il suffit de la laisser tranquille. Les vieux poulets ne sont pas toujours les meilleurs.

Imaginez que Mr Gatling soit allé trouver le général Washington pour lui demander la permission de monter au front avec ses batteries et ait reçu une réponse négative. Puis, supposez que M. Gatling se soit détaché du général et de son conseil sentant le renfermé et les ait balayés de la terre en disant : « Puisque le cerveau n'a pas droit au respect, que pensez-vous des balles en essaim ? »

Nous ne sommes pas enrôlés sous une bannière de théoricien. Nous parcourons plaines et montagnes comme des explorateurs, et ne rapporterons que la vérité et seulement après avoir trouvé le fait qui se cache derrière elle et la cautionne.

En tant qu'explorateurs, nous sommes maintenant prêts à rapporter que beaucoup du bas pays, le plus riche, apte aux meilleures cultures, est maintenant accessible et que de vastes plaines s'étendent devant nous, sans même une tente du souverain squatter pour arrêter notre regard.

Cette vaste région n'a pas encore été explorée. Aucune borne n'est mise en place, les frontières n'ont pas été définies, et aucun bureau du territoire n'est ouvert ; mais, sur cette plaine illimitée, nous hissons et faisons flotter au vent la bannière de l'ostéopathie.

Très proches, facilement visibles à la simple jumelle, se dressent les montagnes de la Raison, d'où dévalent vers nous les plus grandes pépites d'or que l'esprit humain ait jamais vues, issues de l'esprit même de Dieu. Nous croyons que toute cette richesse est destinée à la race humaine et peut bénéficier à l'homme. Avec le potentiel productif du sol de cette nouvelle contrée, avec le paysage merveilleux et les hautes montagnes, existe dans chaque pierre du lieu la précision manifestée de l'esprit Divin.

Je vois des nations qui grandissent et périclitent puis, de

nouveau, s'élèvent et périclitent, à la recherche de cette altitude qui leur permettrait de percevoir ou de connaître intimement la superstructure qui se tient au pinacle de la création, explorée seulement sur une étendue limitée. Cette superstructure est le chef-d'œuvre de Dieu et son nom est Homme. Dix mille pièces de ce temple n'ont jamais été explorées par l'intelligence humaine ; et elle ne pourront l'être qu'avec une bonne connaissance de l'anatomie et des mécanismes de la vie.

Sous cette bannière, nous avons recruté. Sous elle, nous nous attendons à marcher et à engager un combat qui couvrira plus de territoire que ne le firent Alexandre, Napoléon, Grant, Lee et Blücher, et à conquérir par les faits un plus grand ennemi que celui jamais conquis par les plus grands généraux du monde, à engager un affrontement d'une plus grande magnitude pour la race humaine qu'aucun effort jamais entrepris pour établir un principe politique, religieux ou scientifique.

Comme les enfants, nous ne prêtons pas attention aux obusiers de la vulgarité chargés jusqu'à la gueule par l'habitude, l'ignorance légalisée et la stupidité cauchemardesque. Nous ne prêtons pas attention aux éructations des fusils braqués sur notre drapeau, à moins qu'il s'agisse de fusils du meilleur acier, de Gatlings, de mortiers, de cuirassés ou de torpilles chargés de la dynamite de la vérité sans compromis. Nous ne pouvons éternellement dispenser des efforts inutiles à essayer de conduire les hommes vers les fondements de la raison ni les forcer à boire ce qu'ils considèrent comme insipide.

Tant qu'un homme est prisonnier de ses habitudes et se satisfait de pêcher éternellement, sans attraper le moindre grain de vérité, il peut, comme Bunyan [8], rapprocher les quatre coins de son vieux drap, prendre sa charge et se balader gentiment. Nous ne débattrons pas avec lui, s'il est satisfait, il n'est pas l'homme que nous cherchons.

8. *John Bunyan* (1628-1688). Prédicateur de l'Église baptiste et écrivain anglais connu pour son *Pilgrim Progress* ou *Voyage du Pèlerin*, conte allégorique sur le voyage d'un chrétien allant de la cité de la Destruction à la Cité céleste à travers les embûches les plus variées. [N.D.T.]

Un mot pour les soldats. Cette guerre sévit durement depuis vingt-deux ans, et aucun soldat, de l'homme de troupe au général, n'a été blessé par l'ennemi ni n'a versé une larme de sang ou senti le frisson de la peur courir le long du dos ou des jambes. Lorsqu'ils furent dirigés contre nous, leurs munitions et leurs meilleurs fusils n'ont jamais fait bouger un muscle ni fait une veuve. Nous nous réjouissons à notre musique, et nous voulons que le Congrès nous accorde le droit au libre commerce parce que nous avons aujourd'hui plus de scalps à vendre que ne peut en acheter un seul marché.

Notre secrétaire à la guerre nous a rapporté que chaque épouse de soldat et le soldat lui-même ont plus à manger et à boire que jamais auparavant, même dans le monde physique, sans parler de la fontaine d'amour et d'intelligence qui tient éternellement cantine ouverte.

Dans notre grande armée de recrues, nous ne voulons pas d'homme ou de femme au cerveau trop exigu ou à la vision trop étriquée pour discerner la victoire se rangeant sous notre bannière, ainsi que la paix et la bienveillance, aujourd'hui et pour toujours.

CHAPITRE XIII

À propos des signes infaillibles – Appel à mon petit prédicateur –
Anxiété dans l'attente d'une réponse – Les charges et spécifications –
La loi divine du doigt et du pouce.

J e me tracassais beaucoup, le jour comme la nuit. Bien que toute ma vie j'ai été doué pour les visions, j'en avais comme jamais auparavant. Je tenais tous les signes pour vrais. Je croyais que si une poule gloussait, quelque chose arriverait ; si, lors de la mue, les plumes de la queue tombaient en premier, il était certain qu'il fallait semer le blé tardivement ; si les plumes de la tête tombaient en premier, il fallait semer le blé très précocement ; J'étais persuadé que voir la nouvelle lune au-dessus de l'épaule gauche était mauvais signe. Oh, vous seriez stupéfaits si je vous parlais de tous les signes que je connais, si je racontais comment, pour mon sevrage, grand-mère demanda à maman d'attendre que le signe apparaisse sur mes pieds, et comment cela se passa mieux pour moi que pour mon frère John, sevré alors que le signe était sur la tête.

Maman ne voulait pas croire de telles balivernes à propos des signes et le faisait savoir à grand-mère. Elle disait : « Je ne crois pas à ces foutaises. » Elle sevra mon frère Jim alors que le signe était sur la tête, et il fut chauve bien avant l'âge potentiel de la calvitie. Après que Maman eut découvert l'utilisation des signes, elle sevra tous les autres lorsque le signe était sur les pieds et les tendons des talons. Elle s'attendait à nous voir trotter, et nous trottions. Mamie n'avait jamais pensé au tendon du talon, jusqu'à ce que maman le nomme. Je crois que nos pieds

149

sont plus grands que ceux de mon frère Jim ; oui, et nos cheveux sont aussi plus longs. Je suis ce que l'on peut appeler un patriote, et je tiens les signes pour vrais. Sevrez-les dans les pieds, à chaque fois, même s'ils sont plus odorants. Me rendant compte que j'accordais beaucoup de crédit aux signes, j'allais voir mon petit prédicateur en choisissant un texte pour qu'il prêche dessus. C'était quelque chose comme cela : « Le Hollandais cherche un signe, les Mexicains cherchent la sagesse, mais nous cherchons tous la vérité et elle crucifie. » Il me demanda ce que je voulais dire par ces paroles. Je lui racontai qu'en 1874, j'avais vu un petit peu de lumière. Cela semblait être très très lointain, puis s'embrasa et partit. Bientôt, elle se rapprocha, clignotant et clignant vers moi, puis devint aussi grande qu'une comète. Parfois, elle s'enfuyait, puis revenait et me narguait de nouveau en criant : « Kickapoo. » À ce moment, je pensais qu'il fallait en finir avec ma torture. Je dis à mon petit prédicateur : « Alors Georges, que penses-tu des signes dont je t'ai parlé ? » Il répondit : « Je crois que c'est l'esprit du mal, conçu par le diable pour t'attirer dans son piège. Cependant, je vais soumettre le cas à Frère D. et te reverrai demain matin ; nous verrons ce qu'il pense de ces signes. »

Les heures de lassitude de la nuit se succédaient lentement, aussi lentement qu'un congrès démocrate traitant du seizième point à débattre. Je pensais n'avoir jamais vu soixante minutes s'écouler si lentement. Les temps passés dans chaque heure de cette nuit aboutirent aux stupides visions des heures matinales. Le coq dressa le cou dans la pénombre et poussa son cri « Cocoricoooo ». Il semblait qu'un siècle s'était écoulé avant que ne retentisse le « cocoricoo », et il fallait encore cinq heures avant que je puisse voir Georges et savoir ce qu'avait dit Frère D. Je n'aurais pas souffert davantage si je m'étais trouvé sur un iceberg en chantant, « Sur les berges tempétueuses du Jourdain, je jette un œil mélancolique ». Je regardais le lent avancement de la pendule du temps égrenant les heures de cette anxiété sans fin et priai pour entendre le coq envoyer sa plainte de trois heures, un canard caqueter, une poule glousser, un mouton bêler, une vache meugler et le vieil homme frapper le sol pour réveiller Joe ou Nancy-Ann, ou toute autre chose qui aurait pu rompre l'écoulement de ces heures interminables. Ainsi, j'étais prisonnier du temps. Enfin, un chien perdu vint sous ma fenêtre. C'était un chien vagabond et il alla vers la porte de derrière pour quémander quelque chose mais pour lui c'était le mauvais moment. Une mère de sept chiots veillait sur sa portée et fonça sur lui furieuse, le poursuivant de ses aboiements jusqu'à ce qu'il disparaisse. Il partit et le coq chanta « Cocorico ! » Je ris tout seul en me voyant dormir parmi les vagabonds et les quémandeurs. Je dormis jusqu'à sept heures du matin comme un alligator en quête de chair fraîche. Je m'éveillai alors et mangeai quelques bouchées. Mon petit prédicateur vint et me dit qu'il venait de recevoir un mot selon lequel Frère D. était vraiment malade. « Cependant, il a envoyé son opinion très détaillée sur ton cas par écrit [1]. » Il souhaite que je te la lise. Je demandai : « Georges, quels sont ces nombres entre parenthèses sur le papier : (premièrement), (deuxièmement), (troisièmement), (quatrièmement), (cinquièmement), (sixièmement), (septièmement), (huitièmement), (neuvièmement), et (dernier) ? » Il me répondit qu'il s'agissait des divisions par sections de l'opinion de Frère D. Alors, il lut :

Baldwin, le 7 juillet 1874

Cher Frère Georges,

Dans les charges contre Frère Still, au paragraphe numéro un, je vois qu'il est accusé de croyance excessive.
Sec 2 – Nous croyons que Frère Still est très sacrilège ; c'est

---

1. Edward C. Still (frère aîné d'Andrew) raconte que lui vivant au Missouri et Andrew au Kansas celui-ci lui écrivait souvent des lettes décrivant ce qui se passait au Missouri, lui demandant si son récit était correct. Edward Still affirme que les récits de son frère étaient toujours corrects (source : E. R. Booth D.O., *History of Osteopathy*, p. 21, Caxton Press, Cincinnati, Ohio, 1905). [N.D.T.]

le pire de tout. Frère T. F. dit que de 55 à 74, il avait un gros pécule de pièces d'or mais, aujourd'hui, il n'a plus rien. Il n'a conservé qu'une mule, et nous le croyons vraiment sacrilège.

Sec 3 – Nous avons compris qu'il a mis de côté un millier de dollars acquis au détriment du pauvre et du déchu et les a déposés à l'Alliance Mutuelle ; c'est une partie de son plan pour obtenir une grande et formidable récompense.

Sec 4 – Prions le Seigneur pour l'éloigner de la récompense méritée, prions longuement et fortement. Nous dirons à tous publiquement que sa croyance excessive le rend coupable de haute trahison. Savez-vous qu'en montrant mon visage du doigt, il a frappé du pied et, avec un regard provoquant, a dit que la loi « divine » était plutôt bonne pour lui ? Ecoutez ceci : je l'ai entendu dire qu'il pouvait prendre la loi divine entre son pouce et ses doigts et stopper la dysenterie, la fièvre, la diphtérie, les oreillons, la scarlatine ou toute maladie du climat ou de la terre. Seigneur, Seigneur, ne l'arrêterez-Vous pas ? N'avez-vous pas créé l'opium, le calomel, le whisky, la quinine, les ventouses et toutes ces médecines pour les hommes ? Mon Dieu, mon Dieu, Vous savez que nos membres les plus généreux possèdent de grands drugstores [2], et que Still va faire fuir les dollars de chez eux s'il est autorisé à continuer ainsi pendant vingt-cinq ans. Le Kentuky pourrait lui aussi sombrer. Toute son industrie du houblon crèvera bêtement. Tenez, Sœur Reyma m'a raconté l'avoir vu de ses propres yeux « prendre un goitre aussi gros que deux œufs de poules et le retirer de son cou avec ses doigts, juste avec ses doigts. » Et elle est sincère ; cela pourrait entraver notre commerce de teinture d'iode, d'herbes des îles des mers du Sud, et tarir de beaux revenus ; le gouvernement devrait l'arrêter car je crois en sa protection.

Il dit qu'il peut frotter une nuque, la tordre d'un quart de tour et rendre un homme ou une femme aussi heureux que s'ils avaient bu du vin. Il dit qu'il peut mettre le vin divin dans de

---

1. *Drugstore* : à cette époque, magasin dans lequel se vendaient toutes sortes de produits. Les drugstores avaient à la fois les caractéristiques d'une droguerie et d'une pharmacie. [N.D.T.]

vieux flacons et leur rendre leur verdeur et les faire sauter de joie. Cela ne peut que mettre la France en colère contre nous. Vous savez que la France s'est toujours montrée très amicale envers l'Amérique. Voyez ce que Lafayette a fait pour notre lutte. On ne doit pas laisser un homme défaire et détruire la moitié de notre industrie, mon frère.

Vous savez que s'il continue comme il a commencé, des milliers de millions de tonnelets de bière, des millions de barils des meilleurs des plus vieux whiskies irlandais, anglais et écossais seront déversés dans la mer, sans personne pour pleurer cette perte. S'il attrape les gens avec cette histoire divine, ils seront dans le même pétrin que les insectes nocturnes lors de l'apparition des lampes à arc, attirés tout sifflant et bourdonnant ; et je crains solennellement, Frère Georges, que les poissons deviennent ivres, se mettent à se battre et que meurent tant de monstres marins que leur décomposition empoisonnera l'air jusqu'à répandre la maladie sur toute la terre, provoquant notre mort à tous. Vous savez que les trois quarts de la terre sont recouverts par de l'eau ; alors, qui peut-il bien traiter avec son pouce et ses doigts et sa loi divine qui n'est que vantardise ? Lui aussi mourra par la puanteur de tous ces poissons morts, baleines, éléphants de mer, phoques, et tout ça à cause de son doigt et de son pouce qui se mêlent de tout. Suffit avec lui, mon salaire est trop faible maintenant.

Mon épouse doit garder des pensionnaires, et qu'adviendra-t-il s'il arrête tant de choses de notre industrie ? D'où tirerons-nous nos ressources ? Depuis que j'ai épousé Katy, il est devenu aussi acerbe à mon égard qu'un loup furieux. Vous savez qu'à cette occasion, nous avions quelques bouteilles de vin. C'était du La Barriers, le meilleur des vins pour un mariage, le meilleur et celui qui procure le plus des joies que peuvent attendre jeunes et vieux Américains. Il a insulté mon épouse et ma fille le lendemain du mariage en disant : « Vous avez tous l'air d'avoir picolé comme des fous. » Et il a dit plus encore : « Vous vous êtes donné du bon temps avec vos vins, mais tout ça n'est que trucage et faribole, braves gens. » Il a rendu mon épouse et ma sœur Betty malades, exactement comme ses propos

l'ont suggéré ; alors il a dit : « Sacs à vin, ha ! » Je n'ai pas aimé
cela et le lui ai dit.

Je demande que Still fasse des excuses, et lui demande
pourquoi il a été si dédaigneux à notre mariage. Il m'a adressé
un sourire et a dit : « Je crois aux signes. Doyen, je crois que le
teint des visages de votre épouse et de votre sœur est le signe de
quelque chose » ; puis il m'a regardé gentiment et drôlement en
disant : « Doyen, pourquoi vos épaules sont-elles aussi hautes ?
Avez-vous des problèmes d'estomac ? Eh bien, je lui ai répondu
que j'avais ce que les docteurs appellent des flatulences. Il a dit :
« Depuis combien de temps avez-vous ces troubles, Doyen ? J'ai
répondu : « Maintenant, excusez-moi. » Il a plus de culot qu'un
chien, pour sûr. J'avais une douleur vraiment vive à l'estomac et
aux intestins, mais je n'allais quand même pas lui avouer ça
pour qu'il y farfouille avec ses doigts et son pouce. De toute
manière, je lui aurais dit que c'était le premier endroit qu'il tou-
chait, plutôt que de le laisser farfouiller. Vous savez, Frère
Georges, que le vin a de tout temps été utilisé dans les mariages,
que le Christ lui-même en a fabriqué une fois, et que Paul en
prenait également un peu pour ses flatulences. Pour l'instant,
Frère Georges, je pense qu'il est trop dur envers nous. Il me rend
aussi furieux que du pop-corn dans une poêle. Quand mon
épouse et petite Betty sont venues à la maison, elles m'ont raconté
qu'il était perché sur une caisse, parlant terriblement fort à propos de tel ou tel signe. Tu sais, papa, il a juste ricané en disant :
« Il y a un autre signe. » Il s'est moqué des dents de maman, prétendant que si une femme aussi jeune qu'elle avait des dents si
marquées, cela signifiait qu'elle avait été malade et que le docteur avait prescrit beaucoup trop de calomel. Alors il a commencé à propos de sa loi divine et des signes jusqu'à m'en
rendre malade. Maintenant, Frère Georges, j'écris une ligne qui
vous est personnellement destinée, et vous demande de la garder pour vous et en dehors de mon opinion écrite sur ce cas, car
les circonstances sont ici plus importantes que les faits. Il se peut
qu'il ait raison à propos de sa loi divine, mais nous devons pro-
gresser en utilisant beaucoup de mesures de protection. Vous
savez qu'il serait préférable de le rendre impopulaire car notre

viande et notre pain en dépendent en ces temps de votes ; par conséquent, laissons le mal continuer, le bon pourra en sortir.

Sec 5 – Je pense, Frère Georges, avoir maintenant un indice, qui devrait nous aider beaucoup à manipuler cet ange déchu : il est fils de pasteur méthodiste, et certains d'entre eux sont de sacrés mauvais bougres. Je désire donc vous affranchir sur leurs méthodes pour que vous puissiez les combattre plus efficacement. Tout d'abord, il hait et craint l'alcool plus que tous les diables et l'enfer réunis. Ce n'est pas un homme policé : il dit tout ce qu'il pense quitte à mourir dans la tentative. Il hait le tartufe, le menteur, le voleur, le fanfaron, l'hypocrite et le fainéant, homme ou femme. Il paie toutes ses dettes et il est bon pour le pauvre, gagne facilement de l'argent, est probablement le meilleur anatomiste vivant actuellement. Il sait ce qu'il dit et ne dit que ce qu'il sait. Maintenant, vous connaissez ses points faibles et vous devrez le rencontrer à découvert. L'enrichissement de l'esprit est le leurre des idiots. Bien, Frère Georges, nous pouvons maintenant combattre le docteur avec plus de succès (si le combat est nécessaire), je crois qu'il serait judicieux d'obtenir son opinion écrite sur quelques questions très importantes que nous aurions arrangées, et je crois qu'il y répondra gentiment. J'ai ouï dire qu'il est très bavard. S'il vous plaît, demandez-lui ce qu'il pense de nos églises et notez soigneusement sa réponse.

Le docteur dit : « Eh bien Georges, lorsque je considère les églises du monde dans leur ensemble, je ne vois pas leur utilité. Je pense qu'il y a du bon et du mauvais en chacune d'elles. Je vois des fleuves de sang s'écouler de la plupart d'entre elles et plus encore à venir. Je considère qu'elles ont un effet clandestin, et sont bien loin des grands besoins du monde. Être méthodiste signifie haïr le campbelliste, et être campbelliste, signifie haïr le baptiste, etc. ; et tous doivent s'unir pour combattre les catholiques romains. Je crois que le principe donné à l'homme se situe bien au-dessus de toutes les églises : c'est l'Amour pour tout le genre humain, âme, corps et esprit ; c'est une loi de Dieu et un cadeau qu'il a fait à l'homme. Ce sont des fleuves qui ne sont pas souillés de sang, donnés à l'homme pour se désaltérer au cours

des temps de toute l'éternité. Ma confiance repose entièrement sur la bonté et l'amour de Dieu et s'appuiera toujours dessus, en dehors de toute organisation d'églises.
– Que pense Still de l'idée de Dieu personnel ?
– Eh bien je lui ai posé toutes les questions à ce propos.
– Qu'a-t-il dit ? »
– Il dit qu'il y aurait moins d'idiots congénitaux et moins consécutifs à la naissance si on laissait les gens tranquilles et il ajouta : "Je crois qu'aucun homme n'a jamais vu Dieu et le plus grand homme vivant aujourd'hui ou ayant vécu dans le passé ne possède ni l'esprit ni la méthode qui lui permettraient de le saisir suffisamment pour l'amener au-delà du domaine de la stupéfaction, de l'émerveillement et de l'admiration" et il dit que lorsqu'il étudiait l'anatomie de l'homme et les lois gouvernant la vie animale, il expérimentait quelques milliers d'années dans la plus jeune classe de l'école de l'infini. À présent, il désire laisser cette question avec celles déjà connues. »

Bien, Frère Georges, je dois encore vous demander d'être très attentif et de ne pas rendre cette partie publique : je ne sais pas exactement quoi dire ou faire. Ce qui va être exprimé maintenant doit demeurer entre nous et j'espère que vous le recevrez comme tel. Je vais vous raconter.

Je me suis déguisé et me suis rendu à leur siège central pour évaluer la soi-disant science de l'ostéopathie. Je fus accueilli à la porte par un concierge, et lorsque je lui demandai comment découvrir cette merveilleuse science, il me conduisit au bureau du secrétaire pour y recevoir toute l'information nécessaire. Pendant que j'interrogeais le secrétaire, une dame est venue pour arranger un traitement mensuel. Elle était là depuis deux semaines et se sentait beaucoup mieux. Elle souffrait d'asthme, de troubles cardiaques, de constipation, d'épilepsie, et de crampes dans les deux pieds. Au moment où elle reçut son billet, je reconnus mon épouse à la bague qu'elle portait au doigt. Mon cœur s'est emballé. J'ai ressenti une sensation de choc dans la gorge et suis tombé sur le sol, inconscient. Je fus amené dans une des salles de traitement et ramené à la conscience par la loi divine « du pouce et des doigts ». Nous avons mis bas les masques et avons été conduits dans le bureau privé du découvreur.

La toute première chose qu'a dit le docteur à notre entrée, fut : « Hello, doyen. Je disais à mon épouse qu'un étranger devait venir pour dîner, parce que le coq bien gras est venu dans l'embrasure de la porte et a chanté deux fois, puis a fait un tour avant d'aller picorer ; je lui ai dit que c'était le signe que quelqu'un devait venir pour dîner. Grand-mère disait que lorsque le coq allait picorer juste après avoir chanté, ce signe ne trompait jamais. Vous voyez, il a chanté deux fois, ce qui signifie votre épouse et vous. Mon chien m'a presque fait crier, il a hurlé de manière pitoyable deux fois la nuit dernière. J'ai dit à mon épouse que c'était un signe qui ne trompait jamais. Nous allions bientôt apprendre la mort d'amis parce que le chien a hurlé deux fois. Alors, doyen, comment vont les choses à Baldwin ?

– Tout va bien.

– Comment va ce vieil ami H ?

– Pourquoi ? Il est mort.

– Comment va l'ami C ?

– Il est mort également.

– Je pourrais maintenant dire à maman de ne pas trouver étonnant que notre chien hurle. Il a hurlé deux fois de manière particulièrement pitoyable et le doyen me dit que les amis H. et C. sont morts tous les deux, et grand-mère dit : "Les signes ne se trompent jamais." »

Sec 8 – Bien, Frère Georges, l'accusation du point huit est « trop de divin » et ses disciples nous ont roulés et étirés, moi et mon épouse, je déclare que je ne sais pas quoi faire. Je me suis senti si bien après leur traitement que je me suis inscrit pour un traitement de quinze jours. Avez-vous égaré ma perruque ?

– Non, vous aviez votre chapeau à chaque fois que vous êtes revenu. »

Eh bien, Frère Georges, j'enlève ma perruque au moment de mon traitement par mesure de prudence vis-à-vis du secrétaire. Je pense qu'une confession sincère est bonne pour l'âme.

CHAPITRE XIV

La grande vision – Une merveilleuse procession – Assemblée pour le bénéfice de la race humaine – Guerre – Défaite – Capitulation – Les docteurs en conseil – Forceps et déchirure – Un espion dans l'ostéopathie – Une artère dérangée et le résultat – Le système de la nature en obstétrique – L'ostéopathie définie – Fouet de la quinine pour chasser la fièvre – Le corps calleux – Corpuscules – Les équipements des chirurgiens de Fremont – Comment Dieu se manifeste.

Dès ma prime jeunesse, j'ai eu des visions nocturnes et je désirerais décrire l'une d'elles, aussi bien que possible. Mon pouvoir d'évocation est peut-être trop faible, mon aptitude à décrire par les mots trop limitée pour communiquer à votre entendement les images que j'ai vues nuit après nuit. C'est la vision la plus intéressante, celle qui a troublé mes rêves de la naissance jusqu'à aujourd'hui. La salle dans laquelle le panorama semble se dérouler est aussi vaste que la pensée, aussi étendue que tous les âges du passé. Ses sièges sont innombrables, comme le sable de la mer. Ses allées sont unies aux plus grandes parties de la terre et convergent toutes au même endroit. J'ai l'impression d'être simplement un spectateur. Je vois des légions de magnifiques attelages, carrosses, fiacres, bicycles, cavaliers, valets de pied et chaises roulantes avec leurs préposés.

Et tous ces véhicules ou moyens de transport sont chargés à plein d'hommes de tous âges, à la fois du passé connu et du passé oublié. Avec des scalpels brillants de toutes formes, des pinces à épiler, des tenaculums [1], des sarbacanes, et des microscopes

---

1. *Tenaculum :* aiguille recourbée montée sur un manche, utilisée pour saisir les artères rétractées dans les tissus pour les ligaturer. [N.D.T.]

de la plus grande puissance connue, ils descendent tous de leurs différents moyens de transport. Ils se reposent, festoient et dorment au cours des heures fraîches de la nuit, se réveillent tôt le lendemain matin, prennent leur petit déjeuner, pratiquent leur exercice matinal et, au son du clairon, se rassemblent.

Le président, un gentilhomme très digne et très âgé, arrive, énonçant l'objet de la réunion. « Nous avons essayé de formuler une méthode scientifique pouvant exister au cours des âges à venir, et nous permettant de combattre les maladies de la terre qui font leur proie de trop d'individus de la race humaine en les détruisant prématurément. J'ai à énoncer une conclusion fondée sur des témoignages faits sous serment, provenant de tous les âges et de toutes les écoles médicales : leur base est totalement non scientifique et non satisfaisante si l'on considère les conclusions fondées sur les résultats de tous les conflits ayant opposé la maladie à la santé.

« Toutes les victoires sont du côté de ce champion qui ne connaît pas la défaite, et dont le nom est Tsar de la Mort. Nous avons réquisitionné des brigades, des divisions et des nations, rencontré l'ennemi à découvert avec, comme seuls résultats, la perte de nos drapeaux et la mort de tant d'êtres aimés. » Une idée nouvelle germe au sein des légions réunies, selon laquelle les victoires ont échappé à cause de l'utilisation vaine des médicaments prescrits et utilisés par toutes les écoles. Une résolution est adoptée par toute la congrégation décidant de ne rencontrer l'ennemi qu'avec « les couteaux de la chirurgie standard ». La bataille fait rage et la plainte sur la mort grandit. Les lamentations semblent l'emporter et les cœurs saignent. Un armistice est demandé. Un autre général apparaît, avec l'apparence de la grandeur, lui-même armé jusqu'aux dents avec tous les instruments souhaitables pour l'occasion, et dit : « Je crois que je peux affronter et vaincre la maladie. »

Alors, le président frappe fortement sur la table avec son marteau et dit : « Nous devons obtenir la vérité et nous exigeons qu'elle soit étayée par des faits, sinon elle ne pourra pas être consignée dans le rapport final de cette assemblée, dont l'objet est la tactique de tous les généraux de renom. Nous sommes chagrinés et las des guerres de mots, des défaites, des capitulations, des lamentations ! À la date d'aujourd'hui, nous n'avons enregistré aucune victoire à l'actif des drogues, et très peu de victoires à l'actif de la chirurgie, la plupart des opérations étant réalisées pour la rémunération plus que sur la justification de vérités connues. Si ce congrès de penseurs désire être bienveillant et libéral envers tous, avec seulement un mince espoir d'abattre l'implacable main de la maladie, le président dira : "Faites, docteur, et dites-nous les faits que vous croyez posséder. Souvenez-vous qu'aucune expérimentation pouvant coûter la vie ne sera dorénavant acceptée par ce comité mondial. Les règles adoptées pour cette réunion disent que toutes les théories doivent être et seront prouvées, vraies ou fausses, par celui qui les propose ; avant de pouvoir être inscrites sur le rapport spécial de ce conseil, il devra se soumettre au traitement selon les principes du système qu'il propose et proclame vrai. Et je vous avertis tous que ce conseil ne s'ajournera pas tant qu'un système de guérison n'aura pas été adopté, reposant sur la loi qui n'a pas de commencement et demeure la même, éternellement.

« Tous les orateurs, représentant n'importe quelle société de guérison, seront patiemment écoutés par cette assemblée. Ils auront tout le temps nécessaire pour donner l'historique, les notes et les observations concernant les personnes malades qu'ils ont rencontrées et qu'ils savent avoir été guéries, tuées, ou blessées chroniquement par leurs méthodes. Tout docteur devra prêter serment avant d'être interrogé. La punition pour parjure sera une goutte de poivron rouge versée dans chaque œil de celui qui raconte un mensonge à propos des merveilleuses guérisons faussement rapportées, ou pour chaque mort qu'il aura provoquée avec son scalpel ou ses drogues.

« Allez-y, docteur, vous avez la parole. Maintenant, nous voulons le bon et le mauvais de tous les systèmes et leurs vérités. Nous la voulons et l'aurons ou bien nous vous poivrerons les yeux, jusqu'à ce que vous trouviez et disiez toute la vérité. Dites comment vos remèdes affectent le corps, les os, les dents et l'esprit, ou bien, nous vous poivrerons les yeux pour stimuler votre cerveau. Quelqu'un nous a parlé très récemment, qui se faisait le champion du système de la chirurgie des orifices, selon lequel on peut agir sur le cerveau en stimulant les nerfs terminaux ; sa théorie doit être justifiée ou disparaître, après avoir été complètement testée, comme le veulent les lois adoptées pour la tenue de cette assemblée, qui conduit toutes les assertions à être testées de manière décisive, connue sous le nom de test des fruits-de-l'arbre." »

Le juge dit : « Cette réunion va maintenant s'interrompre pour repos et rafraîchissement. Avant que vous ne partiez, je dirai que je désire voir la commission sur l'allopathie se reposer quatre jours et se réunir le cinquième. Chaque homme doit s'armer du filtre mental le plus fin, que rien ne puisse traverser en dehors des faits véridiques. J'ai juré aux gens qui m'ont envoyé à cette commission d'enquête de rapporter à mon retour des vérités et non des assertions, et une analyse attentive doit me permettre de savoir si la vérité présentée à mon retour est chimiquement pure, et en exacte conformité avec les lois connues de la nature, qui ne peuvent provenir que de l'esprit de l'infini. Rien d'inférieur n'est recevable. De mon rapport dépend notre longévité, car nous avons affaire à des gens jaloux et enragés. Nous devons être capables de rapporter les choses afin qu'aucun doute ne demeure dans leur esprit à propos des méthodes de soulagement. Je viens de lire une lettre émanant de notre comité de Chicago évoquant quatre-vingts naissances dans lesquelles les forceps ont été utilisés, provoquant dans quarante-trois cas des déchirures de deux centimètres et demi ou plus ; toutes ces patientes ont dû être chloroformées pour être opérées chirurgicalement. Personne ne sait combien sont mortes à cause du scalpel et des gaz toxiques.

« Je vous dis que la coupe de l'indulgence est presque tarie et qu'une furieuse explosion est sur le point de se produire, mais ce conseil peut faire beaucoup pour l'écarter. Nous devons nous éveiller et agir, ou bien souffrir.

« Un rapport de notre secrétaire dit qu'il a écrit pour obtenir de l'information sur une nouvelle théorie appelée ostéopathie, qui a délivré près de cinq cents mères sans la moindre déchirure, ni l'utilisation de forceps ou de drogues. Et pas de décès, pas de travail ayant duré plus de quatre heures. Je vous le dis, hommes et frères, j'ai placé un espion dans leur camp et sur les traces de l'ostéopathie pendant cinq années. C'est absolument et merveilleusement vrai et ses succès sont maintenant plus ou moins connus des gens qui lisent ; et ce fait connu augmente le danger dans lequel nous nous trouvons.

« À ce jour, l'ostéopathie a été légalisée dans beaucoup d'États et constitue un formidable système qu'il est dangereux d'affronter avec les seules armes de la tradition.

« Vous et moi savons que tels que nous sommes armés actuellement, nous ne pouvons faire face aux vérités. Nous devons changer, ou tomber ou nous pendre par le cou jusqu'à ce que mort s'ensuive et que nous soyons enterrés par notre système condamné qui tue plus qu'il ne guérit. »

En l'année 1874, j'ai proclamé qu'une artère perturbée marquait le commencement permettant tôt ou tard à la maladie de semer ses germes de destruction dans le corps humain. Cela ne peut exister que si le courant du sang artériel, qui par nature est destiné à nourrir chaque nerf, ligament, muscle, peau, os et l'artère elle-même, est interrompu ou suspendu. Celui qui désire résoudre avec succès le problème de la maladie ou de la difformité, quelle que soit sa nature, doit, dans tous les cas sans exception, trouver une ou plusieurs obstructions au sein de quelque artère ou veine. Très tôt, cette philosophie a pour moi résolu le problème des tumeurs malignes et permi leur résolution par la restauration d'un flux artériel normal qui, une fois obtenu, amène le sang vers la circulation veineuse pour son retour et son renouvellement après que le processus de rénovation a été terminé par les poumons, les émonctoires et le système poreux. La fièvre, la dysenterie, les maux de tête, les troubles cardiaques et pulmonaires, la rougeole, les oreillons, la coqueluche et toutes les maladies rencontrées et traitées depuis cette époque ont prouvé à mon esprit que cette règle ne souffre aucune exception. La règle de l'artère est absolue, universelle ; elle ne doit pas être obstruée au risque de voir apparaître la maladie. J'ai proclamé ici ou là que les nerfs dépendent tous entièrement du système artériel pour leurs qualités telles que sensation, nutrition et mouvement, alors même que, par la loi de réciprocité, ils fournissent force, nutrition et sensation à l'artère elle-même, et j'ai proclamé ultérieurement que le corps de l'homme est la pharmacie de Dieu et comprend en lui-même tous les liquides, drogues, lubrifiants, opiacés, acides et antiacides, et toutes sortes de drogues que la sagesse de Dieu a pensées nécessaires au bonheur et à la santé humains.

Sur ces fondements et leurs enseignements, j'ai exposé le système obstétrical de la nature, qui ferait rougir et rendrait honteux de son ignorance un représentant de cette science ; il ne devrait jamais se rendre coupable d'accepter tant de stupidité et d'ignorance des lois de la parturition, comme d'utiliser les forceps brutaux chez une femme normalement constituée, entraînant la mort de l'enfant, la torture et les déchirures de la mère. En voyant de par le pays ces pitoyables choses appelées mères ruinées pour la vie, je me suis souvent demandé si un homme possède un cœur de brute ou l'intelligence d'un humain, qui peut infliger une telle torture, puis abandonner sa victime dans une condition la contraignant à se soumettre au scalpel du chirurgien et au mortel éther – opération encore beaucoup plus dangereuse –, avec un tout petit espoir de bénéfice. Tels sont les enseignements des systèmes qui dominent actuellement l'obstétrique dans tous les mondes civilisés. L'ostéopathie dit que si cela représente la civilisation et la technique, que représentent donc la brutalité et l'ignorance ?

Je souris lorsqu'un jeune ostéopathe dit : « J'ai pris l'ostéopathie des mains du *Vieux Docteur* [2] au point où elle était arrivée, et j'ai fait beaucoup de nouvelles découvertes. » Je suis fier de savoir que le Rip Van Winkle [3] sommeillant en lui s'est

2. *Vieux Docteur* : surnom amical donné à A. T. Still par ses élèves et ses patients.
3. *Rip Van Winkle* : personnage central d'une nouvelle allégorique écrite par Washington Irving, publiée en 1819. Rip Van Winkle était le simplet d'un village de la vallée de la rivière Hudson. Chassé de sa maison par son épouse acariâtre, Rip but un breuvage qui le fit dormir pendant vingt ans. Lorsqu'il se réveilla, son épouse était morte, per-

réveillé, pour découvrir que son vieux fusil repose à côté de lui depuis vingt ans. Il n'a pas appris à l'école tout ce qui lui était destiné, et ce qu'il a pu apprendre n'a pas disparu dans la quête du mirifique dollar avant qu'il ait absorbé un peu de jus de raison, ce qui arrive toujours, après vingt mois ou plus d'entraînements très précis dans la philosophie de l'artère. J'ai fait cette découverte il y a plus de vingt-quatre ans. Ses applications peuvent être plus profondément comprises aujourd'hui, mais la philosophie demeure, éternellement. [4]

Le point où je commence n'a que peu d'importance car le sujet de la vie n'a pas de commencement et il est en tout point d'un égal intérêt. Le lecteur est avide de connaître quelque chose de cette science qui porte un nouveau nom peu familier. Il désire savoir si son découvreur est intelligent et si la science elle-même a de la valeur.

Vous vous demandez ce qu'est l'ostéopathie ; vous regardez dans le dictionnaire médical et trouvez comme définition : « maladie des os ». C'est une grave erreur. Ostéopathie est composé de deux mots, *osteon*, signifiant « os », et *pathos, pathein*, « souffrir ». Elle présume que l'os « osteon » est le point de départ à partir duquel j'ai établi la cause de conditions pathologiques, puis j'ai combiné osteo- avec -pathie d'où a résulté ostéopathie. [5]

sonne ne le reconnaissait et il s'aperçut qu'il avait dormi pendant toute la durée de la révolution américaine. [N.D.T.]
4. Son incorporation des concepts de l'évolution au sein d'un simple système de traitement assura le fondement de la nouvelle science, pour laquelle il cherchait maintenant un nom adéquat. Comme la théorie de l'évolution et les techniques de reboutement trouvaient leur origine dans la discipline anatomique, il était logique que Still se dirige vers un nom suggérant la structure osseuse de l'homme.
5. Un professeur de l'université Baker, le Dr Sweet, vint à Kirksville en 1885 pour y être traité par Still. S'appuyant alors sur une combinaison du grec *osteon*, signifiant « os » et -pathie, signifiant « souffrance », Still demanda l'opinion de Sweet sur le nouveau nom qu'il venait de choisir. Immédiatement après être rentré à Baldwin City, Sweet écrivit : « C'est le meilleur nom que vous puissiez lui donner. Il couvre le sujet beaucoup mieux que les mots allopathie, homéopathie et éclectisme. »

Le corps humain est une machine animée par une force invisible appelée vie et pour qu'il soit animé harmonieusement, il est nécessaire qu'existe la liberté pour le sang, les nerfs et les artères de leur point d'origine jusqu'à leur destination.

Supposez qu'aux confins de la Californie, existe une colonie de gens dont la survie dépend de votre arrivée avec un chargement de denrées pour les nourrir. Vous chargez votre chariot avec tout ce qui est nécessaire pour soutenir la vie et vous partez dans la bonne direction. Jusque-là, tout va bien. Mais voilà que vous vous perdez en route et êtes tellement retardé que votre stock de provisions s'est gâté. Même si vos amis ne meurent pas de faim, ils connaîtrons sans doute la disette.

Ainsi, si les canaux d'approvisionnement du corps sont obstrués, et que les courants distributeurs de vie n'atteignent pas leur destination en transportant tous les corpuscules de vie, la maladie peut s'établir. Que fait le docteur en pareil cas ? Comme un moricaud utilise le fouet pour forcer une mule infirme à le transporter, le docteur en médecine tente d'utiliser le fouet de la quinine ou autre stimulant, pour conduire le sang à travers le corps. Par application trop sévère du fouet morphinique, la vie est parfois conduite à la mort.

En de telles circonstances, un ostéopathe enlèverait l'obstruction par l'application des lois infaillibles de sa science, et l'aptitude de l'artère à accomplir le travail nécessaire ferait le reste. Un cheval a besoin de force et non d'éperon pour transporter une lourde charge, de même, pour accomplir le meilleur travail dont il est capable, un homme a besoin de liberté dans toutes les parties de sa machinerie et de la puissance résultant de la perfection au sein de son corps. Après que le cœur ait reçu le sang, il l'envoie au cerveau, peut-être pour s'approprier la connaissance.

En regardant un crâne, on pense : « Quelle vaste cavité ; quelle quantité de cerveau j'ai ! » On dit Webster [6] a « presque un demi-boisseau [7] ».

6. *Noah Webster* (1758-1843. Lexicographe américain dont le *Livre d'orthographe* (Spelling Book) de 1783 définit l'écriture standard de

Du contenu du crâne, cinq cents grammes sont utilisés pour la pensée, le reste génère la puissance pour les nerfs. La nature n'est pas suffisamment oublieuse pour envoyer le sang au cerveau pour la sagesse sans penser à disposer là d'un approvisionnement. L'intelligence de Dieu n'est pas mesurable, et beaucoup de preuves existent montrant que la connaissance est communiquée à un corpuscule du sang avant qu'il n'accomplisse son œuvre.

Chaque corpuscule va, comme un homme au sein d'une armée, qui possède toutes les instructions sur sa destination et, avec une infaillible précision, accomplit son travail – qu'il intervienne dans la constitution d'un cheveu ou à l'emplacement d'une délicate goutte de teinte à un endroit précis d'une plume de paon.

Dieu n'a pas estimé nécessaire de créer ces points de couleur un par un ; il a simplement doté les corpuscules d'esprit et, obéissant à sa loi, chacun de ces soldats de la vie va comme un homme d'armée, muni de toutes les instructions concernant le devoir qu'il doit accomplir. Il va son chemin tracé sans interférer avec le travail des autres. Maintenant, en affirmant que chacun des cinq millions de corpuscules contenus dans une simple goutte de sang sait ce qui est attendu de lui, vous pensez sans doute que je vais affliger Dieu. Est-ce un blasphème ? Non. Tout comme les troupes du général Cook obéissent à son commandement sans hésitations, l'infanterie divine, profondément pénétrée par Sa mentalité, va de l'avant pour accomplir la mission qui lui a été assignée avec une obéissance sans faille.

Qui oserait affirmer que Dieu est inférieur en puissance à un homme, Sa propre création ?

En parlant de l'armée, laissez moi vous dire que j'ai servi

l'américain. Son œuvre majeure est le Dictionnaire américain du parler anglais, dont la première publication date de 1828. [N.D.T.]
7. *Boisseau* : ancienne mesure de capacité pour les grains et matières analogues, restée en usage dans les pays anglo-saxons pour les céréales ; récipient, instrument de mesure de cette capacité (Le boisseau de Paris contenait environ 12,5 l). [N.D.T.]

en tant que chirurgien sous les ordres de Fremont [8] et que je sais de quoi je parle lorsque je dis que l'équipement de la trousse du chirurgien était complet lorsqu'elle contenait du calomel, de la quinine, du whisky, de l'opium, des chiffons et un scalpel. Si un patient avait un pied dans la tombe, et un demi-litre de whisky dans une bouteille, le docteur devait travailler aussi dur pour faire sortir le whisky de la bouteille que pour maintenir le pied hors de la tombe.

Les hommes du corps médical administrent du vieux bourbon innocemment, dans le but de stimuler l'estomac, et il en résulte qu'au cours du temps, beaucoup d'hommes deviennent des alcooliques roulant dans le fossé. C'est le système qui est incorrect. Comme l'enfant suit les avis de sa mère, l'étudiant en médecine tient compte de l'enseignement de son université. Il la quitte, instruit pour donner tant de gouttes d'un certain liquide pour exciter les nerfs, et tant de gouttes d'un autre pour les calmer et ainsi de suite, pour tout ; le chemin à suivre est pour lui tout tracé. Si, après diagnostic, pronostic et prescription, le patient empire, alors le vin et le whisky sont administrés pour aider à remonter les forces de vie défaillantes. Lorsque dans cette même école, un conseil se réunit, il recommande son enseignement. C'est de cette manière que le penchant pour les boissons fortes est instillé chez beaucoup d'hommes et je vous dis que, si notre fléau national qu'est l'alcoolisme continue encore sur une période de cinq cents ans, Dieu devra envoyer des gens dans un ballon pour repeupler la terre, qui aura dégénéré sous l'influence du whisky, d'un monde de beauté vers une étendue déserte.

Mon père était un fermier progressiste, et il était toujours prêt à laisser de côté une vieille charrue s'il pouvait la remplacer par une autre mieux adaptée à son travail. Durant toute ma vie, j'ai toujours été prêt à acheter une meilleure charrue. Ainsi,

8. *John Charles Fremont* (1813-1890). Explorateur, soldat et politicien américain qui explora et dressa la carte de la plus grande partie de l'Amérique de l'Ouest et du Nord-ouest, sénateur de Californie (1850-51) et candidat à l'élection présidentielle de 1856. [N.D.T.]

lorsque j'ai trouvé un chemin pour sortir de la grande ivresse de l'ignorance et de la superstition dans lesquelles nous étions nés, de la croyance que Dieu est un mauvais mécanicien et a besoin du secours de la médecine, j'étais prêt à marcher sur le chemin le plus éclairé. Je me rends pleinement compte à quel point le vieux chemin était dangereux, lorsque je me rappelle comment on s'y prenait pour me faire ingurgiter une dose d'huile de ricin : il fallait me tenir le nez et me fesser. On demandait alors à Dieu de bénir les moyens utilisés pour ma guérison, et je suppose que cette requête incluait à la fois le produit et le flacon.

L'ostéopathie ne doit pas regarder un homme comme un criminel devant Dieu, devant vomir, être purgé et être rendu malade ou fou. L'ostéopathie est une science qui analyse l'homme et découvre en quoi il participe de l'intelligence divine. Elle connaît tous ses attributs ; et si celui qui l'étudie fait correctement son travail, et va de par le monde avec le cerveau plein de ses enseignements, au lieu d'avoir les poches pleines de graines de cardamone, il découvrira grâce à ses résultats que son principe est infaillible.

Dieu se manifeste dans la matière, le mouvement et l'esprit. Etudiez soigneusement ses manifestations.

CHAPITRE XV

Différentes maladies – Normal et anormal – Nerfs et veines –
Tout les combien traiter – Ne meurtrissez pas les muscles –
La batterie et le moteur – Attention aux vautours.

P uisque la science connue sous le nom d'ostéopathie m'est
attribuée, je suppose que je suis aujourd'hui le plus vieil ostéopathe sur terre [1]. Je pense également être celui ayant accordé le
plus d'attention à l'étude des principes de cette science, plus que
toutes les personnes réunies vivant aujourd'hui. Etant la tête de
cette institution, il est de mon devoir de porter à votre connaissance les faits que j'ai découverts par la pratique et l'observation, au cours des vingt-cinq ans de combats contre toutes les
sortes de maladies de ce climat ; également mes observations en
obstétrique et dans les maladies de la femme, de l'enfant, les
maladies contagieuses telles que la rubéole, la coqueluche, et
ainsi de suite – la liste est longue –, aussi bien que les maladies
des différentes saisons de l'année. Je crois que mes observations
engloberont plus de cent mille cas. Avec ce vaste champ d'observation, je pense pouvoir dire comment et quand traiter avec
succès et comment et quand traiter sans succès, la quantité et la
qualité de la juste force à appliquer et quels effets, bons ou mauvais, attendre des méthodes de traitement judicieuses et non
judicieuses. Au cours des une à trois années que l'étudiant passera à travailler avec moi dans les cliniques, ma connaissance
expérimentale me permettra chaque jour de l'instruire en

1. Ceci est écrit en 1898. [N.D.T.]

ostéopathie et le mettre en garde. Il existe quelques maladies, et elles sont très peu nombreuses, nécessitant deux traitements par semaine ; d'autres, un traitement par semaine et quelques autres, seulement toutes les deux semaines. En fait, un grand nombre de traitements ne devront pas être donnés avant un moment, selon l'avis du praticien. Il devrait être instruit à toujours se souvenir que l'exactitude du travail, une fois obtenue, est ce qui produit le succès recherché, indépendamment du nombre de fois que le patient est traité. Lorsque vous connaissez la différence entre la structure normale et l'anormale, vous avez appris la première question incluant toutes les autres puisque vous devez prendre le cas anormal pour le ramener vers la normale, le laisser reposer, et être satisfait en le quittant. Ne laissez jamais votre cas tant que vous n'avez pas obtenu de tels résultats. Pour pouvoir approcher intelligemment l'anormal, il est donc primordial de familiariser votre œil et votre main avec le normal. Nous voulons d'abord sur vos épaules une tête normale, avec des principes normaux, alors, on pourra amener devant vos yeux un cou, un bras, une colonne, des membres ou une poitrine anormaux et vous pourrez raisonner par comparaison, parce que vous aurez le normal comme fondement pour appuyer votre comparaison à l'anormal.

Mes observations m'ont appris qu'en cas d'asthme, par exemple, traiter plus fréquemment qu'une fois par semaine ou toutes les deux semaines est une procédure dangereuse, et trahit l'ignorance du soi-disant philosophe. Par mon expérience, je suis bien placé pour savoir de quoi je parle sur cette question et si vous désirez réussir avec cette science, je vous exhorte à tenir compte de certaines choses que je connais et réclame de vos mains. Vous devez connaître la cause d'une maladie et être capable de la dissiper. Vous connaissez le trajet d'une artère, d'un nerf et d'une veine et avant d'ôter les mains du patient, vous devriez savoir que vous avez retiré toutes les obstructions sur le trajet du nerf, de la veine ou de l'artère qui donne force et nutrition à l'endroit affaibli. Utilisez suffisamment de force pour enlever toutes les obstructions ; soyez attentifs à ne pas meurtrir les parties les plus délicates, telles que les glandes, et les membranes,

172

parce qu'une tête ignorante et une main lourde peuvent meurtrir un rein, une rate, une vésicule biliaire, un épiploon ou quelques lymphatiques.

Rappelez-vous que vous ne devez meurtrir aucun organe délicat, ce que vous risquez de faire et ferez si vous agissez sans jugement et travaillez en force avec des traitements trop fréquents. Un traitement appliqué judicieusement et sagement une fois par semaine est suffisant dans tous les cas de maladie de foie. Je ne veux par dire par là qu'un bourrage ignorant sur le côté du foie et qu'un malaxage des intestins comme ferait un taureau avec ses cornes sur une meule de foin peuvent être considéré comme un traitement. Une tête intelligente apprend vite qu'une main légère et un mouvement doux permettent d'obtenir le résultat désiré. Lorsque vous vous occupez d'un foie malade ou de tout autre organe ou partie du corps, souvenez-vous que l'officier qui commande en chef est l'artère d'approvisionnement, qui doit être assistée par le nerf du mouvement et la veine de la régénération. Lorsque ces trois principes sont pleinement contrôlés et que vous savez ce que vous avez fait de nécessaire dans ce but, alors dites à votre patient : « Dans une semaine, je vous examinerai et vous traiterai à nouveau, » et vous verrez à ce moment-là que votre travail n'aura pas été inutile ou n'aura pas été anéanti par les contraintes ou autre chose. Alors, vous aurez la possibilité d'aller plus loin dans votre traitement, parce que les tissus environnants et les fibres délicates auront eu la possibilité d'être libérés des fluides morts et inactifs, et auront pu prendre quelque nutriment. Au fur et à mesure que le cas progressera, vous pourrez aller plus loin, avec un traitement plus étendu, en gardant toujours les yeux fixés sur l'ensemble du système nutritionnel qui peut faire beaucoup pour la rénovation.

Toute lavandière comprend le bon sens de cette affirmation. Elle extirpe d'abord la crasse du vêtement pour ensuite l'empeser avec l'amidon nourricier, comme toute femme de bon sens. Lorsque vous avez lavé le corps de toute sa crasse, évacuée par les émonctoires, vous êtes alors prêts pour le nourrir par les artères.

173

Comparé aux vingt-quatre années dévolues à l'étude de la mécanique de la vie humaine, dans le but de savoir ce qui est normal et ce qui est anormal, il ne reste aujourd'hui que quelques heures. J'ai commencé avec la structure osseuse ; puis, j'ai examiné ses insertions ligamentaires, ses arrangements pour les muscles et leurs insertions ; les organes, les vaisseaux et les divisions qui participent à la construction des os, muscles, ligaments, membranes, les divisions nerveuses positives, négatives, motrices, sensitives, volontaires, involontaires, nourricières et sympathiques dont les devoirs sont d'élaborer et de mobiliser une sélection des genres et qualités de substances convenables. Le pouvoir de placer judicieusement et avec toute l'exactitude requise ce qui est exigé par l'architecte, sous la rigueur d'un contremaître ne concevant rien d'autre que la perfection dans la construction du temple, est évident – construire dans un ordre impeccable un lieu de résidence pour l'esprit de l'homme, dans un ordre de marche tellement parfait que le résident puisse faire fonctionner le mécanisme facilement, tout le temps.

Mon étude au cours de toutes les années que je viens d'évoquer a consisté à connaître ce qu'est la machine, où sont localisées toutes les parties, leurs utilités, soutiens, actions, relations – séparément et réunies –, l'ensemble, avec son action harmonieuse lorsqu'il est dirigé par la puissance de la vie, qui contrôle tous les éléments de force existant, et à partir desquels la raison est communiquée à tous les êtres qui peuvent posséder et possèdent cette merveilleuse qualité.

À ce point, je désire remettre à plus tard la recherche des parties et des détails de la machine, et placer mon télescope sur une position plus élevée pour une observation générale, dans le but d'obtenir une meilleure connaissance des « comment et pourquoi » du travail de ce produit de l'esprit de l'Infini. Je ressens que vingt-cinq années de constante étude sur les différentes parties de l'homme, séparées et combinées, m'ont bien préparé à affronter le niveau supérieur dans l'étude des lois actives de la vie – à me préoccuper des « comment et pourquoi » des œuvres ou des infortunes de l'être dans sa totalité (l'homme).

Dans mon étude, j'ai commencé par les os. Je leurs associai

les attachements par les ligaments insérés qui relient les os entre eux et les articulent adroitement pour tous les buts et usages pour lesquels os et substances sont construits. Ils reçoivent et font fonctionner des ceintures, des courroies, des poulies, des surfaces, et toutes les formes nécessaires des parties molles de cette grande mécanique que fait fonctionner la force appelée vie animale.

Nous trouvons deux grands systèmes complets de vaisseaux à travers lesquels le cœur fait circuler le fluide, ils sont appelés vaisseaux sanguins et sont connus comme étant les fleuves de la vie, dont le rôle est de convoyer les matériaux aux confins du corps, sans rien omettre.

Nous suivons le sang à partir du cœur vers une autre source de ravitaillement, que nous appelons l'appareil nutritionnel. Nous examinons le procédé à partir duquel ces matériaux bruts que le sang reçoit et contient sont générés, préparés et délivrés au cœur et aux poumons pour être envoyés dans toutes les divisions et se voir conférer les propriétés chimiques adaptées au résident.

Par conséquent, nous avons le « sang de la vie » avec l'exactitude et la perfection dans toutes ses parties et principes, comme intermédiaire du grand architecte, constructeur de cette machine. Nous devons d'abord nous familiariser avec tous ses fonctionnements normaux avant de pouvoir comprendre ou réfléchir intelligemment sur le sens du mot anormal qui signifie confusion et imperfection et tout ce qui est connu et signifié par les mots confondre, confondu, dérangé, détruit, échec, stagnation et mort.

Ayant terminé l'étude des os et de leurs relations mutuelles, nous sommes confondus d'émerveillement et d'admiration en voyant comment ils travaillent merveilleusement, comment ils sont superbement reliés, comment ils sont constitués pour recevoir les attachements servant d'origine et d'insertion aux muscles et ligaments, habilement divisés et séparés en des formes permettant aux vaisseaux sanguins et nerfs de toutes sortes de les pénétrer et de délivrer les fluides de la vie et de l'action dans chaque cas particulier pour l'ensemble commun.

Nous sommes conduits à poser la question : « De quoi ou de qui dépend cet appareil pour sa force motrice ? » La force par laquelle tout cet habile œuvre, vu en plein mouvement, tranquillement, héroïquement, et avec une infinie exactitude, tire ses éléments, les prépare minutieusement, les délivre à chacun de tous les postes dans le but de construire, et les mélange sans un murmure à la force motrice voisine ; la force dont les devoirs sont de maintenir tous les vaisseaux, canaux et voies pour le transport de toutes les substances, nettoyées et purifiées par les forces vivifiantes de fluides non entravés, puisqu'ils transportent huile, adoucissant, lubrifiant et eau à partir des grands systèmes d'amenée communément appelés lymphatiques, des os, nerfs, vaisseaux sanguins, estomac, intestins, cœur, foie, reins, et tout principe ou vaisseau contenant chacun des grands fluides préparés avec sagesse, de l'atome de la conception jusqu'à l'enfant achevé à la naissance, le jeune, l'homme, la femme, les animaux de la terre, les oiseaux du ciel, les poissons de la mer, la terre elle-même et toutes les étoiles et les mondes et les anges qui planent autour du « trône ». Tous doivent avoir et ne peuvent agir sans le plus grand ordre de force connu (électricité) qui se soumet aux commandements volontaires et involontaires de la vie et de l'esprit par lesquels les mondes sont conduits et les êtres bougent.

Nous sommes maintenant en présence des grandes questions, « Qu'est la batterie qui conduit le sang, construit les êtres et maintient les formes matérielles pour qu'ils jouent leur partie en tant que mondes vivants ? Qui comprend la position mathématique de l'espace et, par ajustement des mouvements et des progressions accordés à l'espace et au temps de la musique, maintient ce qui est prévu pour être observé, en pensant attentivement à l'harmonie nécessaire pour mouvoir cette grande armée de mondes, qui ne doivent jamais rompre leurs rangs sans ordres, ordres dont la transgression pourrait produire l'effondrement et la destruction de l'univers entier ? »

Ainsi, un Dieu exigeant a donné le commandement : « Attention, mondes », « En ligne, vous soleils et planètes, etc. », « Musique, fanfare ! » « En avant, marche ! » « Gauche ! Gauche !

Gauche ! Ne vous arrêtez jamais ! » Car chaque atome est en mouvement et ne s'est jamais arrêté suffisamment longtemps pour donner naissance à un monde plus petit. « Allez, allez », est le commandement, qui semble venir de la bouche et de l'esprit mêmes de Dieu, dont nous expérimentons aujourd'hui la pensée car on trouve le mouvement dans les mondes et les êtres. Nous sommes conduits par la pensée vers la puissance de l'esprit, manifestée dans ses œuvres et ses merveilles, entretenues par les exigences précises de la perfection. À ce moment, nous sommes immergés dans un océan de pensée, et pouvons témoigner qu'en combinant le cerveau et le cœur, nous voyons la force et la source conduisant la machinerie de la vie ; en avançant en âge et en devenant plus avisés, si nous le devenons, nous vous dirons plus sur ce que nous révèle notre télescope, des lointains mystères cachés. N'ayant pas la science infuse et à cause de mon désir de sagesse infinie comme ingénieur opérationnel, je dois m'arrêter et prendre la place du spéculateur, alternant travail et rafraîchissement tous les jours de ma vie. Je ne peux pas être heureux et oisif. J'utiliserai mon stylo et nourrirai les esprits à venir du mieux que je pourrai.

Depuis l'époque de Moïse jusqu'à maintenant, par habitude et éducation, nous avons été enseignés à croire en les drogues et à dépendre d'elles comme seule méthode de soulagement des douleurs, de la maladie et de la mort. Habitués à utiliser les drogues dans la maladie à travers tant de générations, nous pensons, en tant que peuple, qu'il n'existe aucun autre remède, et l'esprit a été depuis tant d'année, si inaltérablement fixé sur cette pensée, que les gens ressentent comme un devoir sinon une nécessité d'être gouvernés par l'usage établi. Lorsque nos amis sont malades, nous sentons que nous devons faire quelque chose pour les soulager. Si les remèdes domestiques échouent, nous appelons le médecin de famille et nous lui confions le cas, et lui-même demandera conseil s'il ne parvient pas à contrôler la maladie. Alors, si le patient meurt, famille et amis sont satisfaits à l'idée que tout ce qu'il était possible de faire pour le malade a été fait ; tous les remèdes connus et la plus grande habileté ont été épuisés et nous devons nous satisfaire du résultat. La mort a triomphé et nous sentons que nous avons accompli notre devoir.

Je désire dire aux diplômés prêts à s'égailler dans le monde que lorsque j'ai entamé ce combat, j'ai pris pour fondement la vérité selon laquelle l'univers entier avec ses mondes, ses hommes, ses femmes, ses poissons, ses oiseaux, ses animaux sous toutes leurs formes et principes de vie, ont été formulés par l'esprit d'un Architecte infaillible.

Il a placé au sein du corps humain tous les principes de mouvement et de vie, ainsi que tous les remèdes à utiliser en cas de maladie. Il les a placés quelque part dans la structure, s'Il a su comment, et sinon, Il a laissé Sa mécanique de vie au point extrême à partir duquel Son habileté pourrait exécuter le plus important travail.

Je vous ai donné les raisons pour lesquelles je crois être mandaté pour tester l'habileté de Dieu en tant que médecin, et dois procéder prudemment à mon devoir. La question qui absorba tout mon esprit fut : comment procéder? J'ai finalement conclu qu'il me fallait procéder comme le charpentier qui sait devoir lutter contre les éléments et désire couvrir une vieille maison avec de nouveaux bardeaux. S'il enlève tous les bardeaux à la fois, il expose les habitants de la maison à la pluie, à la grêle ou à ce qui peut se trouver dans les éléments. Un charpentier avisé enlève un peu à la fois et couvre la partie exposée avant d'aller plus loin.

Je savais qu'il ne fallait pas enlever à l'affligé les bardeaux de l'espoir (médecine) d'un seul coup. Avec ma connaissance de la cause et de l'effet, je sentais qu'un tel mouvement eût été désastreux. Je rencontrai un cas de dysenterie et, praticien familier des remèdes pour ce genre de maladie, la question me vint à l'esprit : quel est le remède de Dieu ? Dieu a-t-il une pharmacie ? Utilise-t-il des sédatifs pour la dysenterie ? Utilise-t-il des poudres-à-suer telles que la poudre Dover [1] ou autre ? Utilise-

2. *Poudre de Dover* : mélange d'ipéca, d'opium, d'azotate et de sulfate de potasse. Utilisée autrefois pour son action calmante et sudorifique. [N.D.T.]

t-il des astringents ? Utilise-t-il l'alcool quelle que soit sa forme dans les cas de prostration et, s'il le fait, quelle forme utilise-t-il ? Et pourquoi en ayant utilisé les mêmes remèdes, l'un meurt de dysenterie alors qu'un autre guérit ? Notre patient aurait-il survécu si nous ne lui avions pas administré nos drogues ? Vous pouvez peut-être répondre à ces questions ; moi, je ne peux pas. L'un est mort, l'autre est vivant, et c'est tout ce que je sais à ce propos ; et mon frère conseiller exprime le même sentiment en disant : « Je ne sais pas. »

Lorsque tous les remèdes eurent semblé échouer sur mon premier cas de dysenterie, j'eus l'impression d'avoir fait mon devoir ; et en cas de décès aucun reproche n'était formulé. Mon conseil était d'accord avec moi pour admettre que ce cas devait mourir. Sans aucune instruction ni manuel pour me servir de guide, je décidai de retirer un bardeau de la moelle épinière et de voir si je ne pourrais pas le remplacer par un neuf qui ferait mieux l'affaire. À ma grande surprise, la dysenterie s'arrêta immédiatement. Le nouveau bardeau contenait tout ce qu'il fallait d'opium, de whisky et de quinine estimé nécessaire par Dieu pour guérir la dysenterie. Le bardeau enleva la douleur, la fièvre disparut, arrêta la décharge des intestins, et à partir de ce moment, ma confiance en les drogues se trouva gravement ébranlée.

J'eus la possibilité de traiter beaucoup d'autres cas de dysenterie et tous guérirent sans l'utilisation d'aucune drogue parmi celles recommandées par nos autorités standard, ce qui me convainquit que les lois de Dieu, lorsqu'elles sont complètement comprises, sont dignes de confiance. Par l'investigation, je fus conduit vers une meilleure compréhension de la cause de la dysenterie. Elle était un effet à partir duquel on pouvait remonter à une cause située dans la mœlle épinière ou une de ses ramifications, et le remède s'était adressé à la cause et non à l'effet. Je me sens fier de pouvoir dire aux gens que je peux jeter par la fenêtre tous les remèdes connus de la dysenterie et leur proposer un substitut fiable et démonstratif, découvert dans une prescription écrite par la main de l'Infini.

J'ai conservé la méthode consistant à enlever les bardeaux

usagés et à les remplacer avec les nouveaux, jusqu'à ce que la maison soit entièrement couverte.

J'ai écrit ce morceau d'histoire dans le dessein explicite d'avertir tous les étudiants en ostéopathie contre le danger de s'effondrer lorsqu'ils ont un cas difficile et de l'envoyer à quelque médecin des drogues pour faire ce qu'ils ne parviennent pas à faire, parce qu'ils ne connaissent pas l'ensemble de nerfs perturbés par la compression et sont prêts à affirmer que ce qu'ils ont dit à propos du pouvoir guérisseur de la nature est faux. Il y a dans les environs quelques ostéopathes essayant de traiter ostéopathiquement, tout en ayant à proximité un médecin aux médicaments travaillant avec eux. En examinant leur travail, on découvrirait qu'ils ont un savoir ostéopathique médiocre, ont passé moins d'un an en école avant d'offrir leurs services au public. Sur leurs cartes on remarque souvent qu'un M.D. travaille dans leur cabinet. Ils présentent de grandes et longues excuses pour leur ignorance en disant que nous faisons ceci et cela pour plaire aux gens.

Chaque drogue tolérée par un ostéopathe dans une maladie ébranlera la confiance des patients les plus intelligents et les conduira à faire peu de cas de votre parole, de votre adresse et de votre habileté. Je dois vous avertir de baigner vos têtes souvent et longuement dans les rivières de la confiance divine, et de prier Dieu de prendre soin de vous, de vous préserver des gens à l'esprit fragile qui prétendent connaître ce qu'ils n'ont pas étudié.

Comptez sur votre anatomie, sur votre physiologie, et creusez-vous la cervelle, ou bien reniez la perfection de Dieu et de l'intelligence et dites : « J'ai l'ostéopathie dans une poche, les pilules dans l'autre et rien dans la tête. » On pourrait en dire beaucoup plus sur le sujet mais j'en ai dit suffisamment pour vous avertir du danger d'être dépendant d'un système de drogues, votre ennemi le plus mortel. L'ostéopathie est aujourd'hui légalisée dans quatre États [3] et vous n'avez pas à compro-

---

3. Nous sommes en 1898. L'ostéopathie a été légalisée dans le Vermont en 1896, puis dans le Missouri, le Michigan et le Dakota du Nord en

mettre votre profession ni votre dignité en vous associant à n'importe quel système. Au sein du Collège Américain d'Ostéopathie, vos chances de maîtriser la science sont bonnes, votre fondement est solide. Je veux que vous reveniez la tête haute et puissiez dire : « J'ai mené mon travail comme l'institution me l'a appris, sans l'aide ni l'assistance d'aucun docteur en médecine, ni devant, ni derrière moi. J'ai prouvé que les lois de l'Infini se suffisent à elles-mêmes lorsqu'elles sont correctement appliquées ».

Lorsque vous exercerez au dehors, les docteurs en médecine voleront autour de vous comme les vautours autour d'une vache malade, vous piqueront les yeux et se rempliront les poches avec les résultats de votre travail, et c'est la seule utilisation qu'ils feront de vous.

1897 (source E. R. Booth D.O., *History of Osteopathy*, Caxton Press, Cincinnati, Ohio, 1905). [N.D.T.]

CHAPITRE XVI

Demande pour une révolution – Appel pour une avancée en ostéopathie –
L'objet de l'ostéopathie – Comment irriguer – La mort définie –
Comment se crée la douleur – La construction de l'os de la cuisse –
Les pouvoirs dissolvants de la vie – La destruction de la douleur –
L'objectif de la mobilisation des os et des muscles.

Une nécessité absolue de réforme s'impose à nous aujourd'hui :
la nécessité de franchir une étape supplémentaire dans le traitement de la maladie. Les résultats obtenus nous ont satisfaits et,
jour après jour, nous nous sommes laissés dominer par la forme,
répétant ce que nous avions déjà fait. Vos mains sont très en
avance sur la situation que devrait contrôler la pensée.

J'ai, pendant très longtemps, été obsédé par le sentiment
du danger de s'engager dans une ornière qui, en dehors de toute
autre considération, nous ferait demeurer dans la simple imita-
tion. Ne nous laissons pas diriger aujourd'hui par ce que nous
faisions hier, ni gouverner demain par ce que nous faisons
aujourd'hui car, jour après jour, nous devons faire montre de
progrès. Dans les premiers temps, nous accomplissions des centaines de mobilisations sur les muscles et d'autres parties du
système.

Certains patients guérissaient et d'autres non. Quelles
mobilisations étaient bonnes, quelles étaient mauvaises, nous ne
pouvions pas le dire ; pourtant, nous nous autorisions à être
fiers du grand pourcentage de guérisons obtenues par ce système
aléatoire.

À la tête de notre colonne, nous arborons l'étendard du
progrès, et nous devons l'honorer par de meilleurs résultats
obtenus grâce à une meilleure application des principes de

l'ostéopathie. Nous devons éviter la poussière de l'habitude. Nous devons mettre au point nos télescopes afin d'ajuster notre portée pour filer vers les étoiles d'une plus grande magnitude, brillant au sein de l'exigeant Infini. Lui-même ne peut réussir sans une stricte observance des lois, intransigeantes et absolues. S'il en est ainsi, nous ne devrions jamais mobiliser un os, un muscle, un ligament ou un nerf avec comme objectif la guérison de l'affligé, mais mobiliser au moment et à l'endroit indiqués et imposés par les impérieuses nécessités. Le devoir du praticien n'est pas de guérir le malade mais d'ajuster une partie ou l'ensemble du système afin que les fleuves de la vie puissent s'écouler et irriguer les champs assoiffés. Nous devrions nous arrêter au lieu d'irrigation et étudier combien de fois ouvrir les canalisations pour approvisionner les chenaux, combien de temps laisser briller le soleil de la vie sur cette récolte et le laisser accomplir son devoir de nutrition et de vitalisation répondant aux exigences individuelles. J'ai dit que guérir le malade est un devoir incombant à une autre division de Praticiens, pas aux tailleurs de bois, ni aux muscles de la force, mais uniquement aux fleuves de la vie. Trop irriguer est tout aussi nuisible que d'irriguer insuffisamment ou pas du tout. Combien ? Voilà la seule question vraiment importante à résoudre. La qualité et la quantité de fluide ou de force doivent être apportées seulement au bon moment et au bon endroit. Ce fluide fût-il dans le cerveau, dégagez les fleuves et ils expulseront toutes les substances flottantes et les déchets, permettant aux organes de procéder immédiatement aux devoirs de leurs divisions, ce qui est la loi de la vie elle-même.

Cause et effet sont sans fin. La cause débutant certains cas peut être plus ou moins importante, mais le temps s'ajoute à l'effet jusqu'à ce que l'effet devienne plus important que la cause, avec à la fin, la mort. La mort est la fin ou l'addition de tous les effets.

Je demande seulement au lecteur de noter attentivement le changement différent et continu dans l'effet comme étant l'élément additionnel s'introduisant dans le conflit et donnant l'ascendant à l'effet.

Deux éléments ou plus ajoutés peuvent provoquer la douleur. L'un peut être acide ; ajoutez de la fibrine, et vous aurez des adhérences ; ajoutez du sucre et vous pourrez avoir un gonflement et du soulagement au lieu de la douleur, simplement par le principe vital ou de gonflement se trouvant à l'origine des nerfs produisant la rougeur. Ainsi, lorsque les nerfs tardent à envoyer des nutriments en quantité suffisante, la cause de ce genre de douleur réside dans une trop lente mise en action du sang.

Quand l'harmonie parfaite n'est pas trouvée dans la forme et dans la fonction, alors nous manquons de vitesse dans le mouvement magnétique, et un tel ralentissement entraîne une activité électrique ne pouvant conduire qu'au mélange d'éléments activement destructeurs, générés par l'électricité des nerfs moteurs de la mort. Ici, vous avez la mort par l'électricité, tous ses pouvoirs actifs étant déclenchés par le laboratoire de la nature comprenant à la fois l'action de la vie par le magnétisme et celle de la mort par le moteur éternel existant dans les mondes et les atomes.

Comme nous ne sommes pas désireux d'attribuer au Divin quoi que ce soit d'imparfait et serions gravement offensés par quiconque osant suggérer une telle possibilité, nous devrions aligner nos actes sur nos paroles. Il ne s'agit pas seulement d'une phraséologie générale, indiquant que Ses œuvres démontrent Sa perfection, mais nous devrions voir et savoir que Son œuvre dans la vie animale est en partie un échec, avant d'être fondés à conclure que nous pouvons assister Son humain à dominer ne serait-ce qu'une fièvre par l'utilisation d'une drogue, quelle qu'elle soit.

Nous devrions veiller à ce que nos actions ne nous placent pas dans l'éblouissante lumière de la criante contradiction. Chez l'homme, les contradictions sont plutôt néfastes, et ses histoires ne montrent que quelques points de rencontre occasionnels entre ses actes et ses dires. Qui pourrait, si seulement il essayait, démontrer une trace de manque ou de négligence dans la complétude de l'œuvre de Dieu, dans n'importe quelle partie de ce chef-d'œuvre de la création, l'homme, lorsque terminé par Sa

main, selon Son désir et Son image, et par Lui décrété très bon ?
Est-Il un juge ? Quelle est la valeur de Son opinion ? Appellerait-
il bon un travail incomplet, où serait-il suffisamment trompeur
pour dire « très bon », en sachant que ce n'est pas vrai ? Un
homme de raison ne voit-il pas qu'il devrait trouver une erreur
dans la mécanique de l'homme avant de s'autoriser à donner
des suggestions ou proposer des modifications à l'œuvre de
l'Architecte qui a conçu la machine et l'a mise en état de marche ?

J'ai quelque chose à vous dire sur le merveilleux procédé
de construction que j'ai mentalement vu se développer. Ne m'ac-
cusez pas pour autant de trop d'excitation ou de faiblesse mentale, Ô vous philosophes, astronomes, devins, enseignants et
hommes de lois ! mais suivez-moi quelques minutes pendant
que vos esprits s'ouvrent au point que vous allez à la fois voir et
entendre l'œuvre remarquable que je vais rapporter.

Le commandant de mon entrepôt de sagesse a pour une
fois demandé une pause, au moment où j'essaie de comprendre
l'une des œuvres les plus mystérieuses et les plus merveilleuses
– l'ouvrage du Grand Architecte et de Ses assistants sur un os,
humain pour l'espèce, fémur pour le nom.

Attrapez votre microscope mental, réglez-le à sa plus forte
puissance pour lire les caractéristiques de cet édifice unique.
Voilà que l'ordre est donné par le Général en chef à ses subordonnés.

« Attention ! officiers, infanterie et cavalerie ! » En ligne,
ouvriers, mettez-vous à l'ouvrage, construisez chaque bloc et
chaque poutre avec une précision mathématique, unissez-les
avec minutieuse exactitude. Faites que votre travail soit juste,
sans erreur, car les spécifications requièrent une construction si
attentivement élaborée que l'Esprit Infini, devenant pour un
temps sous-commissaire, examinera votre travail, et devra trouver que vous avez satisfait à toutes les exigences de la spécifica-
tion réclamant la construction pour la cuisse d'un os parfait
dans toutes ses parties.

Souvenez-vous toujours que « parfait » correspond ni plus
ni moins au fiat de Dieu, son œuvre achevée avec absolue exactitude.

Regardez avec moi la division des commandants, chacun à sa place, arborant les insignes de son rang ; le Général en chef parle avec assurance au département du matériel : « Emplissez les magasins de la force et du mouvement avec ce qui est chimiquement pur et nécessaire à la construction de cette merveilleuse structure, partie intégrante de la superstructure communément appelée homme, et maintenez leur approvisionnement. » Tous les ordres sont donnés en silence et exécutés sans murmure. Chaque subordonné apporte ce qui est nécessaire à la construction, et les maçons (corpuscules) de cette œuvre progressent avec plaisir dans l'exécution du plan de leur supérieur, sachant que leur travail sera attentivement examiné et que leur vie sera le prix à payer en cas d'échec à satisfaire toute les exigences.

Le Général en chef dit à chaque subalterne : « Amenez votre charge et déposez-la comme des professionnels. » L'armée bien entraînée procède avec les atomes selon les choix de l'inspecteur Divin et le même soin est apporté à leur sélection qu'à leur placement sur le mur, selon les indications données par les instructions précédentes. L'ordre s'exécute, chaque travailleur obéit au commandement ; milliers par milliers, millions par millions entendent cet ordre et lui obéissent : « Allez, œuvrez jour et nuit, nuit et jour, jusqu'à ce que cette partie soit terminée, inspectée et acceptée. »

Une partie des forces dévolues à la construction est engagée à réparer tout manque et toute perte survenant au cours des années de la vie mortelle. Ils n'oublient pas non plus l'ordre de nettoyer, inverse de la construction, consistant à transporter les fragments usés de cette merveilleuse partie de la machine. Pendant qu'ils ajustent leur ouvrage à sa place naturelle dans l'os, d'autres divisions, avec d'autres ordres, maintiennent l'ordre, leur aide contribuant à l'élaboration d'un fémur.

Maintenant qu'il est mis en place dans le corps et accepté comme terminé, ils attendent d'autres ordres de leurs supérieurs. Développez-vous, bougez et pour toujours, hébergez le grand hôte, l'esprit de l'homme, essence et secret de Dieu, éternité non résolue, et veillez sur lui.

Les pouvoirs solvants de la vie dissolvent tous les fluides

et solides dans le sang comme dans l'os. Les fonctions de la lymphe ne sont pas connues. Du sang peut s'échapper d'une veine ou d'une artère rompue et constituer une grande tuméfaction, provoquant une suspension temporaire des forces vitales. Sans aucune réserve prévue pour l'enlèvement de cette accumulation, la nature est forcée de s'interrompre et de constater les dégâts. Notre raison nous amène à conclure que les devoirs de la nature sont un labeur perpétuel, guidé par les habiles plans de Dieu, au long des vastes cycles de l'éternité, avec le pouvoir de transposer et de transformer toutes les substances, les unissant en proportions et les dotant de qualités et de conditions telles qu'elles accomplissent un parfait travail. Dissoudre les os par la seule force de pénétration ou action d'un acide, avec une égale composition de forces communément connues comme alcalis, accomplir les devoirs de dissolution des substances fibrineuses et albuminoïdes.

Sur ce fondement, nous sommes autorisés à conclure que la nature peut à volonté produire les solvants nécessaires pour faire fondre les fibres déposées, l'os et tout fluide ou solide trouvé dans le corps humain. Si nous admettons cette loi, nous devons lui reconnaître un pouvoir infini et parfait pour planifier et exécuter ses desseins, composer et créer toutes les substances chimiques nécessaires à la dissolution en substances d'ordre inférieur, presque jusqu'à la condition gazeuse, avant d'appliquer les forces rénovatrices qui doivent arriver au moment opportun et éloigner tous les dépôts morts, inutiles et obstructeurs, avant d'inviter les corpuscules de reconstruction à prendre possession, puis à diriger et reconstruire les vaisseaux sanguins, les nerfs, les muscles, les membranes, les ligaments, la peau et l'os avec toutes leurs formes, pour que la vie puisse les posséder pacifiquement et harmonieusement, s'engager à nouveau dans l'action et exécuter son œuvre sans les interférences provoquées par les dysharmonies désormais résolues.

La nature est complètement armée et équipée, et plus que désireuse d'exécuter tous les devoirs lui incombant, sachant en même temps que l'obéissance à ces lois exactes est tout ce qu'elle connaît et possède pour réussir. Le moindre serviteur rebelle ou réticent pourrait débuter l'effondrement de toute l'armée.

Faites de vos yeux un microscope au plus fort grossissement connu. À l'aide du microscope de la raison, laissez votre esprit s'insinuer dans les temps les plus reculés de la pensée. Voyez l'esprit laborieux de Dieu se réjouissant à la merveilleuse activité de sa mécanique, coupant et dessinant des formes pour les oiseaux du ciel et les poissons de la mer. Ainsi, sommes-nous exhortés à ne jamais laisser oublier la grande injonction, « Ne méprise pas le jour des petites créatures. » Je suis – Je fus sans commencement ni fin – la même loi éternelle. Dans toutes les superstructures au sein desquelles règne la vie, les plus grandes pierres de fondation de la voûte sont les atomes. Animaux, poissons, oiseaux, anges et mondes sont des atomes. Ils sont les millions d'associés qui parachèvent des mondes de la plus grande magnitude sans lesquels l'œil qui les voit ne pourrait même pas comprendre leurs beautés. Alors, soyez bienveillants en pensée pour les atomes de la vie.

Quel est l'objectif de la mobilisation des os, des muscles et des ligaments qui gênent les fonctions des nerfs et du reste ? Une réponse très commune serait de dire que c'est pour ouvrir tous les espaces à travers lesquels nerfs, veines et artères transportent les éléments de la vie et du mouvement. Si telle est votre réponse, alors vous êtes très loin d'une réponse fondée sur une connaissance des principes de base de la vie au sein des êtres, des méthodes qu'elle met en œuvre pour réparer une partie, un organe, un membre ou tout le système. Si une accumulation anormale devait apparaître et entraver le processus de la vie jusqu'à perturber l'harmonie normale et provoquer trouble ou maladie, vous comme moi, serions-nous satisfaits de savoir que nous avons simplement bien remué le patient, tiré sur les bras et les jambes, les pieds, les mains, le dos, les pouces et les doigts et, avec une main ferme, pétri la poitrine, les membres et l'abdomen comme nous avons déjà fait et faisons tant de fois chaque jour ou chaque semaine ? Non, nous devons tout d'abord rénover en accélérant la lymphe, lui donnant le temps de faire son travail qui consiste à atomiser toutes les matières brutes. Alors, nous pouvons nous attendre à voir, comme un résultat naturel, l'effet des processus de croissance. Raisonnons avec la pensée que la nature sait comment drainer le sang de l'œil tuméfié d'un lutteur. Le sang s'est répandu des veines tuméfiées vers l'espace environnant. Il est hors des veines et des artères. Maintenant, remarquez que la nature amène la lymphe et d'autres fluides ; on voit bientôt le sang passer de l'état de caillot noir en une condition fluide, et diminuer chaque jour jusqu'au moment où il disparaît complètement, la face et la peau reprenant leur état et leur apparence normaux. Si vous pouvez raisonner et le faites vraiment, vous devriez savoir que la nature dispose d'un solvant pour tous les surplus qui apparaissent sur les muscles, la peau ou les glandes comme les grosseurs et les épaississements. La même loi s'applique aux articulations engourdies, en réduisant les dépôts autour des muscles, tendons et ligaments. Alors, nous modifions la position d'un os, d'un muscle ou d'un ligament pour donner de la liberté aux fluides, dans le but premier de dissoudre et d'éliminer toute matière retenue et toute substance gênante, afin que la nature puisse reconstruire l'environnement abîmé. Commençant par la lymphe et terminant par la fibrine et l'albumine, la nature prépare et relie chaque étape, et n'échoue jamais à montrer son succès à la fin de chaque tentative. Si nous voulons réussir comme guérisseurs, nous devrions savoir que la normale ne signifie pas simplement replacer des os en position normale, ou que muscles et ligaments peuvent jouer à leur emplacement assigné et fonctionner librement. Au-delà se pose une plus importante question qu'il convient de résoudre : comment et quand appliquer les produits chimiques de la vie comme le conçoit la nature. Si la vie est aidée dans le processus d'enlèvement de toutes les entraves à la santé, quelle force juste appliquer pour ensuite appeler la lymphe, la fibrine, l'albumine, les acides urique, muriatique ou n'importe quel autre fluide provenant du grand laboratoire chimique humain, possédant en lui-même toutes les qualités nécessaires, et n'échouant jamais à les mettre en action lorsqu'ils sont appelés au bon moment, de la peau extérieure au centre de l'homme et de la vie, sous toutes ses formes.

CHAPITRE XVII

L'appendice vermiforme – Opération de l'appendicite – Pouvoir d'expulsion de l'appendice vermiforme – Précautions requises dans les affirmations – La machinerie humaine – La machine de Dieu ou celle de l'homme, quelle est la meilleure ? – Le germe – L'astronome et les mondes nouveaux – Le couteau de la sagesse – La loi d'affinité – Le cœur de l'homme et le tronc d'un arbre – Le cœur est le roi de tout.

Aujourd'hui, plus qu'à toute autre période depuis la naissance du Christ, médecins et chirurgiens ont centré leurs esprits dans le but de soulager l'horrible douleur locale interne, située au-dessous du rein du mâle ou de la femelle, qui apparaît parfois chez les deux sexes dans la région décrite ci-dessus.

Pour quelque motif, peut-être justifiable, il a été décidé d'ouvrir le corps humain et d'explorer la région située juste sous le rein droit à la recherche de la cause de ce problème. De telles explorations furent d'abord faites sur le cadavre. Dans certains cas peu nombreux, de petits germes et autres substances furent trouvés dans l'appendice vermiforme, un tube creux de deux à dix centimètres de long. Les découvertes faites sur le cadavre conduisirent à explorer la même région chez le vivant.

Dans certains cas (mais très peu), des germes et autres substances furent trouvés dans l'appendice vermiforme et furent considérés comme la cause de l'inflammation locale ou générale. Certains appendices furent enlevés avec succès, l'ablation étant suivie d'un soulagement permanent. Ces opérations, la trouvaille d'une substance étrangère dans l'appendice vermiforme, son ablation et la guérison heureuse dans certains cas, ont conduit à ce qui peut, à juste titre, être appelé un système de diagnostic précipité, devenu très courant ; et des praticiens de nombreuses écoles de chirurgie en sont venus à considérer que l'appendice vermiforme n'a aucune utilité connue, et que l'être humain se porte aussi bien sans lui.

Donc, il est décidé que, rien de positif n'étant connu sur le trouble qui se localise dans la région précitée, on estime qu'il s'agit d'une maladie de l'appendice vermiforme. Alors, on soumet à l'éther et à la dissection dans le but d'explorer pour vérifier si l'estimation est vraie ou fausse. Dans le domaine du diagnostic, ceci est un cas bien défini d'appendicite ; alors, le scalpel du chirurgien est conduit avec une grande fébrilité à travers la chair frémissante à la recherche de l'appendice vermiforme. Au cours de la quête, les intestins sont roulés de-ci de-là. Parfois, on trouve des substances dans l'appendice ; mais souvent, pour le plus grand chagrin du praticien, il est trouvé en parfaite condition de forme et de santé et des germes et autres substances y sont si rarement découverts, qu'en règle générale, c'est une expérience inutile et dangereuse. Le pourcentage de décès provoqués par le scalpel et l'éther et ceux qui sont ainsi restés invalides permanents devraient justifier l'affirmation selon laquelle il serait beaucoup mieux pour la race humaine de vivre et de mourir en ignorant l'appendicite. Quelques cas mourraient de cette cause ; mais si le scalpel était le seul remède connu, il serait mieux qu'une mort occasionnelle puisse survenir que de continuer ce système invasif, au moins jusqu'à ce que soit connu un soulagement présentant une sécurité absolue, sans que le sang ne soit versé, ayant comme fondement et philosophie un fait comme la contractilité longitudinale de l'appendice lui-même, capable d'éjecter par sa force naturelle toute substance ayant été forcée dedans par quelque mouvement non naturel. Pour un philosophe, des questions comme celle-ci devraient surgir : l'appendice possède-t-il à son entrée un muscle sphinctérien dont l'action serait similaire à ceux du rectum ? A-t-il le pouvoir de se contracter et de se dilater ? se contracter et raccourcir en longueur, et éjecter toutes les substances lorsque les nerfs sont en condition normale ? Et où se trouve le nerf qui échoue à expulser une substance ayant pénétré dans la cavité appendiculaire ? Dieu a-t-il été suffisamment distrait pour laisser l'appendice dans une condition telle qu'il puisse recevoir des corps étrangers, sans le préparer à rejeter de telles substances par contractions ou autrement ? S'Il a fait cela, Il a certainement oublié une partie de Son travail. Ainsi la raison a-t-elle conclu pour moi et, en suivant cette ligne, j'ai commencé à œuvrer sans peine ni souffrance pour le patient, procurant un soulagement permanent dans soixante-quinze pour cent de tous les cas venus à moi. Avec l'ancien diagnostic formulé par les médecins et les chirurgiens selon lequel l'appendicite est une maladie avec, pour seul choix de soulagement, le scalpel ou la mort, ou peut-être les deux, de nombreux cas sont venus pour un traitement ostéopathique et l'examen a révélé dans chaque cas une agression antérieure sur certains des nerfs spinaux, provoquée par un choc, une contrainte ou une chute. Chaque cas d'appendicite, mais aussi de calculs biliaires ou rénaux peut ainsi être relié à une cause du même ordre.

Nous devrions utiliser quelques précautions lorsque nous affirmons que la nature a fait si complètement son travail au sein des formes animales, leur fournissant tous les principes préparés avec une telle sagesse, qu'ils peuvent produire et administrer les remèdes appropriés au lieu de laisser le corps livré à lui-même pour les trouver. Cela nous amène à conclure et à découvrir par l'expérimentation que l'homme est si adapté et si sagement pourvu par Dieu, qu'il est apte à débusquer la maladie, à purifier et maintenir le temple de la vie en état de bien-être et de santé ; nous devrions être très précautionneux lorsque nous affirmons que cela a été indéniablement vrai jusqu'à aujourd'hui. L'opinion contraire prévaut totalement, au moins depuis les vingt derniers siècles, et par habitude, long usage et ignorance, l'homme a tellement accoutumé son esprit à se soumettre aux doctrines du grand passé, qu'il essaiera de raisonner et d'amener son esprit à une telle altitude de pensée sur la grandeur et la sagesse de l'Infini, qu'il risque de perdre la raison ou de tomber dans la stupeur, et de se cantonner dans une sorte d'aveuglement mental au sein du grand océan de la vie, là où les êtres séjournent, sans mental pour diriger leurs actions. Ce serait une grande calamité si tous les esprits non entraînés se trouvaient si sérieusement choqués qu'ils en perdent le peu de raison qu'ils possèdent aujourd'hui, retombent et restent dans le protoplasme darwinien. Je vous dis qu'il y a danger, et nous devons être attentifs et montrer aux gens de petites étoiles, et seulement une à la fois, jusqu'à ce qu'ils puissent commencer à raisonner et à se rendre compte que Dieu a fait tout ce que le plus sage peut Lui attribuer.

Dès que nous reconnaissons l'intelligence de Dieu, nous nous plaçons dans une position telle que nous sommes interpellés par tout ce qui est grand, bon et intelligent, pour étudier tous les faits des œuvres et nous assurer qu'ils sont dignes de la croyance en un Tout Puissant. N'affirmez jamais avant d'avoir vérifié. Si cela est bien la machinerie de la vie, la justice veut que nous procédions à une attentive et profonde investigation, parce que nous avons à juger les œuvres mécaniques issues de l'esprit de l'Infini, et que nous sommes tenus par serment de dire la vérité et rien que la vérité. Pour devenir des jurés qualifiés pour ce cas, nous devrions nous rappeler la période d'apprentissage et ses jours qui furent ceux de travailleur assidu, à travers toute l'éternité, jusqu'à aujourd'hui. Et si au cours du temps et de l'expérience émerge quoi que ce soit allant vers la perfection du savoir et de l'habileté opératoire, Dieu l'a eu complètement.

Pourrions-nous nous permettre, pour un moment, de dire que le Dieu et l'esprit de toute œuvre de talent a pu accomplir Son ouvrage dans sa totale perfection sans savoir ? Premièrement, ne pensez-vous pas que Sa fondation n'est pas seulement bonne, mais très bonne ? À propos de cette super-structure – l'homme – pouvez-vous suggérer une modification dans la localisation de la tête, du cou, de la colonne ou des membres ? Pourriez-vous ajouter ou retirer un seul os, nerf, veine ou artère avec la certitude d'améliorer l'original ? Si non, pouvez-vous ajouter et obtenir des résultats bénéfiques ? Pourriez-vous installer une machinerie fabriquant un meilleur sang, ou autre fluide nécessaire à la vie ? Pouvez-vous améliorer le revêtement total (la peau) ou n'importe quelle autre partie du corps ? Avec toute votre sagesse, pouvez-vous améliorer Sa

conception des cheveux ? quelque amélioration sur les sécrétions ? les lymphatiques ? n'importe quel organe ou glande ou
muscle ? Ne voyez-vous pas tout de suite que vous n'avez pas
l'aptitude mentale pour concevoir les lois de construction et
encore moins le pouvoir mental de concevoir et de construire
une machine achevée et de la doter des principes de la pensée et
du mouvement ; avec un système nerveux volontaire, involontaire, moteur, sensitif, trophique, et sympathique ? Avez-vous
jamais trouvé au cours de l'examen le plus critique la moindre
imperfection même sous le plus grossissant des microscopes ?
La chimie a-t-elle jamais détecté un défaut dans le procédé normal de préparation des fluides de la vie ? A-t-elle jamais découvert une imperfection au sein du fluide lui-même ou dans une
partie ou un principe au sein de toute l'économie de la vie ? Si
ces fluides sont différents en qualité et genre, qui peut se permettre d'aller au-delà et d'altérer le déroulement harmonieux de
la vie en ajoutant n'importe quelle drogue, nocive ou inoffensive ?

Depuis le commencement de la civilisation, les esprits
d'habiles mécaniciens n'ont cessé de réfléchir pour formuler et
embellir Ses pierres précieuses. Le diamant a été taillé selon
toutes les formes connues afin de recevoir la lumière, transposer
et multiplier ses rayons pour exhiber avec éclat les sept couleurs
connues avec leurs modulations, afin de donner de la beauté et
d'attirer l'attention du philosophe comme de ceux ne vivant que
pour admirer la beauté. L'âme de l'astronome est faite pour sauter de joie lorsqu'il aperçoit toutes les beautés des cieux qu'il a
cherchées et trouvées dans l'insondable firmament. Il voit les
satellites en révolution, jouant autour de leurs planètes mères
avec tout leur éclat et leur animation, chacun portant la bougie
allumée de la fête nuptiale. Et avec le moindre mouvement de
cette pierre dans le télescope, son œil entre en contact avec de
nouveaux mondes ; avec les comètes dansant sur la musique
céleste, s'inclinant gracieusement, et disant au revoir pour une
longue ou une courte période, après laquelle elles reviendront
participer aux festivités d'une autre danse.

Les os et les dents des animaux ont tous avec bienveillance
reçu Son talent à leur donner de la beauté. Nous devrions

toujours révérer et respecter ceux dont l'esprit et les mains n'agissent pour rien d'autre que leur grande réussite à exhiber les œuvres de la nature.

À ce moment, je désire attirer votre attention sur une catégorie de penseurs ayant précédé Abraham. À partir de la nature grossière, ils ont élaboré un joyau plus précieux que le diamant, le saphir, le rubis ou autre. Ce joyau, comme tous les grands philosophes, quel que soit leur sexe, préfère l'isolement à la renommée, ne venant jamais sur la scène de l'action si ce n'est pour répondre à une demande. Il combine beauté, innocence et mort. Dans une certaine position, il n'évoque à l'esprit que mort et destruction. Mais comme un gentil raisonneur, il est de forme aimable et agréable à regarder. Il a le pouvoir de contrôler ses passions et ne se laisse jamais aller dans le domaine de la mort et de la destruction tant que l'indulgence n'a pas atteint sa limite. Alors, il va de l'avant et exécute sa mortelle mission. Comme il peut être un joyau de grande pureté et d'une grande utilité, le minéralogiste et le chimiste ont épuisé leur réserve de savoir et négligé l'habileté de mécanicien de ce métal autrefois grossier, connu sous le nom d'acier, à élaborer les lames d'un couteau avec ses utiles mâchoires pour bloquer la lame, et le ressort pour la maintenir en position. Fermé, le couteau semble innocent. Ouvert, il devient symbole de mort ou d'utilité. Lorsqu'il a fait son travail, celui qui le voit replié, innocent, le considère comme son ami. Aucune pierre précieuse n'a plus de valeur que celle-ci, legs transmis par nos ancêtres, sauf la cervelle de l'ostéopathe, dont l'esprit est le couteau dont il se sert pour sectionner les cordes de l'ignorance enchaînant le public aux drogues.

Lorsque nous prétendons être prêts à discuter de l'habileté de la nature à construire les différentes parties de la machinerie utilisée dans le corps animal, quel que soit le genre, par l'intermédiaire des systèmes artériel et nerveux, nous affirmons une vérité.

Nous avons dit que nous nous étions familiarisés avec toutes les parties ou principes nécessaires à recevoir la force de vie, une large place étant laissée à la poursuite de l'œuvre, sous la volonté de la Divine perfection, au sein de laboratoires unis ou séparés, dont les services préparent et dosent tous les produits chimiques, selon la mesure équilibrée de l'Infini. Avant leur association, une loi supérieure, communément appelée affinité, avait commencé d'accomplir son infaillible travail en préparant les fluides et en assignant leur délivrance à chaque officier de distribution, dont la sagesse vient de l'Université Divine elle-même. Leur ordre était : « Que votre main droite ignore ce que fait votre main gauche », obéissez et suivez les nombres et les lois tels qu'ils sont présentés sur le chevalet du Grand Architecte de toutes formes et édifices hébergeant la vie. Nous devrions toujours garder à l'esprit que les vingt-six lettres de l'alphabet peuvent s'associer et, lorsqu'elles sont correctement placées, représenter tous les langages et langues, toutes les pensées et conclusions de tous les peuples, depuis l'éternité du passé jusque celles à venir. Dans le livre humain de la vie, il existe peut-être vingt-six mille lettres à comprendre avec toutes leurs associations de mots et de lettres, chacune représentant un principe aussi défini que l'association de deux lettres ou plus de l'alphabet anglais pour représenter un son ou un nom. Chacun d'eux représente la qualité chimique ou qualité d'âme d'une division de secteur dans le grand laboratoire de la nature. Par exemple, prenez quatre caractères et rassemblez quatre substances en les unissant selon les règles régissant le mélange des principes individualisés, par la loi d'affinité, et constituez un nouveau composé, connu communément comme acide. En additionnant un produit chimique supplémentaire, vous obtenez du sucre. L'adjonction du principe de vie a constitué une nouvelle substance dans un laboratoire de vie ; vous avez séparé, modifié et renvoyé chaque substance à l'endroit d'où elle venait, avec toutes les qualités et la même quantité qu'elle contenait en quittant la cellule individuelle, dans le but de constituer, par association, l'être dont elle est une partie, qui a juste été séparé, chaque partie retournant à sa place sans perte dans son poids ni changement dans son principe.

Comparons le cœur d'un homme au tronc d'un arbre. Nous avons coutume de dire que la racine de l'arbre transmet à l'esprit la partie qui est dans le sol. Lorsque nous parlons du cœur d'un arbre, nous désignons le centre. Lorsque nous ouvrons l'arbre, nous trouvons une tache sombre qui parcourt tout le tronc de l'arbre, entourée par de nombreux anneaux de croissance du bois, dont un se forme chaque année. Lorsque nous descendons en terre, en suivant ce centre commun, nous arrivons à un endroit d'où divergent toutes les racines ; l'arbre avec son tronc et toutes ses branches s'élève à partir de ce centre commun. Le philosophe ne pourrait-il pas en conclure que c'est là le vrai centre, celui qui envoie ses branches à la fois au-dessus et au-dessous de la surface de la terre ? Si cela est le cœur de l'arbre, et que les racines, les branches et le tronc sont ses produits, ne sommes-nous pas contraints, par la même loi de raison, d'attribuer au cœur animal le centre de la vie avec tous les attributs qui lui reviennent ? Et par comparaison, concluons que tout ce qui se trouve au-dessus du cœur sera le tronc, les branches et les fruits et tout ce qui se trouve au-dessous sera les racines et le système nutritionnel de la vie animale, dont dépendent racine et branche pour subsister. La différence entre les deux est que les nutriments sont reçus au pied de l'arbre et transportés vers le haut, à toutes les branches, produisant différents fruits.

Chez l'homme, les nutriments sont reçus à la partie supérieure du corps, et, comme pour l'arbre, participent à la réalisation des fonctions de construction. Lorsque la nutrition est terminée, elle produit des fruits, au-dessous du cœur ou racine de créativité, connue sous le nom de racine de l'humanité. Je vous ai donné deux êtres, un végétal, l'autre animal, dans le but de vous présenter une comparaison de résultats, bien que différents dans la forme et le genre, croyant que le cœur de chaque chose est l'acteur et le créateur immédiat de toutes les formes ; sans ce centre de vitalité, aucune pièce ne pourrait être construite, soutenue ou maintenue en existence. Chaque branche doit avoir des réserves et des intérêts dans ce centre, recevant constamment des nutriments, et rapportant l'avancement de la construction et de l'approvisionnement vital sans lesquels l'échec est absolu dans tous les cas où cela s'étend aux racines et branches de la vie animale ; la mort résulte de l'échec universel, il en est également ainsi pour toute division de la superstructure humaine. L'harmonie de la vie doit arriver dans sa plénitude, et accomplir tous les devoirs lui incombant, depuis l'atome du plus petit nerf jusqu'à l'ensemble du corps animal, sinon la mort en résultera. Ainsi, nous sommes exhortés à nous souvenir que l'atome est le commencement et l'aboutissement des formes animales et que leurs besoins doivent être satisfaits, sinon, la construction cesse de contrôler et la destruction prend possession, avec pleins pouvoirs pour terminer les opérations de la vie à travers les atomes, les corpuscules et tous les fluides jusqu'à ce que le décret final de mort soit enregistré dans le cœur et de là, transmis à tous les membres et les troncs de l'animal et du végétal. Le cœur est sans aucun doute le « roi de tout, seigneur de tous » – celui qui commande, le dernier à capituler. Ses déclarations ne sont jamais remises en question. Lorsqu'il est en mouvement, vous vivez. Lorsqu'il s'arrête, c'est la fin.

CHAPITRE XVIII

Conférence dans le hall du collège, lundi 14 janvier 1895 – Introduction –
Dieu est Dieu – L'ostéopathe, un électricien – Diphtérie –
Maladie de Bright – Une illustration – L'âge de l'ostéopathie –
Les enfants de la vie et de la mort.

Bonjour, je suis de Virginie, et me présenterai en disant :
« Comment allez-vous ? » Je ne suis pas très bien moi-même
mais, malgré ce petit inconvénient, je vous parlerai un petit
moment. Comme je l'ai dit, je suis de Virginie, mais je suis venu
dans l'Ouest très tôt et suis pratiquement un homme de l'Ouest.
Mon père était un pasteur, en un sens, un missionnaire et j'ai dit
d'interminables prières (aussi longues que le plus long des chapitres de la Bible), ces prières, je les disais en marchant entre les
bras de la charrue pour qu'un trou de mémoire dans cette direction ne se traduise par quelque coup de ceinturon administré
par mon père. C'était le temps des vaches maigres. Le salaire de
mon père, la première année, se montait à la munificente somme
de 60 $. Pensez-y, vous les Beechers et les Talmages, avec vos
coûteux tabernacles et vos salaires grimpant dans les milliers !

Nos écoles étaient de la rude nature de l'Ouest. Dans une
famille, avoir un journal était une grande chose. Pendant que
j'étais à l'école dans le Tennessee, l'éditeur du *Holston Journal*, un
journal auquel mon père s'intéressait, arriva un soir à la maison,
apparemment épuisé, en s'exclamant : « Eh bien, en travaillant
toute la journée, nous avons réussi à écouler cent soixante journaux » (quatre pages de 40 x 50 cm).

Aujourd'hui, nos grandes imprimeries de presse fonctionnent si rapidement qu'elles tirent facilement 680 000 exemplaires

par jour. Mais nous sommes tellement habitués à la magnitude des résultats obtenus aujourd'hui que nous ne parvenons plus à apprécier l'excellence de notre époque.

Rien ne nous paraît grand aujourd'hui. Dans le passé, une cuillerée d'huile de ricin représentait une énorme quantité ; aujourd'hui, ce n'est plus le cas car on en voit rarement et elle n'est utilisée que chez les idiots.

Mais, je ne veux pas attaquer les docteurs en médecine. Certains d'entre eux nous ont rejoint ici et lorsqu'un homme sue jusqu'à l'agonie pour une cause perdue (même les peurs, assignées à l'asile des fous), il serait malveillant de s'étendre sur sa défaite.

Entre vous et moi, tant qu'on parle de l'asile d'aliénés, je préférerai me retrouver dans une boudineuse plutôt que dans un asile.

L'homéopathie a réduit les doses de drogues et, de la même manière, l'allopathie a trouvé possible de continuer avec moins de ces produits de mort. Chaque étape qui marque l'abandon ne serait-ce que d'un grain de drogue, développe l'esprit qui voit plus de Divinité et moins de drogues.

J'ai entendu dire : « Si vous deviez mourir maintenant, vos enfants devraient être très fiers. » Mais je dis que si je meurs maintenant, il faudra jeter une pelletée supplémentaire de terre sur ma tombe pour les choses que je n'ai pas accomplies, mais si je meurs dans dix-huit mois, il faudra enlever ce qui a été ajouté, pour les développements de cette science que j'espère avoir accomplis pendant ce laps de temps.

Ceci est un cours informel donné à ma demande pour votre profit. Si vous rendez un sujet absolu, il occupera toute votre intelligence. Le sujet est : « Homme connais-toi toi-même » ; si vous le faites en cinq ans, vous ferez mieux que ce que je fis en vingt-cinq. Il y a de nombreuses années, je déterrai les squelettes l'un après l'autre du sable des tumulus indiens et les étudiai jusqu'à devenir familier avec l'usage et la structure de chaque os du système humain. À partir de là, je me lançai dans l'étude des muscles, ligaments, tissus, artères, etc. C'est l'œuvre de ma vie et j'ai encore des choses à apprendre. Vous êtes admis aujourd'hui à l'école par arrangement parce que nous ne savions pas si ce bâtiment serait prêt à être occupé à la date promise. Vous voyez qu'une petite excuse en appelle toujours d'autres pour l'étayer.

Ne pensez pas que votre versement de cinq cents dollars me rende heureux ; tel n'est pas le cas. Je préférerais de loin goûter un repos bien nécessaire plutôt que d'avoir tout cet argent ; mais puisque vous êtes ici, je vous enseignerai tout ce que je pourrai. Vous accéderez à de nouveaux domaines d'apprentissage, mais ne pensez surtout pas être admis dans les salles de pratique après seulement deux ou trois mois de scolarité. C'est une procédure dont j'ai eu à me repentir. Avant de gagner les salles de pratique, vous devez avoir suivi 90% du cours d'anatomie. Vous admettre plus tôt serait se rendre complice de votre perte, vous rendre fats, vous envoyer dans le monde pour faire de l'argent, vous faire penser que la tête de Salomon est trop petite pour remplir votre chapeau.

Le mouvement commence chez le fœtus humain à peu près vers quatre mois et demi suivant la conception. L'activité mentale d'un étudiant en ostéopathie commence à peu près à la même époque. Après un an d'école, vous en arrivez au point où, sans direction appropriée, vous risquez de confondre un marteau et un miroir. Après dix-huit mois, pourvu que vous soyez un peu sorti dans le monde, vous atteignez le point où vous êtes désireux de voir « Pap ». En deux ans, vous commencez juste à apprendre que la vapeur peut exploser, mais vous ne savez pas comment la contrôler.

C'est un privilège pour vous de commencer maintenant, et non pas mon désir. Soyez attentifs au fait que vous améliorez votre chance présente d'acquérir la substance du savoir ostéopathique en provenance de la maison mère. Vous serez peut-être amenés à le dispenser en Europe, en Asie, ou dans quelque autre point éloigné du globe. Veillez à ce que votre source soit de bonne qualité. Un ostéopathe ne demande pas l'appui des drogues. Si vous allez voir votre patient accompagné par un praticien à qui vous permettez de suggérer différentes médecines, vous déshonorez votre diplôme.

Soit Dieu est Dieu, soit il n'est pas. L'ostéopathie est la loi de Dieu, et quiconque peut améliorer la loi de Dieu est supérieur à Dieu lui-même. L'ostéopathie vous ouvre les yeux pour voir, et voir clairement ; sa pratique recouvre tous les aspects de la maladie et c'est la loi qui maintient la vie en mouvement.

Comme un électricien contrôle les courants électriques, un ostéopathe contrôle les courants de la vie et ranime les forces en suspens.

Pour allumer une lampe à incandescence, feriez-vous une injection hypodermique dans le fil ? Donneriez-vous une dose de belladone ou appliqueriez-vous de la cocaïne ? Mille fois non, encore qu'une telle procédure ne serait pas plus ridicule que d'abreuver un homme avec ces drogues, car c'est une machine. Si vous étudiez le cours de manière avisée, étudiez pour comprendre les os, les muscles, les ligaments, les nerfs, l'approvisionnement sanguin, et tout ce qui se rapporte au moteur humain et, si votre travail est bien fait, vous en aurez un parfait contrôle. Vous trouverez que lorsque la diphtérie fait rage et que ses victimes meurent en grand nombre – comme ce fut le cas à Red Wing, où se trouvait mon fils –, en jouant sur les lignes de la sensibilité, du mouvement et de la nutrition (si vous ne jouez pas de manière ignorante), vous gagnerez la récompense due à votre intelligence et ne perdrez pas le moindre cas. Vous rencontrerez également cette terreur du praticien ordinaire – la maladie de Bright [1]. Laissez-moi illustrer ce propos en comparant la progression de la maladie des reins aux différents états du lait. Placez du lait dans une casserole, c'est du lait simple, et il représente les reins dans leur ordre normal de fonctionnement ; laissez le lait vieillir quelque temps, il correspond alors au diabète ; laissez-le se décomposer, alors, vous avez la maladie de Bright.

Même là, vous ne connaîtrez pas la défaite, car avec votre savoir correct sur la machine humaine, non seulement vous connaîtrez toutes ses exigences, mais vous les rejoindrez ; et

1. *Maladie de Bright* : néphrite chronique, décrite par le médecin anglais Bright. [N.D.T.]

ainsi en sera-t-il tout le temps, en chirurgie, obstétrique et maladies générales. Si le succès ne couronne pas vos efforts, ce n'est pas la faute de cette science, dont le fonctionnement est exact, mais de vous-mêmes.

Vous qui allez faire de ceci le travail de votre vie, vous devez partir dans le monde comme représentants de la seule méthode exacte de guérison. Vous serez reconnus comme des diplômés d'une école légalement enregistrée et ne connaîtrez jamais le ridicule, l'opprobre, le mépris qui furent déversés sur moi lorsque j'essayai pour la première fois de faire connaître cette belle vérité.

Aucun pasteur ne priera pour vous comme si vous étiez possédé par le diable ; aucun enfant innocent ne fuira votre présence parce que quelqu'un lui aura fait peur en parlant de vous comme d'un aliéné. Non, votre destin ne sera pas ce que fut le mien, car mes efforts infatigables ont placé cette science et ses défenseurs sur une position qui commande le respect et l'admiration du monde.

L'ostéopathie aujourd'hui, dans une plus ou moins grande mesure, est un sujet de discussion dans toute l'Amérique du Nord, dans tous les pays anglophones et tous les pays qui parlent leur propre langue en tant que peuples intelligents. Lorsque l'Europe pense avoir découvert un nouveau remède pour une maladie – c'est-à-dire de poumons, du cerveau ou de n'importe quelle autre partie du corps humain –, toute l'Amérique du Nord le sait aussi vite que la science et l'électricité peuvent transmettre la nouvelle. Lorsque l'Amérique du Nord a fait une découverte, les nations européennes savent tout sur ses mérites parce que nous sommes de leur sang. On peut attendre des progrès intellectuels, aussi bien d'un Anglais, d'un Allemand, d'un Écossais, d'un Français que d'un membre de toute nation éduquée. Les masses ne sont pas des Galilée, des Washington ni des Lincoln, mais de-ci de-là surgit un Fulton, un Clay, un Grant, un Edison [2] ou quelque esprit non enchaîné qui s'élève contre la tradition, avec quelque infaillible philosophie.

2. *Thomas Edison* (1847-1931). Physicien américain inventeur de

Nous avons la chance, en ce moment, de sortir la tête des eaux fangeuses, suffisamment pour avoir un aperçu de la loi que nous avons choisi d'appeler loi Divine. La loi que nous utilisons pour guérir. Nous l'avons cherchée par la raison, par la philosophie, sous le microscope, dans la lumière et dans les ténèbres ; et nous avons entendu une réponse. Cette réponse est si intelligente, sa solution est si juste qu'un homme est forcé de croire à une connaissance sous-jacente. Il existe de par le monde civilisé des maisons plus grandes que celle-ci, dans lesquelles les gens se rassemblent tous les septièmes jours de la semaine avec quelque dessein. Si vous leur demandez pourquoi ils se rassemblent là chaque dimanche, ils répondent : « Pour parler ou donner un témoignage de respect au Créateur de toutes choses, ou à l'intelligence communément connue comme Dieu. »

Maintenant, après vous avoir donné une vision de l'ostéopathie aujourd'hui sur le globe, je vais vous donner un contraste. Je veux prouver ce que je dis par comparaison. Je veux vous montrer la taille qu'avait l'ostéopathie dans le monde il y a vingt-deux ans. Un homme qui avait la réputation d'être le plus fin mécanicien de tout l'État du Missouri, me dit alors : « Je souhaite que vous veniez voir mon épouse. » J'allai avec le monsieur. J'étais très timide, parce que je ne savais pas s'il était ou non un homme d'esprit, mais j'avais discerné en lui une lueur momentanée de ce que je considère comme une bougie de Dieu, allumée et entretenue par l'huile de la raison. Je vais maintenant vous présenter ce mécanicien. M. Harris, si vous voulez vous lever, je vais montrer à ces gens la juste taille de l'ostéopathie aujourd'hui. Si maintenant vous examinez cet homme, et êtes un philosophe, vous verrez en lui un mécanicien, mais si vous êtes un Thomas [2] incrédule, alors amenez-lui votre vieux fusil et il vous le remettra en ordre de marche pour vous prouver son habileté. C'est le monsieur qui le premier a dit : « Plantez cette vérité juste là. » Il fut le premier défenseur de l'ostéopathie à

nombreux appareils électriques, notamment la lampe à incandescence, le premier accumulateur au chrome nickel. Il réalisa le premier phonographe. [N.D.T.]

Kirksville. Après une longue conversation avec lui, j'ai demandé :
« M. Harris, laissez-moi vous poser une question : pourquoi,
selon vous, les gens sont-ils si réticents à accepter une vérité ? »
Il dit : « Dr Still, à mon point de vue, un homme redoute ce qu'il
ne comprend pas. Telle fut sa réponse il y a vingt-deux ans et
c'est la raison pour laquelle l'ostéopathie n'est pas acceptée par
les masses et n'est pas adoptée aujourd'hui par chaque homme
ou femme intelligent. Un homme redoute d'abandonner ses
vieilles bottes de peur que les nouvelles ne lui blessent les pieds.
Nous sommes allés de génération en génération, en imitant les
habitudes de nos ancêtres.

Je suis aussi indépendant que le loup lorsqu'il sait que le
chien a apporté la strychnine [3]. La raison pour laquelle je suis
indépendant, c'est que lorsque je vois un muscle se positionner
et travailler en conformité avec la loi, je me sens capable, à travers l'ostéopathie, de regarder Saturne et de le voir comme un
petit corpuscule de sang dans le corps du grand univers.
Lorsque je regarde la Terre, la Lune, le système solaire, je trouve
que l'esprit dirigeant a calculé chaque corpuscule dans le système
solaire, et chacun d'eux vient en temps utile – pas d'erreurs.

Lorsque vous voyez un homme effrayé par une comète,
vous découvrez un homme très ignorant sur ce point précis.
Peut-on supposer que Dieu permette à l'une de ses planètes de
se saouler et de perdre la tête pour venir se butter contre la Terre ?
N'a-t-il pas attribué à chaque planète l'espace nécessaire pour y
naviguer ? Allons-nous suivre l'idée des Grecs d'il y a deux mille
ans selon laquelle le soleil fait de la soupe de comètes pour le
souper ? Je veux vous dire que je vénère un Dieu respectable,
intelligent et mathématique. Il sait tout ce qui sur la terre va trop
vite ou non. Il n'utilise pas nos journaux pour publier qu'Il a préféré accélérer la terre un petit peu afin de laisser passer cette
comète. Aucun de ses mondes ne désobéit, ne se saoule, ni ne

---

3. *Strychnine* : alcaloïde toxique extrait de la noix vomique ou obtenu
par synthèse. À faible dose, la strychnine stimule les nerfs moteurs. 50 mg
de strychnine suffisent à entraîner la mort d'un être humain adulte.
[N.D.T.]

perd la tête. Je fais cette affirmation à partir de ma confiance en l'absolu pouvoir mathématique de l'Architecte Universel. J'ai la même confiance en Son exactitude et en Son aptitude à créer, armer et équiper la machine humaine pour qu'elle puisse fonctionner du berceau à la tombe. Il l'a armée et équipée de tout ce qui est nécessaire pour le voyage d'une vie entière, de l'enfant au septuagénaire.

Le prêtre a souvent dit : « Et il a plu à Dieu de reprendre ce cher enfant. » Dieu n'a jamais voulu pareille chose. Ce qui lui plaît lorsqu'Il crée l'enfant, c'est qu'il meurt dans le service pour lequel Il l'a conçu. Quant Il crée un homme, ce n'est pas pour fertiliser le sol alors qu'il est encore bébé. Il lui donne l'existence pour qu'il vive encore et encore et le dote de suffisamment de raison pour répondre à toutes ses demandes et attend de lui qu'il l'utilise.

Nous développons l'ostéopathie. Quel âge a-t-elle ? Donnez-moi l'âge de Dieu et je vous donnerai l'âge de l'ostéopathie. C'est la loi de l'esprit, de la matière et du mouvement.

Lorsque quatre membres de ma famille furent attaqués par cette épouvantable maladie qu'est la méningite cérébro-spinale, j'appelai en grand nombre les docteurs en médecine, les plus érudits du pays, leur donnai les pleins pouvoirs pour combattre l'ennemi comme ils désiraient ; utiliser tous les moyens possibles pour capturer le drapeau de l'ennemi et le faire fuir. Lorsque les docteurs donnèrent l'ordre « À la charge ! », je m'attendais à voir la maladie sortir le drapeau blanc, mais la fumée était dense et les canons cessèrent de tirer des deux côtés. Lorsque la fumée se dissipa, l'ennemi avait tous nos drapeaux et les enfants étaient prisonniers ; les docteurs se joignirent au convoi funéraire et dirent : « La mort est la règle, la guérison l'exception. »

À la fin de ce mémorable combat entre maladie et santé, vie et mort, j'offris aux généraux des drogues une ceinture de mon plus pur amour. Je crois vraiment que ces hommes combattirent honnêtement et avec ferveur, jusqu'à ce que tout s'écroule, je crois qu'ils le firent. Ils pleurèrent, non pas comme Alexandre qui, après sa conquête, ne savait plus quoi faire ; mais parce qu'ils avaient rencontré un ennemi dont l'acier était de loin supérieur au leur. Ils pleurèrent avec moi en disant : « Nous n'avons pas d'acier digne de cet engagement ni d'un plus grand, ni d'un plus petit. »

De ce moment jusqu'à maintenant, j'ai observé l'aptitude de la nature à accomplir sa tâche, pourvu que nous assumions notre part en conformité avec les lois de la vie.

Depuis que nous avons accumulé les armes contre les incessantes attaques de la maladie, une nouvelle pensée ne m'a plus quitté, m'accompagnant de jour comme de nuit : la maladie est le point culminant de l'effet et sa cause se trouve dans son choix pour naître. L'enfant de souffrance prend naissance au sein des nerfs sensitifs ; l'enfant de grande stupidité, est conçu et prend naissance dans les nerfs moteurs. Le premier enfant est névralgie sous toutes ses formes et il crie par la douleur. Le second enfant est paralysie sous toutes ses formes ; il est stupidité et mort. Pour anéantir chacun de ces enfants, vous devez dégorger la matrice avant que le mouvement ne développe l'enfant jusqu'à maturité ; sinon, il peut être un ennemi mortel pour la vie et le mouvement. Chacun de vous, diplômés de l'ostéopathie savez très bien comment faire pour donner l'ascendant à la nature.

CHAPITRE XIX

Je vous ai invités ici parce qu'il y a parmi vous des hommes
ayant participé à la construction de ce bâtiment. J'ai souhaité
que beaucoup viennent sous l'abri du toit qu'ils ont aidé à ériger. Sans aucun doute, ceux qui sont absents n'étaient intéressés
que par les dollars reçus en paiement de leur labeur, sans penser à la mission du bâtiment en construction. Il s'agit de la grande
maison de Still – pour instiller la sobriété au lieu de l'ivrognerie,
et des principes au lieu de l'à-peu-près.

Jeudi dernier, des pratiques de consécration ont eu lieu
dans cette maison. Elle était pleine à craquer et beaucoup de
gens durent retourner chez eux faute de place, plus que je n'en
ai jamais rencontré sur un champ de bataille.

La pièce que vous occupez actuellement est le hall du souvenir – ainsi dénommé en l'honneur de mon frère Fred, dont
vous voyez le portrait sur le mur. C'était un garçon brillant et
intelligent, un garçon connu de vous tous, qui ne voulait pas
porter de bague au doigt, considérant la peau donnée par Dieu
comme un joyau bien plus rare que ceux que l'argent permettrait d'acheter. Il a souhaité porter la bannière de l'ostéopathie
loin vers le futur mais, suite à un accident, sa santé s'est altérée
et il nous a quitté, rappelé par la Nature.

Vous voyez ces peintures, ce drapeau de notre pays – un

drapeau soyeux, avec une passementerie de prix – donations d'amis qui démontrent la bienveillance des gens envers nous.

Depuis l'époque d'Esculape, s'est développé le fantasme que l'homme doit gober la médecine pour se sortir de la maladie. Les gens ont remplacé leur discernement en l'intelligence de Dieu et, en faisant cela, ont développé l'alcoolisme et la folie.

Par l'union de l'esprit et de la matière, le grand Inventeur de l'univers a construit la plus merveilleuse de toutes les machines – l'homme – et l'ostéopathie démontre pleinement qu'il est capable de la faire fonctionner sans l'aide de whisky, d'opium, ou poisons de la même famille.

Depuis l'introduction de la quinine il y a à peu près soixante ans, les tumeurs fibroïdes sont devenues anormalement fréquentes, ce qui nous amène à croire que cette substance mortelle, introduite dans le système, provoque la formation d'une excroissance alimentée par les vaisseaux sanguins. Lorsque les artères échouent à l'alimenter davantage, elle commence à exsuder du sang dans l'abdomen.

Que faire alors ? Le monde médical dit qu'elle doit être enlevée par le scalpel du chirurgien. Il en résulte qu'un grand pourcentage de ces patients meurent.

L'ostéopathie – une science sans drogues –, trouve les nerfs urogénitaux dérangés par irritation. Elle œuvre à renverser la marche des choses, remet les nerfs en action, ce qui rénove ou élimine les impuretés, préparant à la reconstruction. Choisissez entre les deux : un système qui produit des tumeurs et un qui les détruit.

À l'époque de l'esclavage, lorsque vous autres gens de couleur n'aviez que des remèdes issus de la plantation tels que les tisanes de *horsemint* [1], en cas de maladie, vous guérissiez. La mort était un visiteur rare parmi votre race. Maintenant, vous jouez les idiots, comme vos frères blancs, ingurgitez de fortes

1. *Horsemint* : 1/ Plante vivace aromatique du nord-est de l'Amérique (*Monarda punctata*) également appelée *wild bergamot*. 2/ Menthe sauvage eurasienne (*Mentha longifolia*), naturalisée dans l'est des États-Unis. [N.D.T.]

médecines et crevez comme des rats. Abandonnez vos pilules et apprenez de l'ostéopathie le principe qui gouverne la vie humaine. Apprenez que vous êtes une machine, votre cœur une pompe, vos poumons un soufflet et un filtre, votre cerveau avec ses deux lobes, une batterie électrique.

Lorsque le cervelet met cette dynamo en mouvement, l'oxygène est transporté dans le système et vitalise le sang, l'abdomen, l'œil et l'homme en entier. La nature a placé cette batterie en vous pour maintenir le sang sain et le charger d'oxygène. Vous n'utilisez qu'une livre de votre cerveau pour penser, le reste est utilisé pour la force vitale. Utilisez cette livre de cerveau pour vous libérer des limites des vieilles lois médicales.

Mon père était médecin. J'ai suivi ses traces et fut considéré comme très efficace dans le traitement du choléra, de la variole et d'autres maladies. Lorsque cette terrible maladie qu'est la méningite tuait ses victimes par milliers, toutes les écoles de médecine unirent leurs efforts pour la vaincre, mais sans succès. Elle entra dans ma famille et en dépit de tout ce que put faire le savoir médical, la mort revendiqua quatre victimes, accablant notre foyer.

Alors, dans mon chagrin, la pensée me vint qu'au lieu de demander à Dieu de bénir les moyens utilisés, il serait bien meilleur de chercher les moyens corrects, sachant qu'une fois trouvés, le résultat serait certain.

Je commençai à étudier l'homme et ne découvris aucune imperfection dans l'œuvre de Dieu. L'intelligence du Divin est incontestable ; sa loi, inaltérable. C'est sur cette loi qu'est fondée la science ostéopathique et après avoir lutté pendant des années contre toutes les adversités, elle se dresse aujourd'hui triomphante.

Si on m'appelait à présent pour administrer de la médecine, je serais aussi effrayé par les poudres de Dover qu'un moricaud par un squelette.

Si je devais donner du calomel, je le ferais en fermant les yeux, et je les laisserais fermés pendant neuf jours, tellement je serais incertain quant aux résultats.

Si, parce que je dénonce les drogues, vous me prenez pour

un scientiste chrétien [2] retournez chez vous, prenez une dose de raison et débarrassez-vous de telles notions.

Si vous me considérez comme mesmériste [3], une grande dose d'anatomie pourrait chasser cette pensée.

Je suis simplement en train d'essayer de vous enseigner ce que vous êtes ; de vous amener à vous rendre compte de votre droit à la santé et, lorsque vous voyez les guérisons réalisées ici, après que tous les autres moyens ont échoué, vous pouvez vraiment savoir que le fondement de mon travail repose sur le roc de la nature.

Quelle est la nature de certains des cas venant nous voir ? Vous rappelez-vous Lazare ? Si c'est le cas, souvenez-vous qu'il se nourrissait de miettes et de miettes bien émiettées. Eh bien, à cet égard, nous sommes comme Lazare ; nous recevons les transfuges du monde médical, leurs cas incurables.

Nous recevons des hommes dont l'estomac a été rempli d'acides, de fer et de mercure – le mercure qui transforme leur foie en cinabre [4] et les fait devenir des baromètres à rhumatismes, sensibles à chaque changement de temps.

Ce même mercure, dans certaines formes, est le grand ami du dentiste car lorsqu'il est introduit dans le système il chasse les substances calciques, s'empare des dents et substitue souvent chez la fille de dix-sept ans des dents de porcelaine aux incisives, canines et molaires blanc perlé que la nature a prévues pour durer toute une vie.

J'ai un jeune chien à la maison et lorsqu'il me désobéit, je

2. *Christian science* : Église et système religieux fondés par Marie Baker Eddy, enseignant que la réalité objective de l'existence est sous tendue par l'amour divin et mettant l'accent sur la guérison à l'aide de moyens spirituels. Également appelée Église du Christ, Scientiste. [N.D.T.]
3. *Mesmérisme* : système de guérison fondé sur le magnétisme animal développé par un médecin autrichien, Franz Anton Mesmer (1734-1815). Mesmer traitait des patients névrosés en utilisant des aimants et l'hypnose qu'il inventa. [N.D.T.]
4. *Cinabre* : 1/ Sulfure de mercure naturel, de couleur rouge – principal minerai de ce métal. 2/ Couleur rouge de ce sulfure. Couleur vermillon. [N.D.T.]

lui donne un coup de badine pour lui rappeler son bref devenir. Ainsi la nature vous applique-t-elle la badine de la douleur lorsque ses règles sont méprisées et, lorsque vous ressentez la cuisante douleur, au lieu de déverser des drogues dans votre estomac, laissez un ingénieur habile ajuster votre machine humaine, de manière que chacune de ses parties travaille en accord avec les exigences de la nature.

Pensez à vous comme à une batterie électrique. L'électricité semble avoir le pouvoir de scinder ou de distribuer l'oxygène, dont nous recevons les bénéfices vitalisants. Lorsqu'il joue librement à travers tout le système, vous vous sentez bien. Interrompez-le à un endroit et la congestion en résulte ; dans ce cas, un docteur en médecine, en vous administrant des médicaments, augmentera cette congestion jusqu'au délabrement. Il est comme le Français qui laisse faisander son canard pour pouvoir le cuire plus vite. Il n'en est pas ainsi avec l'ostéopathe. Il enlève l'obstruction, laisse le courant distributeur de vie jouer pleinement et l'homme retrouve la santé.

L'un des chemins est celui de l'homme, il est incertain ; l'autre est la méthode de Dieu, elle est infaillible. Choisissez aujourd'hui celui que vous voulez servir.

Maintenant, commençons très bas, et raisonnons en remontant. Combien de personnes observatrices ont déjà vu une oie malade sur l'eau, l'eau fût-elle sale ? Si l'oie peut obtenir la nourriture nécessaire pour maintenir la vie, son docteur, qui est l'eau, et les éléments appartenant à son espèce la maintiendront toujours en forme. On trouve rarement une oie, un cygne, un pélican, un huart ou un volatile aquatique morts – si on en trouve – à la surface des lacs ou de l'eau, sauf en cas de mort violente.

Nos plus anciens pionniers vous diront que dans les premiers temps de la colonisation du pays, la maladie était inconnue chez les cochons. Les porcs vivaient dans les champs de la nature, pour manger, boire, croître, et être heureux. Lorsqu'ils étaient malades d'avoir trop mangé ou pour toute autre cause, ils avaient suffisamment de bon sens pour aller au ruisseau ou dans quelque autre endroit humide, s'y plonger et y rester jusqu'à ce que leur fièvre disparaisse et qu'ils soient de nouveau bien.

Aucun couteau de chasseur n'a jamais transpercé la peau d'un cerf, d'un ours, d'un loup ou d'une panthère malades, à moins qu'ils aient conservé les marques cachées d'une ancienne blessure.

Nous croyons que la raison de cette absence de maladie parmi les animaux et les volatiles de toutes sortes vient d'une stricte obéissance aux lois sous lesquelles la nature les a placés. Lorsqu'ils sont fatigués, ils se reposent, lorsqu'ils ont faim, ils mangent et ils vivent dans le strict respect de toutes les indications de leurs désirs.

Je crois que l'homme n'est pas une exception à cette règle. Nous croyons qu'une des plus grandes raisons pour les maladies humaines se trouve dans le mépris de l'homme pour ces grands faits et, en ceci, il ne montre pas plus de bon sens qu'une oie.

OSTÉOPATHIE

Au fondateur de cette grande science, sont dédiées ces lignes avec l'amour et le respect de leur auteur.

Le créateur de cet univers
A donné la vie comme bénédiction, pas comme remède.
Et l'homme, Son dernier et suprême effort,
Porte en lui le reflet de Son esprit,
Son énergie vitale et Sa force,
Pour accélérer le moteur et le cours de la vie.
En son sein, inoffensifs et sûrs, pour toujours,
Se trouvent les remèdes du corps.
Ainsi affirma l'homme d'acier,
Avec inébranlable foi, courageux A. T. Still.
Honneur à ce cœur fervent,
Qui seul, à travers l'amère douleur,
Face à la bouche dédaigneuse, et au cruel sarcasme
Dans la sombre et triste pauvreté,

Maintint fermement le grandiose dessein
Qu'il ressentait à sa main proposé ;
Le dessein de déchiffrer le plan, découvrir
Comment « à Son image Il fit l'homme ».
Comment la créature de l'amour du créateur
A pu multiplier ses propres limites.
Quel audacieux credo jeté
Dans la vieille arène conservatrice,
Mais les yeux profonds de cet homme fort
Lurent le livre de la nature, que le faible n'a jamais vu,
Et des amis loyaux à son grand cœur
Le trouvèrent pour affermir sa propre part ;
Car les réels compagnons ne sont pas ceux
Qui voient avec les yeux et parlent avec la langue
De chair et de sang, mais ceux qui, foule immobile,
Habitent au plus profond de l'âme,
Ceux qui lui ont révélé cette vérité :
La guérison du corps est en lui scellée.
C'est lui qui osa dire la vérité,
Risquant foyer, amis et nom,
Se tient aujourd'hui sur le trône d'honneur, couronné.
Les justes lauriers lui sont remis.
Remerciant, modeste, il se tient,
Pendant qu'aveugles et boiteux de tous pays,
À ses pas journellement s'attachent,
Tous attestant son merveilleux ouvrage.
Puisse la lumière du ciel sur sa tête sincère
Pour de nombreuses années verser sa bénédiction,
Et tant qu'il est vivant, ne laissons pas s'échapper
Ce présent royal du plus pur or,
Le plus loyal cadeau à un véritable esprit,
Le respectueux honneur de sa bienveillance.

Fargo, N. D.

Helen de Lendrecie

CHAPITRE XX

Mesdames et Messieurs, je suis ici ce soir à votre demande, pour répondre comme devant la cour qui juge un homme et rend une juste décision – où chaque homme est un juré décidant pour lui-même, où chaque femme siège comme avocat et enregistre ses conclusions pour elle-même, sa famille et ses amis. Une femme peut avoir une vie active jusque quarante-cinq ou cinquante ans. Elle est alors considérée comme une femme mûre, à laquelle les voisins demandent conseil. Elle se rend à l'église, à la mairie, dans des rassemblements politiques et nationaux estivaux dans le but de rassembler quelques bribes de savoir, pour les rapporter et les transmettre à ses enfants, petits enfants, époux, voisins et amis.

Permettez-moi, pour introduire le sujet qu'est l'ostéopathie, de vous dire que je suis vraiment fier. Je ne sais pas pourquoi la nature ou nature de Dieu m'a ouvert juste un œil pour discerner un petit coin de son œuvre. Pendant vingt ans, j'ai fréquenté les prétoires de Dieu comme avocat.

J'ai questionné, recoupé et dirigé précisément mes questions sur toutes les parties du sujet que je désirais examiner. Les questions que je me posais étaient à peu près celles-ci : « Mon esprit est-il capable, avec ma philosophie, de comprendre ou de résoudre la grande question, "Qu'est-ce que l'homme ?" » Vous vous rappelez que je parlais alors comme un homme que la peur ne fait pas taire. La question « Qu'est-ce que l'homme ? » englobe toutes les questions que comprend l'univers – toutes, aucune n'est oubliée « Qui est Dieu ? », « Qu'est la vie ? », « Qu'est la mort ? », « Qu'est la santé ? », « Qu'est l'amour ? », « Qu'est la haine ? » Au sein de ce grand complexe qu'est l'Homme, existe chacun de ces miracles. Avons-nous oublié quelque chose ? Rien ? Le moindre principe dans les cieux, sur terre, dans l'esprit, dans la matière ou le mouvement n'est il pas représenté en espèce ou en qualité dans les caractéristiques humaines ? Dans l'homme, on trouve les représentations des planètes du ciel. On trouve l'action de ces corps célestes représentée dans nos corps. On trouve en miniature l'esprit contrôlant la puissance du mouvement. On trouve que la raison résulte d'une conclusion, soutenue par l'aptitude connue comme pouvoir de connaissance. Et lorsque la machine fut conçue, lui furent donnés le pouvoir de locomotion, d'auto préservation, toutes les passions animales et toutes les aspirations de Dieu. Toutes ces qualités existent en l'homme. On les trouve également sous une forme plus raffinée chez la femme, la partie sensitive de l'ensemble caractérisant la race humaine. Elle est un principe plus raffiné que l'homme. Elle est sensibilité, l'homme est motricité. Il est moteur, elle est intellectuelle.

Laissez-moi suggérer que dans la constitution humaine, se trouvent les nerfs moteurs permettant au sang de gagner les confins du corps à partir du cœur par les artères, et d'y retourner par les veines. Donc, dans la constitution humaine, on trouve le principe moteur ou principe paternel, mais également l'autre, le maternel, dans le retour du sang au cœur, d'où il est de nouveau renvoyé pour la bataille de la vie.

Je vous parle comme si vous étiez des ostéopathes avec de nombreuses années d'expérience qui, ayant placé la main dans le côté du Christ et trouvé la cicatrice, n'ont plus de doute [1]. Je suis placé dans une position plutôt embarrassante, hésitant entre vous envoyer un obus ou tirer juste une petite balle ; ou à

1. Allusion à l'apôtre Thomas qui dut toucher les cicatrices du Christ pour croire en sa résurrection. [N.D.T.]

l'instar du prêcheur baptiste, tirer au fusil de chasse pour toucher beaucoup d'endroits. Mais ce soir, vous n'avez pas besoin que j'envoie des coups d'obusier.

Lorsque j'examinai la question et essayai de me familiariser avec quelques-unes des œuvres de Dieu, – ou « l'inconnaissable » comme l'appellent certains, « Jéhovah » comme disent d'autres ou « Illnoywa Tapamala-qua » comme l'appellent les Indiens Shawnee, ce qui signifie la vie et l'esprit du Dieu vivant –, je recherchai quelque bribe compréhensible pour mon esprit. Pour explorer les vérités de la nature, je commençai tout d'abord par étudier ce que je pouvais observer et le considérai comme fait scientifique. Par où commencer ? Voilà la question. Que retenir ? Quel chemin prendre ? Je découvris qu'à chaque jour suffit sa peine. Que l'on prenne la main d'un homme, le cœur, le poumon ou la combinaison dans son ensemble, cela nous conduit vers l'inconnaissable. Je voulais être un des Connaissables.

Ma première découverte fut celle-ci : chaque trait particulier de Dieu me parvenait comme inconnaissable. Le choc de la mort – que connaît-on là-dessus ? Je ne sais rien, donc c'est inconnaissable. Je commençai à étudier et à expérimenter. C'est par accident que j'ai commencé. J'enlevai des excroissances de la nuque humaine appelées goitres. Le goitre disparaissait quelques heures après le traitement. La philosophie en était pour moi pleine de doutes ou inconnaissable. Une grande partie l'est encore aujourd'hui. J'essayai la dysenterie. Elle fut jugulée. Je pensai que je lui commandais de s'arrêter. Elle faisait un certain mouvement et stoppait d'elle-même et cette loi est encore pour moi absolument inconnaissable. Je trouvai le mal de tête. Qu'est le mal de tête ? C'était également pour moi inconnaissable. Je trouvai les fièvres ; je ne savais pas ce que c'était. Je trouvai l'inverse. Je vais vous donner un exemple. Je tiens cette lampe à incandescence dont la température actuelle est d'environ 25° C. Si je branche la batterie, sa température monte à plus de 70° C. Je débranche la batterie et la voilà morte. Nous avons le principe moteur ou positif, allant de l'avant et apportant les éléments nécessaires à la vie. Neutralisons ce positif et laissons agir le principe maternel. Que fait-il ? Il nettoie les saletés de la maison chaque matin, lorsque l'homme est parti. Il nettoie la poussière en moins de temps que son époux pour la déposer. Ainsi, la température revient à son niveau originel de 25° C, un changement de 50°. La manière dont ce résultat est obtenu me conduit à nouveau vers les inconnaissables.

Qu'est l'électricité ? Je ne sais absolument rien sur elle. Je puis seulement vous dire ce qu'elle fait. Au sein du composite humain, se trouve l'un des systèmes les plus absolus et les plus parfaitement construits, câblé depuis le sol sur lequel on se tient, jusqu'au sommet de la tête. Chaque département possède ses fils et ses pôles télégraphiques, et il en existe des millions dans tout le corps, chacun d'eux se trouvant exactement où il doit être – un pour la tête, un pour l'œil, un pour les paupières qui recouvrent l'œil. Vieille Mère Nature dit : « Étendez une couverture ici », et voilà la paupière qui se ferme. Voilà sa couverture. Voilà la mère à l'œuvre. On discerne la philosophie des principes paternel et maternel des veines et des artères par leurs actions et leurs résultats. Soulevons des principes, nous retombons sur la nature. Elle est toujours volontaire, autosoignante, autonourrissante et autoprotectrice. Quelqu'un pourrait dire : « Que signifie tout cela ? Pourquoi de telles histoires ? Pourquoi parlez-vous de ces lois divines ? Projetez-vous de nous baptiser ? Allez-vous faire la quête ? »

D'après l'histoire, nous avons fait une erreur et l'avons poursuivie pendant des milliers d'années. Nous avons essayé de connaître et d'éviter les effets que nous appelons maladie en utilisant quelque chose dont nous ne comprenons pas l'effet. Lorsque nous sommes malades, nous prenons des poisons, beaucoup ; de l'espèce et de la qualité aux effets meurtriers ; et pire encore, durables. On dit qu'une dose de soufre prise aujourd'hui sera retrouvée dans les analyses soixante jours plus tard. Combien de temps durent les effets ? Il peuvent persister soixante ou soixante-dix ans. Lorsque j'étais enfant, j'ai reçus du poison dans le bras – ils l'appelaient virus. Combien de temps est-ce demeuré dans mon corps ? C'est resté à travers plusieurs épidémies de variole ; l'effet est donc sans fin. Lorsque j'avais à peu près quatorze ans, j'eus une crise de sialorrhée [2]. Je pris plusieurs doses de calomel. Cela me fit tomber les dents. Aujourd'hui, j'utilise un appareil partiel parce que j'ai vécu une époque et une génération où les gens ne surent rien faire de plus intelligent que transformer ma mâchoire en cinabre.

La plupart d'entre vous êtes étrangers et un grand nombre voudrait me voir rentrer dans le détail et me demander : « Pour quoi votre ostéopathie est-elle utile ? » Elle s'est montrée bonne pour arrêter le croup. Elle n'a jamais échoué dans la rougeole et la dysenterie. Quand le patient est mort, nous ne le traitons pas. En cas de dysenterie, si le patient est pris dans un délai raison-nable, l'ostéopathie a prouvé son absolue efficacité pour arrêter le flot et guérir. Elle n'a jamais perdu un cas de diphtérie lors-qu'elle a été utilisée dans les premières heures suivant le début de la maladie. Elle n'a jamais perdu un cas de coqueluche. La lutte n'a jamais duré plus de trois jours. Cela ne vous semble-t-il pas important, vous qui avez veillé vos enfants râlant et toussant pendant huit à dix semaines ? Elle a le contrôle absolu du système nerveux des poumons et si aucune poche ni aucune cavité ne sont constituées, la loi est absolue, parce que cela ouvre les veines, élimine les déchets, permet aux artères de reconstruire, et la toux s'arrête.

Maux de tête – bien petit inconfort, pour vous qui en souf-frez deux ou trois jours de suite. Qui, en dehors d'un ostéopathe, peut vous dire ce qu'est le mal de tête ? Dr Médic, voulez-vous, s'il vous plaît, expliquer à ces gens ce qu'est le mal de tête ? « Le mal de tête est une condition particulière de la tête avec tempé-rature soit chaude soit froide, et une augmentation ou une dimi-nution du flux sanguin. Je suggère de vomir abondamment. » Voilà la définition du mal de tête selon le Dr Médic. Et que savez-vous de plus à son propos ? Allez voir un ostéopathe : « Qu'est-ce qui blesse le cerveau ? » Il vous répondra : « Qu'est-ce qui fait crier le porc, beugler une vache, ou pleurer un enfant qui a faim ? » Lorsque survient une condition de froid de la tête, les artères cérébrales n'approvisionnent pas correctement le

2. *Sialorrhée* : du gr. *sialon*, « salive » et -rrhée. Salivation exagérée, qui s'observe dans diverses affections. Syn. : ptyalisme. [N.D.T.]

cerveau en nutriments. Il devient donc comme affamé, misérablement affamé, même. Lorsque les veines, assistées des nerfs moteurs ou celles qui amènent le sang dans sa circulation s'obstruent, la douleur apparaît ; c'est l'effet-mal de tête.

Dr Sullivan, vous avez été plombier pendant plusieurs années ; supposons que vous trouviez le branchement d'eau d'un lavabo hors d'état. Vous diriez que le tuyau est rompu ou qu'il fuit, n'est-ce pas ? Que diriez-vous si je vous appelais pour vous dire : « Sullivan, il y a un problème avec le tuyau. L'eau ne passe pas, je n'arrive pas à la faire couler. » Diriez-vous, avec l'air digne d'un docteur : « Il y a quelque chose de singulièrement bizarre. C'est probablement une maladie organique du cœur. Donc, je pense qu'une injection de morphine devrait être bénéfique. » Voilà en gros le genre de réponse que vous obtenez lorsque vous payez un docteur pour avoir son avis. Plus le plombier est bon, plus il est préparé à évaluer son travail. Ainsi en est-il de l'ostéopathe. Laissez-moi vous poser une autre question, Dr Sullivan : « L'ostéopathie, bien que nettement supérieure, n'est-elle pas un système comparable à celui du plombier, œuvrant selon le même principe ?
– Oui, Monsieur. »

En construisant cette demeure sans recourir à la main, le Dieu de la nature a prouvé être le plus subtil des plombiers connus, que se soit par le philosophe ou par n'importe qui d'autre. Qu'en pensez-vous ? Les « tuyaux » sont-ils tous en place et prêts à assumer leurs fonctions ? Je sais quelle sera votre réponse. Vous direz : « Si vous regardez, vous trouverez chaque nerf à sa place ; vous trouverez des nerfs, des veines et des artères entre chaque côte et entre chaque os du dos. Vous trouverez que chaque os du corps humain possède une ou plusieurs protubérances pour l'insertion de quelque muscle. Vous trouverez logique pour un homme de penser que lorsque tous sont dans leur position normale, chaque partie est en condition adéquate pour la santé. »

On m'a traité de cinglé. Qui fait attention à de tels noms ? On m'a traité d'impie. Qui se soucie de cela ? Je peux vous donner deux noms là où vous m'en donnez un. Je suis un Écossais à la langue bien pendue, né avec une bouche d'Irlandais et je pense avoir comme un œil supplémentaire pour observer. Pendant trente ans, j'ai vu à l'œuvre des systèmes longtemps protégés, d'une ignorance stupéfiante, criminelle, appelés allopathie, homéopathie, éclectisme [3], tous, sans exception, utilisant les drogues. Pourquoi sont-ils criminels ? Une fois que j'étais absent de la maison, un de mes fils eut un accès de fièvre. Un allopathe vint avec ses médicaments. Il croyait en les toniques, sédatifs, et beaucoup d'autres petites choses. Que fait l'éclectique ? Il croit en ses purgatifs, ses transpirations, ses vomissements et ses brûlures ; il croit en ses seringues hypodermiques. Il les utilise et ainsi fait l'homéopathe.

L'allopathe arrive et dit : « Je crois en les deux, juste un peu plus héroïquement [4]. Etant le plus élevé dans la trinité des expérimentateurs, je veux vous dire que je crois en tout ça, sans restrictions. J'y crois sans réserve ! »

Lorsque je revins, mon garçon de douze ans prenait de la quinine et du whisky. Je demandai : « Qu'as-tu dans la main ?
– Oh, un peu de quinine.
– Qu'y a-t-il dans cette bouteille ?
– Un peu de whisky ; je vais me faire un petit quinine-whisky. »

Combien de temps faut-il à un enfant pour apprendre que le whisky est meilleur au goût sans quinine ? Qui amorce l'avalanche de larmes coulant des yeux de la mère ? Ce criminel qui

---

3. *Éclectisme* : Système médical initié par Wooster Beach qui, après avoir étudié la médecine dans un cours de l'époque, combina ce qu'il considérait comme le meilleur provenant de la médecine régulière, de la médecine indienne, des guérisseurs, et des médecines par les simples dans un système qu'il appela éclectisme (source : Carol Trowbridge, *Andrew Taylor Still*, p. 18, Edition Thomas Jefferson University Press, Kirksville, Mo, 1991).

4. *Médecine héroïque* : allusion au système médical de l'époque, initié par Benjamin Rush (1746-1813) utilisant des techniques tellement rudes (saignée, purgation, calomel, etc.) qu'on l'appelait « médecine héroïque ». C'était également le système dit « régulier » (source : Carol Trowbridge, *Andrew Taylor Still*, p. 16, Edition Thomas Jefferson University Press, Kirksville, Mo, 1991).

a prescrit la première boisson, je le considère comme criminel envers tout homme. Mais vous pouvez, si vous le désirez, devenir ivrogne et le considérer comme saint.

Voilà maintenant la colique. Un jeune gars s'en va voir sa chérie. Il est trop paresseux pour faire du feu afin que sa mère le nourrisse à la maison et, une fois par semaine, il s'en va voir sa Polly qui le bourre de tarte et de cake. Il rentre à la maison avec la colique, va voir le docteur aux pilules qui lui plante la seringue dans la région du nerf « solaire-gastrique » – ne devrais-je pas dire pneumogastrique ? Le voilà soulagé. La fois suivante, il se bourre de tarte au crabe et a besoin d'une nouvelle piqûre. La première chose qu'il fait, savez-vous, c'est d'avoir sa propre seringue : on voit de tels patients à San Francisco et dans toute l'Amérique et on les entend dire : « Allons-y, Tom ; et fourbissons nos armes [5]. » En disant cela, ils ne s'apprêtent pas à être travaillés et à payer pour cela. Ces seringues hypodermiques sont aussi répandues que les sauterelles dans l'Est ou l'Ouest. Vers quoi tendons-nous ? Il y a cinquante ans, j'ai vu des chiens que je n'oublierai jamais. Ils nageaient en amont d'un moulin à eau. L'eau coulait très vite, et ils descendaient, descendaient, descendaient. Un homme dit : « Regardez-moi ces damnés chiens. » Eh bien, pensai-je, s'ils ne sont pas encore damnés, ils ne vont pas tarder à l'être et, en une seconde, ils étaient sur le moulin, transformés en chiens morts. Cela montre qu'en essayant de nager à contre-courant si près du moulin, il leur est arrivé quelque chose ; quelque chose arrive à votre garçon ; quelque chose arrive à votre époux.

Un ostéopathe va, avec ses seules mains, solitaire. Et en quoi place-t-il sa confiance ? En premier, dans l'intelligence et l'immuabilité de Dieu. Dans l'idée que les retouches des rabots Divins et les chaudières à vapeur conçues par l'Etre divin et placées dans l'homme, lorsqu'elles ne sont pas empêchées, agissent en harmonie. Qu'est-ce que l'harmonie, si ce n'est la santé ? Cela

---

5. Le texte anglais comporte un jeu de mots intraduisible en français, fondé sur les deux sens du mot *arm*, qui signifie à la fois « bras » et « arme ». [N.D.T.]

comprend la parfaite harmonie de chaque nerf, veine et artère dans chaque partie du corps. Chaque muscle qui bouge a quelque chose à faire fonctionner. Par exemple, qu'est-ce qui construit le cœur, pousse le sang dans toutes les parties du corps ? Un ostéopathe vous dira que c'est le travail des artères coronaires, qu'il doit comprendre avant de pouvoir traiter le cœur.

Lorsque je regarde l'œuvre de la nature, je vois qu'elle ne travaille pas pour un dollar ou une demi-journée ; elle ne travaille que pour obtenir des résultats. Le salaire de Dieu, pour le labeur et le temps, c'est la vérité et seulement la vérité. S'il Lui faut un million d'années pour faire une pierre de la taille d'un haricot, le temps et l'ouvrage sont librement accordés et le travail honnêtement fait. Jamais aucune persuasion d'aucune sorte ne peut faire dévier cette mécanique de la ligne de l'exactitude. Donc, je peux me fier aux principes que je crois trouver dans le corps humain. J'y trouve ce qui est nécessaire pour la santé, le confort, le bonheur de l'homme, les passions et tout le reste. Rien d'autre n'est nécessaire que les simples diète et exercice ordinaires. Nous trouvons tous les mécanismes, les qualités et les principes que l'Architecte a voulus pour être en l'homme. Donc, travaillons avec ce corps, du cerveau jusqu'aux pieds. C'est une œuvre finie et digne de confiance dans toutes ses parties.

CHAPITRE XXI

L'ostéopathie comme une science – Je devenais si fou que je braillais –
Le triomphe de la liberté – On me reproche de m'opposer
aux enseignements de mon père – Ostéopathie et respect de Dieu –
La télégraphie de la vie – La circulation – Préparer le sang – La maladie
définie – La lumière électrique et l'ostéopathie – Une érudition issue de
l'université de la Nature – Professeur Paon et la leçon de la queue.

Mesdames et messieurs : je ne peux pas m'exprimer comme le
ferait un orateur ; la timidité m'est venue en naissant, peut-être
même m'attendait-elle déjà une semaine avant. Il est facile pour
moi d'utiliser de grands mots tels que « je vais » ou « je ne vais
pas », et je n'hésiterai pas à dire que je vais démontrer que l'ostéopathie est une science. L'objectif de ces réunions est de vous
donner un aperçu sur sa signification. Le commun des mortels
ne peut pas dire si elle est un séisme, un cyclone ou une comète.
Même le gouverneur du grand État du Missouri pense qu'elle
est « un cadeau ou un secret » spécial. Nous savons que c'est une
science fondée sur la vérité – une science que tout homme utilisant studieusement une intelligence moyenne peut comprendre.

C'est une science du principe qui peut contrôler la fièvre,
la dysenterie, la rougeole ou la diphtérie. Elle ne se met jamais
en ordre de bataille pour affronter ces adversaires sous un drapeau de trêve, mais fait flotter le drapeau noir avec un air de
défi.

Pour ce travail, nous devons, pour nos résultats, faire
confiance à la loi absolue du Divin. Vous pouvez parfaitement
objecter à cela ; vous pouvez, si vous voulez, préférer voir le
résultat de l'à-peu-près, je n'en perdrai pas pour autant le soutien du Divin. Si vous voulez voir le résultat de l'à-peu-près,

contemplez vos cimetières, remplis de bébés, de petits enfants, de jeunes mères et d'hommes qui n'ont jamais pu atteindre l'essentiel de la vie. Je puis vous dire que Dieu n'a jamais voulu fertiliser la terre de cette manière. C'est l'ignorance de l'homme qui produit de tels résultats.

Je me rappelle que dans les champs, au moment de la moisson, dans le Kansas balayé par le vent, les hommes portaient des chemises dont la plupart étaient trouées. Un jour, un hollandais s'assit au pied d'un arbre pour se reposer et quelque chose s'insinua dans l'un de ces trous. Le Hollandais le tira de sa poitrine, demandant : « Qu'est-ce que c'est que ça ? Est-ce que ça mord ? » À peu près à cette époque, je trouvai quelque chose en mon poitrail. C'était l'ostéopathie. Je la tirai vers moi et demandai comme le hollandais avait fait pour le serpent : « Est-ce que ça mord ? » La réponse vint : « Non, je veux apporter aux mères le confort qui leur est dû. Je veux apporter de l'aise et de la quiétude aux enfants de sorte qu'ils puissent satisfaire la loi de la nature et se développer depuis l'atome jusqu'à l'organisme totalement développé. Et sous cette forme-là, tu trouveras tout ce que le ciel et la terre contiennent, complètement représenté, esprit, matière et mouvement, fusionnés par la sagesse du Divin. »

Lorsque je leur montrai cette étrange chose, mes voisins dirent : « Non-sens ; tu es fou », jusqu'à ce que je devienne presque honteux de soutenir les œuvres de Dieu, même au Kansas, État se proclamant pourtant libre. Et quand ils parlaient si légèrement de cette science soutenue par Dieu, je faisais comme le Hollandais à la mort de son épouse, « je devenais si fou que je braillais. »

Le dix-neuvième siècle a triomphé de l'esclavage, mais qui apprécie la vraie liberté ? – Il semble n'y avoir chez les gens qu'un seul sage noyé parmi quatre-vingt-dix-neuf idiots. Lorsque j'essayais d'expliquer que le cerveau fonctionne comme une batterie ordinaire, ils pensaient que ces secrets appartiennent à Dieu, et me reprochaient de m'opposer aux enseignements de mon père qui, toute sa vie, avait été un bon médecin, utilisant pilules, purges, emplâtres et tous les poisons qu'on lui avait enseignés comme essentiels dans le traitement de la maladie.

Il dispensa la meilleure lumière qu'il possédait, mais une lumière plus débordante et plus éclatante fondit sur nous venant de l'intelligence de Dieu, bien meilleure que l'ancien à-peu-près. Je souhaite faire don de ma vie à l'étude de ces machines, combinaisons d'esprit et de matière, et chaque fois que je trouverai une nouvelle vérité, je la clamerai au monde. Je veux que le caractère de mes découvertes soit tel que lorsqu'on demande de qui sont ces écrits sur l'ostéopathie, la réponse puisse être « de Vérité ». « Ils portent les vérités de l'Architecte de l'univers. »

On m'a dit : « N'avez-vous pas peur de perdre votre âme à courir après cette nouvelle idée, cette étrange philosophie ? »

Je ne crains pas que suivre une loi conçue par Dieu m'éloigne de lui. Chaque avancée en ostéopathie nous conduit à une plus grande vénération du Divin Souverain de cet univers. Je ne veux pas retourner à Dieu avec moins de savoir qu'à ma naissance. Je désire que mes traces de pas laissent une empreinte dans le domaine de la raison. Je ne désire aucunement être comme le chat, avançant si légèrement qu'il ne crée jamais de dérangement. Je désire que mes empreintes soient pleinement visibles par tous les lecteurs. Je veux être moi, pas « eux », pas « vous », pas « Washington », mais juste moi-même ; bien labouré et cultivé. Je compte bien continuer à chercher sur la construction de cette machine, dans laquelle j'ai découvert tant de choses qui m'intéressent – dans le cerveau de l'homme, avec ses deux lobes, son cervelet, le bulbe rachidien, la moelle épinière et l'ensemble des nerfs qui en émergent complétant le mécanisme qui contrôle la télégraphie de la vie.

Dans le cœur, je trouve des ventricules dans lesquels le sang est stocké, prêt à être transféré aux artères de tout le système, pour, cela étant fait, retourner au cœur par les veines, après avoir été enrichi en recevant des nutriments du chyle qui passe à travers les conduits et enrichit le sang. Chaque veine a de nombreux apports d'eau. Dieu fournit les apports et l'eau pour les veines. Les lymphatiques fournissent l'approvisionnement en eau et diluent le lait concentré qu'est le chyle, le préparant pour les artères pulmonaires.

La maladie est un effet provoqué par l'interruption de

quelque approvisionnement en fluide ou en qualité de vie. En cas de paralysie, vous allez d'un docteur à un autre à la recherche de celui qui pourra relancer le courant de vie à partir de la moelle épinière. Il échoue avec les drogues et les remèdes et, finalement, vous trouvez un homme qui touche le bouton et allume la lumière. De même en cas de diphtérie ; vous voulez un homme qui comprend la mécanique humaine. Il vainc la maladie en sachant comment appliquer les principes de cette science aux voies de la sensibilité, du mouvement et de la nutrition. Il guérit votre enfant ; alors, vous êtes heureux et exprimez votre joie. Un ostéopathe a appris que la nature est digne de confiance jusqu'au bout.

Les principes de la lumière électrique sont les mêmes que les principes de l'ostéopathie. Elle a deux batteries composées de produits chimiques opposés ; rassemblez-les par mouvement et cela produit une explosion de lumière. Le même principe montre comment un oiseau maintient sa chaleur – ses battements cardiaques s'accélèrent. Le moineau a un cœur qui bat environ soixante fois par minute, alors que l'éléphant a un battement à peu près toutes les trois minutes, et la baleine encore moins.

Pourquoi le soufflet ou poumon est-il placé dans la poitrine ? Est-ce pour scinder l'oxygène, soutenir la vie et vous tenir chaud ? Si la machine est en bonne santé, la droguerez-vous jusqu'à ce que la batterie ne puisse plus fonctionner ? L'oxygène est envoyé à travers tout le corps et bombarde le camp de la mort. Mais certains refusent d'accepter le nouveau et meilleur chemin. Ils veulent conserver le vieux système whisky-drogue. Très bien, un fusil ne peut tirer plus loin que ses spécifications d'origine et ils ne peuvent rien faire de mieux.

Les gens doivent être éduqués ; ils sont comme des rats pris au piège. Leur médecin peut bien être un homme bon, mais avec le système qu'il défend, il n'est à peu près d'aucun secours. Il laisse son épouse mourir, laisse son enfant mourir, il donnerait la terre entière pour les sauver, il meurt lui-même parce qu'il va, ignorant l'éducation de l'école Divine.

Un ostéopathe n'est qu'un ingénieur humain, devant

comprendre toutes les lois régissant sa machine et ainsi maîtriser la maladie.

Quand vient l'asthme qui détruit la vie, les nerfs pulmonaires s'épaississent et deviennent stupides, les nerfs perdent le contrôle et la dysharmonie en résulte. Utilisez la vitalité, comme Dieu l'ordonne, et ne saoulez pas votre patient.

En cas de dysenterie, lorsque les intestins sont en feu et qu'il y a douleur, un ostéopathe presse le bouton du bien-être et, en quelques minutes, l'angoisse est partie et l'enfant a faim.

Honte au scalpel qui découpe une femme comme un cochon de Noël. Presque la moitié des femmes vivant aujourd'hui portent une marque de bistouri et je vous dis, l'intelligence de Dieu est bafouée par cela.

Un ostéopathe croit fermement que Dieu sait avec quoi armer le monde et il suit Ses principes. Et plus il utilise les drogues, plus il oublie les enseignements de Dieu et plus il trahit le respect de ce collège et de ses enseignants.

Dieu est le Père de l'ostéopathie et je n'ai pas honte de l'enfant de Sa pensée.

J'ai acquis un savoir à l'université de la nature, pour lequel j'ai payé un prix très élevé et obtenu tout mon dû. Je n'ai entendu parler que de la compétence de son Président. On m'a dit qu'il possède un grand savoir en réserve – en résumé, qu'il connaît toutes choses. Parce qu'imperfection est un mot qu'Il ne connaît pas dans n'importe quelle partie de l'habile mécanique, Son œuvre n'a jamais présenté une imperfection ni une malfaçon.

À partir de la construction des mondes, avec leurs lois de vie et de mouvement, sans la moindre imperfection pour comparer et voir la différence, s'il en existe une, entre perfection et imperfection, n'est-il pas raisonnable de supposer qu'Il n'était pas habitué à comparer Ses œuvres avec le sens du mot imperfection ? Avec cet avertissement et ce savoir à moi donnés, j'intégrai le collège.

Je reçus la consigne par le doyen de la faculté de suivre le concierge, et de faire connaissance avec les professeurs de chaque département de ce grand collège d'enseignement. Il était neuf heures du matin lorsque je commençai à suivre le concierge de salle en salle. Je fus introduit auprès du plus beau professeur du nom de Paon, nom désignant la plus belle œuvre de peinture du département de la couleur. Le professeur Paon dit : « Vous passerez par toutes les salles et y découvrirez tous les animaux, les poissons et les oiseaux occupant les chaires de professeurs. Chacun d'eux possède le savoir sur la précision de la forme, de l'origine, et de l'insertion de chaque pièce ou principe appartenant à son département. Il commence et achève le corps entier, couleurs, taches, rayures, et embellit jusqu'au plus haut degré de la nature tous les volatiles de l'air, les poissons de la mer, les bêtes des champs, jusqu'à à l'ultime tentative de Dieu à qui fut donnée la forme de l'homme : beau en forme, contenant tout le mécanisme pour l'existence de la vie, les attributs de Dieu, esprit et raison, si harmonieusement mélangés qu'aucune imperfection, aucune erreur ne sont trouvées dans aucune des salles, même inspectées par Dieu lui-même. Et lorsque vous aurez été introduit auprès de chaque professeur, de cette grande œuvre à laquelle est donnée une forme et dont la vie prend possession en tant qu'habitant et commandant de chaque division, vous comprendrez ses étonnements.

« Alors vous me rendrez compte, dans cette salle, et je commencerai à vous enseigner avec des matériaux bruts, placerai vos pieds sur l'échelle du progrès et vous maintiendrai là jusqu'à atteindre le sommet. Vous maîtriserez la chimie, un département au sein duquel la matière est reçue et placée entre les mains d'habiles mécaniciens qui observent et exécutent la charge consistant à donner forme à chaque pièce trouvée au sein des êtres élaborés, et à les préparer au transfert vers le peintre qualifié. Vous le suivrez à travers chaque salle où ces substances chimiques colorées sont préparées, pour apprendre comment les appliquer et peindre selon les spécifications écrites par la main et l'esprit du Divin.

« Vous habiterez ici jusqu'à ce que vous soyez devenu maître dans tous les arts tels que le montrent ma forme et mon apparence, celles que vous discernez aujourd'hui. Je suis un livre ouvert de la nature que vous devez étudier. Un savoir incomplet ne sera pas suffisant. Votre diplôme doit porter le sceau d'acceptation et d'approbation de l'Architecte qui exige la perfection du savoir et vous éprouve au travail.

« Vous devez peindre et reproduire sur mon corps toutes les couleurs, taches, rayures connues et embellir comme vous pouvez voir et lire ce qui est précisément écrit par la main de l'Architecte dont nous venons de parler ou habiter ici toute l'éternité avec les paons. Si Dieu s'est retenu de terminer, laissant ce modèle de beauté et de sagesse, pourquoi n'apprendriez-vous pas tout ce qu'il faut apprendre sur les parties et les principes qui se trouvent ici ?

« Précédant la formation d'une plume sur la queue du paon, nous voyons se réunir un ensemble de muscles, de veines, de nerfs et d'artères – préparant la formation d'un être appelé plume. Ces préparatifs sont grands ou petits, selon les devoirs devant être accomplis. Ils doivent constituer un axe, requérant des nerfs de force pour le pousser hors de la peau de l'oiseau. Selon toute apparence, il sort simplement comme un axe ressemblant à un crayon. De la glande ou matrice de cet être en formation, la plume émerge bientôt sur plusieurs centimètres. Nous commençons alors à discerner son extrémité avec toutes ses beautés et la bonne couleur. Alors que la plume continue de pousser, apparaît une tache – noire, verte, bleue ou blanche. Lorsque cette tache est formée, la plume continuant à sortir du corps, nous voyons une autre couleur se constituer et embellir la plume, et ne distinguons plus le pigment noir.

. « Il est raisonnable de supposer que le nerf fournissant la couleur noire cesse d'entretenir la coloration et ne fonctionne plus ou devient inopérant, n'envoyant plus de teinte durant toute la formation de la plume, mais la belle coloration demeure des deux côtés et se mélange pour embellir la tache laissée et la clarifier jusqu'à ce que la maturation de la plume soit terminée. À l'intérieur de ces cavités où les plumes sont attachées au corps, nous trouvons toute cette puissance chimique à peindre et embellir le corps entier de l'oiseau, avec les préparations pour constituer les plumes, courtes ou longues, pour choisir l'endroit où elles sont situées, jusqu'à la terminaison de cet oiseau dans son ensemble – ou tout autre oiseau du colibri au condor. Ainsi ai-je appris, comme on le voit, que Dieu est le plus fin chimiste et peintre de l'univers. Nous aimerions apprendre quelques leçons supplémentaires de Ses beaux oiseaux. »

CHAPITRE XXII

Mesdames et Messieurs, Il y a vingt-deux ans aujourd'hui, à midi, je fus touché – non pas au cœur, mais au pôle de la raison. Ce pôle était alors dans une bien mauvaise condition pour recevoir une flèche chargée de principes philosophiques. Depuis, je me suis toujours souvenu de ce jour mémorable, et le célèbre comme l'anniversaire d'une naissance – mais pas toujours devant un auditoire aussi intelligent ni aussi nombreux que ce soir. Pendant une partie de cette journée, je me retire de la présence des hommes pour méditer sur cet événement, au cours duquel j'ai discerné par la force de la raison que le mot « Dieu » signifie perfection en toutes choses et en tous lieux. À partir de ce moment, à l'aide du microscope de l'esprit, j'ai commencé à enquêter attentivement pour prouver une affirmation souvent faite en votre présence : la perfection du Divin peut être prouvée par Ses œuvres.

Je me résolus à accepter le sujet et à déterminer par investigation si cette affirmation est vraie ou non, si l'on peut prouver, comme l'affirment en chaire les sages à tête grise, que les œuvres de Dieu prouvent Sa perfection (les chemins qu'empruntent les hommes ne sont pas tous faciles). Nous n'avons jamais le positif mais nous avons le négatif. Pour autant que je comprenne, je suis convaincu, et je ne peux rien prétendre de plus, que les œuvres de Dieu prouvent bien Sa perfection, en tous lieux, en tous temps et en toutes circonstances. Je traçai une ligne séparant débiteur et créditeur. Sur ce côté, je plaçai les œuvres de Dieu, et sur l'autre les actes de l'homme, lui-même œuvre de Dieu, association intelligente de l'esprit, de la matière et de l'âme, l'enfant de Dieu, Auteur et Constructeur de tous les mondes et de toutes les choses y incluses. Tous les modèles de mécanique que l'homme peut imiter dans ses inventions se trouvent en lui. Vous vous souvenez que tous les modèles sont empruntés à cet être-là – qu'il soit Dieu, démon, ou homme – l'initiateur de toutes choses. Tous les modèles pour toutes choses sont des imitations de ce que l'on trouve dans l'être construit, l'homme. Nous voyons en l'homme, quand nous le comprenons, les attributs du Divin. Nous trouvons le résultat de l'action de l'esprit, donc, une représentation de l'Esprit de tous les esprits. Dans le système solaire, nous trouvons du mouvement, sans lequel aucun univers ne peut exister. La pensée même de l'esprit présuppose l'action. Les mouvements de toutes les planètes de l'univers indiquent et sanctionnent l'action et la force. Ces planètes passent et repassent, dans l'heure et la minute ; passent devant vous et d'autres globes, indiquant à un homme de raison l'aptitude de l'Esprit à calculer mathématiquement la taille de chaque pièce utilisée dans tout l'univers, et à l'armer et l'équiper d'une vélocité exactement juste, qui fonctionnera au millième de seconde près. Que se passerait-il en cas d'écart d'un quart de seconde dans la vitesse de Jupiter, que pourrait-il en résulter ? Augmentez l'intensité électrique de tout le système et il en résultera de la fièvre dans tout le système planétaire et solaire. Si dans ses révolutions Jupiter s'écartait d'un quart de seconde du temps dans son circuit, quel effet cela aurait-il sur l'ensemble du système planétaire ? Vous verriez des planètes telles que Mercure, Vénus et la Terre dansant une gigue de confusion. Alors, si un docteur en médecine se trouvait perdu parmi elles, il administrerait une énorme dose de morphine. Sur ce terrain, justement, il est incompétent pour comprendre les révolutions et les temps exigés par le créateur de lune divin. Nous trouvons exactement la même chose dans le système solaire de l'homme. Supposons que le cœur échoue à œuvrer en son temps. Une confusion s'amorce par la rétention du sang à la base du cerveau – peut-être la base du cœur ou la base des intestins, ou la base des pieds, ou le côté ou le sommet de n'importe quelle division du corps – et jusqu'à ce que Jupiter reprenne son temps régulier, se mette en ligne avec cette étoile, il faut s'attendre à recourir aux Sources Chaudes pour se réchauffer.

Beaucoup sont venus ici ce soir, et pour quoi ? Très peu sont venus pour voir à quoi peut conduire la stupidité. Il y a trop de raison dans vos yeux pour qualifier de foutaise un fait mathématique. Certaines têtes ne sont pas gouvernées par la raison. Il ne faut pas être trop dur pour ceux dont les yeux ne peuvent discerner qu'une petite distance ; mais accordons leur le privilège de nous considérer comme des philosophes ou des idiots, parce qu'ils ne comprennent pas mieux l'un que l'autre.

Ma grand-mère était hollandaise. Elle me raconta qu'elle croyait en les signes et par eux, régulait l'élevage des poules, l'abattage des poulets, le dépeçage des porcs. En voyant un de ces gars, avec une petite tête qui connaît tout, avec un petit livre sous le bras, un almanach ou quelque chose de même genre, exigeant de devenir un grand ostéopathe en une semaine ou en dix jours, rappelez-vous ce que je vous dis : cet enfant a été sevré lorsque le signe était dans les pieds ; ainsi, il veut trotter. Un autre type a été sevré lorsque le signe était dans l'abdomen ; ses aspirations sont de manger et il est prêt à aller dans le monde en se vantant d'être un ostéopathe et de comprendre tout de la science, et plus encore. Il est prêt à aller devant le monde et à faire suffisamment de fausses déclarations pour gagner plus d'argent qu'avec une transaction franche et honnête avec ses congénères. Nous avons de telles naissances ici, parfois ceux qui ont travaillé en dentisterie, dans la vente des drogues et autres vocations, se sont développés en quelques jours et sont prêts à partir dans le monde, à brandir leurs emblèmes et à s'appeler « ostéopathes ».

Il y a vingt-deux ans, j'ai empoigné le problème solennellement et sérieusement. Depuis ce temps, je n'ai pas perdu une heure de veille sans que mon esprit ne soit engagé dans l'étude de la construction de l'homme, à la recherche d'une seule imperfection ou d'un défaut – que ce soit sous le microscope, avec le couteau de l'anatomiste, ou avec les lois philosophiques de mon esprit ou de celui des autres. Je n'ai encore jamais pu détecter la moindre ombre de confusion. Le Jupiter de la vie est absolument et mathématiquement correct. Mon investigation s'est faite dans l'honnête dessein de déterminer si, lorsque le grand Dieu de l'univers a construit l'homme, un seul défaut dans Son œuvre a pu être détecté par toutes les intelligences combinées des fils et des filles de l'homme, de la naissance de l'humain jusqu'au temps présent. Je dois accorder mon crédit en bloc et déclarer le vote unanime en faveur de Dieu, et si vous ne pouvez pas l'accepter unanimement, faites comme quelques Républicains à Saint-Louis : sortez. Si vous ne pouvez pas le gober, sortez et restez dehors.

Pourquoi me suis-je intéressé à cette grande question de l'intelligence de Dieu ? Sa capacité à nous donner les saisons, froide et chaude, humide et sèche, les différents genres de volatiles et d'animaux, les poissons de la mer et des eaux courantes ? La raison pour laquelle j'ai examiné cela, la voilà : je considérais l'homme comme plongé dans une terrible et prodigieuse ignorance, venant du fait que lorsqu'il est malade, il estime de quoi il s'agit et estime devoir aller chez le médecin. Alors commencent sérieusement les devinettes. Le docteur devine de quoi il s'agit ; il devine ce qu'il doit lui donner ; il devine quand revenir, devine qu'il devrait aller bien ou devine qu'il devrait mourir. Il entre dans la grande assemblée de la devinette du quand et du où et lorsque le dernier soupir est rendu, les devinettes ne se terminent que lorsque le prêtre devine où il ira. Je me dis que Dieu connaît plus de choses que moi et plus que M. Mikael, ou Dick Roberts, ou tous les hommes auxquels je peux penser ; plus que le général Jackson [1] ou Jeff Davis [2], Abe Lincoln et même Horace Greeley [3]. J'en conclus que s'Il sait toutes choses, Il a

1. *Andrew Jackson* (1767-1845). Homme politique américain, général lors de la seconde guerre d'Indépendance, gouverneur de Floride en

certainement placé la machine humaine sur la piste de la vie armée et équipée, les chaudières remplies, huilées, avec tous les systèmes de l'appareillage fonctionnant correctement dans tout le mécanisme. Je commençai à examiner l'homme. Que trouvais-je ? Je me trouvai en présence d'une mécanique – la plus grande mécanique que l'esprit puisse concevoir. Après sept ou huit années passées avec une mécanique inerte, me familiarisant avec toutes les parties, de la chaudière à la scie, je commençai à examiner l'homme comme une machine. En utilisant ma scie, j'avais découvert que si je la serrais, la lame vibrait. J'avais remarqué qu'une fois le vrombissement passé, il se transformait en un son mélodieux. C'était à peine un gazouillement, parce que lorsqu'une scie chauffe et commence à vibrer, la pression est vraiment légère et juste avant de gazouiller, elle vibre. J'avais remarqué que le bruit harmonieux de la scie apparaissait quand elle fonctionnait comme elle devait, en restant bien en ligne. Je trouvai le même vrombissement chez l'homme et c'est cela qui attira mon attention, m'amenant à m'occuper de la question de la scie de la vie. Elle n'était plus alignée et la friction contre le bois produisait un échauffement et ce qu'on appelle un voilement. Elle bombe d'un côté comme une bulle sous une crêpe. Cette oscillation abîme la scie et empêche son travail. Combien de bulles ai-je trouvées dans la mécanique humaine ? Je trouvai celles de l'érysipèle, de la dysenterie, de la diphtérie et ainsi de suite. C'est la rupture de la bulle par la scie voilée qui indique que la scie de la vie n'est pas en ligne et le chariot hors de la ligne. Je mets au défi les vieux sages de la philosophie de me montrer la différence entre dysenterie et pas de dysenterie ; de me montrer le moment où la dysenterie n'était pas là. Il faut

1821, sénateur démocrate en 1823. Il fut le septième président des États-Unis, élu en 1828, puis réélu en 1832. [N.D.T.]
2. *Jefferson Davis* (1808-1889). Officier et homme politique américain, sénateur en 1847, ministre de la Guerre en 1853. Président de la Confédération en 1861, il fut l'âme de la résistance du Sud. [N.D.T.]
3. *Horace Greeley* (1811-1872). Publiciste américain qui fonda en 1834 *The New Yorker* et en 1841, *The Tribune*. [N.D.T.]

considérer le nombre d'heures qu'il a fallu à ce lait pour s'aigrir et commencer à cailler. Il a d'abord commencé à s'altérer à cause de sa condition stationnaire, à une température appropriée. Le lait s'aigrit dans un récipient ordinaire, tout comme le sang s'aigrira dans le récipient des intestins ou des artères et des veines mésentériques, ou bien dans les muscles. Donc, on a simplement un effet, auquel on donne le nom d'une maladie particulière : c'est seulement un effet. Quatre-vingt-dix-neuf fois sur cent, cette même machine a une scie voilée ; elle a quitté la ligne ; elle ne suit pas la piste assignée pour le cours de la vie par la nature et les choses ne sont pas harmonieuses.

Pourquoi ai-je dû poursuivre cette investigation durant des années ? Parce que, comme un vieux mathématicien, je ne pouvais compter qu'en additionnant. Je pouvais faire une marque pour Tom Smith, mort du traitement de son médecin ; pour Jim Smith mort également, et pour John Henry Smith, lui aussi mort. Cependant, j'ai omis de dire que le père et la mère étaient également morts tous les deux. Au cours de la guerre civile, j'avais remarqué que dans les parties du Missouri et du Kansas où les docteurs avaient cessé d'exercer, les enfants ne mouraient pas. Nos pasteurs disent que Dieu nourrit les oiseaux et je pensais justement que si Dieu prenait soin d'eux, il avait également pris soin de ces enfants. Il les avait soutenus aussi bien l'été que l'hiver. La Nature pourvoit à un grand nombre d'urgences. Lorsqu'un mulet a travaillé tout le jour et que les muscles de sa colonne vertébrale sont tendus comme des lacets de chaussure, que fait-il ? Il trouve une bonne place où se rouler, se tape les sabots, administre quelques ruades à une ou deux mules, accomplissant ainsi sa manipulation ostéopathique. Il nous montre quelque bon sens. Que fait une poule lorsque ce que vous appelez des microbes se prennent dans ses plumes ? Elle sort son microscope, regarde dedans et conclut que ce sont des microbes ; elle déniche alors un tas de poussière et les abandonne dedans. Regardez le cochon. Il en sait plus que son maître. Quand il attrape une fièvre, il se met dans la boue et y reste jusqu'à ce que la fièvre le quitte. Il y a quelques années, un homme avait le choléra et ses amis décidèrent de l'aider ; ils recouvrirent le vieil homme de sable et le laissèrent mourir. Ils partirent en remontant la rivière et l'abandonnèrent et, le matin suivant, il était avec eux, prêt pour son petit déjeuner. Ils l'avaient laissé pour mourant, mais il s'était remis.

J'ai un très grand sentiment de bienveillance pour ce jour. Le 22 juin 1874, à dix heures, pour la première fois, je découvris le bouillon de la liberté et, depuis, j'ai toujours trempé mon pain dedans ; comme pour manger des olives, ce fut un peu difficile au début mais, maintenant, tous veulent des « olives ». Tout le nord de l'Amérique commence à dire : « Je vais prendre quelques olives, s'il vous plaît. » L'Irlandais en a pris quelques-unes mais a dit : « Bon sang, qui a abîmé les prunes ? » Nos étudiants, les premiers diplômés qui sont partis d'ici, ont résisté aux obusiers dans tous les conflits et en sont sortis victorieux. Ce pauvre petit Ammerman, qui est à peu près aussi grand qu'un morceau de chewing-gum après les services du dimanche, partit pour le Kentucky et fit flotter dans la brise un petit drapeau ostéopathique. Ils sont allés chercher les lois de ce grand État pour écraser le petit freluquet de moins d'un an d'expérience. Son travail l'a accompagné devant la cour et le grand jury du grand État du Kentucky l'a déclaré « non coupable ».

L'un de mes enfants, pauvre « faible d'esprit » qui a été un de mes disciples, partit pour le Minnesota. Il fut arrêté ; pourquoi ? Pour ne pas voir de diphtérie là où il n'y en avait pas. Dans cet État, existe une loi imposant la quarantaine pour la diphtérie, la rougeole, la scarlatine, etc. Eh bien mon gars est exactement comme son père ; il en sait si peu sur la loi qu'elle ne l'effraie pas. Il a plus de cran que de cervelle, je suppose. J'ai appris par le sénateur de cet État, Nelson, qu'il visitait vingt-huit foyers par jour et le lendemain décrochait tous ces écriteaux :

NE PAS ENTRER

PAR ORDRE DU

BUREAU D'ÉTAT DE LA SANTÉ

DIPHTÉRIE CONTAGIEUSE

243

C'était comme s'il y avait eu des couturières dans chaque maison, jusqu'à ce qu'on regarde plus attentivement. Ils étaient apposés sur ordre du bureau de l'État pour la santé (ou bureau d'État de l'ignorance) pour éviter que les gens ne propagent la diphtérie. Il y en avait des centaines dans cette petite ville de Red Wing. Le sénateur Nelson me dit être entré dans ces maisons avec mon fils Charles (qui est diplômé en ostéopathie). Les langues des enfants pendaient hors de la bouche, leur gorge était rouge ; mais il ajouta que Charles ne perdit jamais un seul cas. Il me dit également que juste avant ce moment, la mortalité par diphtérie avait été très grande parmi les enfants de ces environs. Tel qu'il m'en souvient aujourd'hui, il y eut dans l'État 114 morts en un jour, mais l'ostéopathie ne perdit aucun cas au cours de cet hiver-là. Et pour avoir sauvé la vie de ces enfants, mon fils fut arrêté et conduit devant la justice. Quel fut le résultat ? Les pères et les mères vinrent par centaines et les médecins accusateurs et les procureurs décidèrent de laisser tomber. Ces Suédois et Norvégiens-là dirent que si Still était reconnu coupable, ils pendraient les docteurs. Du centre à la périphérie du Minnesota, les gens déclarèrent que l'ostéopathie devait vivre. Il en était également venu en masse du Wisconsin avec leurs armes à feu pour libérer ce gars dès l'instant qu'il serait mis en prison pour avoir violé les loi en sauvant les vies des enfants. Ils déclarèrent que les gens étaient la loi et les règlements l'outil. La loi est une stipulation par rapport à l'argent et lorsque les gens se dressent, ils sont la loi du pays. À Louisville, dans le Kentucky, les gens sont la loi ; dans l'État du Missouri, les gens sont la loi ; également au Kansas ; et dans beaucoup de coins des États-Unis. Les Américains n'accepterons pas de voir leurs libertés diminuées. Et ils n'iront pas non plus choisir leur docteur dans la cuisine.

Il y a vingt-deux ans, il a fallu que je me faufile à travers une cuisine pour examiner un enfant atteint du croup. L'oncle de l'enfant, John Tibbs, de Macon City, m'avait envoyé un télégramme me demandant de venir voir l'enfant de son frère qui se mourait du croup. Cinq ou six médecins avaient consulté l'enfant et avaient décidé qu'il ne pouvait pas vivre. L'un d'eux était un bon vieux médecin anglais qui se soûlait occasionnellement et il dit que l'enfant serait bientôt dans les « bras du Grand Hi Ham. » L'oncle de l'enfant et M. Mc Caw vinrent me chercher à la gare, me conduisirent à la maison et réussirent à m'amener à l'enfant par la cuisine ; ils ne voulaient pas me faire passer par devant de peur de rencontrer quelque médecin sortant. En cinq minutes de temps, l'enfant commença de respirer facilement, et bientôt il jouait dans la maison. Depuis ce temps, il y a une maison ostéopathique pour moi en ce lieu, l'ostéopathie est connue à travers tout l'État et l'homme intelligent a confiance en elle. Le philosophe a également confiance en son pouvoir de guérison. Aujourd'hui, les pères et les mères appellent les ostéopathes et paient pour leurs services.

Une des objections à l'ostéopathie est qu'elle peut faire des voleurs et des vauriens. Quelques hommes viennent ici pour un petit moment, puis s'en vont en disant : « J'ai été à Kirksville ; je suis un ostéopathe. » et ainsi de suite. Ils volent les gens partout où ils le peuvent jusqu'à ce qu'ils soient découverts. Ce sont des vauriens alcooliques ; vraiment la vermine de la ville. Cela est vraiment dangereux. Les docteurs en médecine disent que c'est dangereux parce qu'il suffit de quelques guérisons pour que l'ostéopathie devienne le plus grand système d'escroquerie du monde. Il se trouvera des hommes pour rabaisser complètement cette science, en prenant le train, en allant à cinq ou six cents kilomètres proclamer qu'ils viennent de la ville de Jérusalem, communément appelée Kirksville ; qu'ils viennent directement du fleuve de la vie et comprennent profondément cette science. Ce sont des hommes qui n'ont jamais rien fait d'autre que la rabaisser à la plus basse conception de stupidité et d'ignorance. Un autre point dangereux contre lequel je veux vous mettre en garde c'est que dès que nos étudiants commencent à connaître un petit quelque chose en ostéopathie, quelqu'un vient pour leur offrir de payer leurs frais de voyage vers des régions éloignées s'ils acceptent d'y aller. Ils leurs proposent de bien les payer s'ils acceptent d'y aller et de pratiquer l'ostéopathie, alors qu'ils ne sont pas plus capables qu'un singe d'aller dans une bijouterie. Des gens viennent et me demandent ce qu'il faut faire pour le mal de gorge, et ainsi de suite, et disent qu'ils paieront tant pour ça. Ils disent à nos jeunes étudiants qu'ils ont plein d'argent et paieront leurs frais plus deux mille dollars mensuels s'ils acceptent de venir avec eux. C'est une grande tentation pour un jeune homme qui n'a pas quinze cents pour acheter du chewing-gum à sa fille. Certains étudiants connaissent ces propositions et prennent des patients et des étrangers, leur faisant des offres alléchantes, disant : « N'allez pas voir le Vieux Docteur ; il est jaloux de nous. » Ils entretiennent cela et quand ils en ont fini avec le patient, ils s'en vont comme tout autre trompeur.

Ayant suivi cette science pendant vingt-deux ans, je suis pleinement convaincu que le Dieu de la Nature a fait Son travail complètement. Je suis satisfait qu'une révolution se présente à vous aujourd'hui – une révolution dans la guérison, une révolution dans l'esprit humain qui résultera de l'étude de l'anatomie dans vos écoles et collèges de district. C'est une des plus importantes études pour toutes les écoles. Lorsque je commençai cette étude, je pris les os humains et les manipulai, de semaine en semaine, de mois en mois et ne les reposai jamais si bien que je suis resté éveillé pendant douze mois. Il y a un grand danger pour l'étudiant en ostéopathie, c'est de conclure qu'il devrait être sorti aussi vite qu'un palefrenier ou quelque visiteur d'un moment qui, une fois dehors, vole aujourd'hui les gens. En arrivant ici, vous avez demandé combien de temps il faut à un homme pour être capable de se retrouver dans une communauté et résister aux obusiers dirigés contre lui. À partir d'une longue expérience dans cette science, nous vous dirons qu'il faut deux fois douze mois. Je pourrais vous considérer comme un troupeau de moutons, vous peigner, vous graisser et vous envoyer sur le marché ; le meilleur des juges ne pourrait pas discerner si vous êtes de bons ou de mauvais moutons ; mais je ne le ferai pas. Vous vous adressez à moi pour la vérité, je vous la donnerai. En envoyant ici votre fils ou votre fille, vous ne voulez pas qu'ils sortent incompétents.

Beaucoup de ceux qui sont restés ici avec nous s'en vont au bout d'un an et certains font un peu de bien. Avant d'avoir notre institution et de pouvoir la diriger, nous fîmes du mieux que nous pouvions : juste comme l'épouse du pasteur qui prend sur une étoffe pour raccommoder la chemise de son époux – elle fait du mieux qu'elle peut ; et elle reste à la maison parce qu'elle n'a pas de chaussures, c'est le mieux qu'elle peut faire.

Il y a deux ans, lorsque j'ai commencé cet immeuble, quinze mètres sur vingt-cinq, hall, dix salles, etc., les gens ont dit : « Que fait donc ce vieux fou, placer là une bâtisse de cette taille ? Il est cinglé. » Savez-vous dans quelle condition est ce type aujourd'hui ? Il pense qu'il a besoin d'un nouveau bâtiment de quinze mètres sur vingt et de dix salles supplémentaires pour pouvoir accueillir les gens. Vous voyez comme l'œuvre a grandi ? Une personne parle à une autre, et une autre raconte ce qui est fait. C'est tout ce que nous avons fait comme publicité. Nous imprimons notre journal pour répondre à vos questions concernant la science.

Pendant vingt-deux ans, j'ai examiné les parties de la mécanique humaine, et j'ai trouvé qu'il s'agit de la plus merveilleuse mécanique jamais construite, par l'intelligence de la pensée et l'esprit de Dieu, depuis le sommet de la tête jusqu'à la plante des pieds. Je crois que la mécanique humaine est la pharmacie de Dieu et que tous les remèdes de la nature sont dans le corps.

Si je désirais prendre ce sujet et le discuter comme une philosophie, pas une seule nuit d'été ne serait suffisante pour en proposer ne serait-ce qu'une introduction. Je ne pense pas que je pourrais la dire en six mois ou six ans. Elle est aussi inépuisable que les œuvres de l'univers entier. Si je vis douze mois supplémentaires, je compte respecter scrupuleusement le vingt-deuxième jour de juin 1897, l'anniversaire de l'ostéopathie.

CHAPITRE XXIII

Discours dans le hall du souvenir, 4 juin 1896 – Débiteur et créditeur – Fièvre intermittente – Le danger de la dépopulation – La prescription d'un docteur pour la fièvre – Une machine électrique dans le cerveau – Blessure à la mœlle épinière paralysée – Les effets de la médecine – Ce qu'un ostéopathe devrait savoir – Le sérieux de l'étude de l'ostéopathie – Cours d'étude – Définition de la dysenterie – Envergure de l'ostéopathie – Styles de cas – Cas spécifiques.

J'ai compulsé des encyclopédies et des manuels d'histoire mais n'y ai jamais rien trouvé sur l'ostéopathie. Il y a vingt-deux ans, ce mois-ci, je me suis rendu compte que le mot « Dieu » signifie perfection dans chaque détail. Avant cela, je pensais qu'Il n'était pas parfait, pas complètement, et que cette imperfection pouvait être compensée par les drogues. Je me rendis compte que l'ignorance et les drogues s'opposaient à tout principe de guérison en tant que philosophie, la soi-disant science de la médecine étant un principe sans aucun fondement. Je commençai alors à entrevoir comment me comporter à son égard. Quel est le sujet ? Que dire et penser à son propos ? Je pense à cette machine intelligemment construite, auto-ajustée, auto-animée, auto-propulsée appelée machine humaine.

Voilà de quoi je vais vous parler, à quoi je vais appliquer ma capacité de raisonnement. Je commence et note, du côté débiteur : « Pour ce qui concerne la fièvre c'est l'échec, parce que la majorité des votes a dit : "Vous êtes défaillant, ô Seigneur !" » Que personne parmi vous ne s'énerve parce que je dis cela. Je vais appeler un témoin qui va vous le prouver irréfutablement. Lorsqu'un homme est brûlant de fièvre les actions des gens disent de Dieu : « Votre œuvre est défaillante et nous devons donner à cet homme de la quinine, de la lobélie [1], utiliser la seringue hypodermique et ainsi de suite. » On recourt aux « entailles », aux « essais » et aux drogues de toute l'Afrique pour éteindre l'incendie. Nous voyons se dérouler là un processus d'embrasement. Cet homme est sorti sous la pluie ; la réaction a suivi, sa température augmente, continue d'augmenter et on appelle cela fièvre. Elle s'arrête un moment puis de nouveau remonte. Comment appelle-t-on cela ? Fièvre intermittente. Après un temps, elle continue sans rémission ; nous avons alors une fièvre établie. « Alors, Seigneur, c'est votre machine, sortez-la de cet échauffement si vous le pouvez. Si vous ne pouvez pas, c'est l'ipéca qui s'en chargera. Et voilà un échec qui vous est imputé. Votre réputation d'inventeur est en jeu devant le monde intellectuel et pensant. »

Alors, Dieu dit au philosophe : « Regarde et vois si tu ne peux pas trouver un bouton qui puisse contrôler froid et chaud. » Nous sommes tous d'accord sur le fait que l'échauffement, c'est de l'électricité en mouvement : plus la vitesse est grande, plus la température est élevée. Si nous trouvons à l'examen de cette machine, proposée comme machine parfaite, le pouvoir de créer par elle-même l'échauffement sans celui de le détruire, nous aurons découvert une défectuosité prouvant l'imperfection du Concepteur. L'homme qui a recours aux drogues et à la seringue hypodermique dit que vous ne connaissez pas votre travail. Examinez quelques-unes de ces choses chez vous, à la maison. Aussi loin que l'histoire nous dise « ce Dieu est Vérité », cette école est la première à hisser la bannière sur la terre, et cela peut être prouvé. Je peux prendre Son œuvre et prouver Sa perfection ; et celui qui avale du bon vieux whisky et des drogues et dit que Dieu est Perfection est un falsificateur. Celui qui est atteint de fièvre pulmonaire, de pneumonie, de dysenterie, ou de n'importe quelle fièvre, et boit du whisky pour se soulager, renie l'idée même de la perfection de Dieu. Il Lui administre un

---

1. *Lobélie* : plante de la famille des lobéliacées produisant un alcaloïde toxique, la lobéline, utilisé comme antidyspnéique, antiasthmatique, expectorant. [N.D.T.]

camouflet, et pas seulement cela mais, dans les faits, dit que Dieu est défaillant.

On m'a traité de fanatique. Pourquoi ? Parce que j'ai affirmé que l'esprit divin possède beaucoup d'intelligence et beaucoup à donner ; d'ailleurs, vous en utilisez un peu, pratiquement et raisonnablement, pour vous-mêmes et vos familles. Sans cette confiance en les pouvoirs existant dans cette machine, que ferait notre vieille Terre ? En quelques milliers d'années, elle aurait courtisé la Lune qui lui tourne autour. Notre digitale, notre whisky, notre opium et autres choses insensées appelées remèdes sont en train d'éliminer rapidement la famille humaine de la terre. Deux cent quatre-vingt mille drogués à la morphine dans la ville de New York, il y a dix ans. Des victimes de l'hydrate de chloral [2] sans fin de par le monde. Près de soixante mille ont baissé les bras jusqu'au coup de grâce à cause de Keeley – pourquoi ? L'habitude du whisky.

Docteur, je voudrais que vous veniez ici. Voici notre professeur d'anatomie et de physiologie. Je veux savoir si – de votre propre observation –, vous ne croyez pas que la soi-disant science de la médecine avec ses stimulants et autres poisons fait plus de mal que de bien ?
– Indubitablement. »

Elle remplit les asiles d'aliénés, charge les gibets, et fournit les Instituts Keeley par milliers chaque année. Voilà ce que fait votre école.

Il répond : « Je ne suis plus de cette école maintenant. Je vois différemment. »

Comment cette chose commence-t-elle ? Un homme va au ruisseau pêcher quelque poisson, et quelqu'un lui dit de prendre un pichet de whisky au cas où il serait mouillé. Il attrape quelques poissons-chats, pas beaucoup, mais il absorbe le whisky. Peu de temps après, il a ce que nous appelons une fièvre. Le

---

1. *Hydrate de chloral* : composé cristallisé résultant de la combinaison de chloral anhydre et de l'eau. Par voie interne, le composé libère dans le sang du chloroforme agissant sur les centres nerveux. Il fut utilisé comme hypnotique, anticonvulsif et analgésique. [N.D.T.]

docteur dit : « Vous avez besoin d'une dose de calomel ; cependant, je suggère que vous la fassiez suivre de quelques petites doses de quinine et il serait bienvenu de prendre un peu de whisky. » Voilà notre science médicale. Le résultat en est ivresse, démence, mort, flots de larmes dans les familles, que nous pouvons imputer à l'intelligence de ces serviteurs de l'homme.

Me rendant compte de cette condition, j'entrepris de déterminer si le Dieu de tout l'univers a été assez insensé pour construire une telle machine et pour l'abandonner dans l'espace sans gouvernail ni frein lorsqu'elle descend, sans grappin pour s'accrocher lorsqu'elle monte ; et sans avoir placé aucun remède dans cette machine appelée « perfection ». La Bible dit : « Et le Seigneur dit, créons l'homme. » Je suppose qu'il y a eu un conseil mais ce fut un conseil plutôt médiocre pour créer un homme qui ne fonctionne pas.

Examinons l'homme et le Concepteur de l'homme et voyons si nous pouvons découvrir où Il a fait une erreur ; et jusqu'à ce que cela soit fait, conservez votre ipéca, avec sa musique, dans votre poche.

Certains pensent que l'ostéopathie est un système de « massage », d'autres qu'il s'agit de « guérison par la foi ». Pour ma part, je n'ai aucune « foi », je désire seulement que le fondement soit la vérité. D'autres pensent qu'il s'agit d'une sorte de chamanisme magnétique. Elle n'est rien de tout cela ; elle est fondée sur des principes scientifiques. Si ces ampoules électriques sont fondées sur un principe scientifique, il s'agit d'un principe emprunté. À quelle machine ce principe est-il emprunté ? Je pense que nous pouvons découvrir que la première pensée relative à cette machine est venue de l'examen du cerveau humain, dans lequel nous trouvons deux lobes, contenant la sensation et le mouvement, et, lorsque ces deux lobes sont rassemblés, nous trouvons les parties positive et négative de l'électricité. C'est sur ce principe que le Dr Morse a commencé ses recherches et nous a donné les premiers principes de la télégraphie. D'autres éminents électriciens ont poursuivi la même pensée. Ils ont également découvert que les batteries fournissant l'électricité doivent être composées d'éléments opposés. Les parties contenues dans les pôles opposés doivent être rassemblées. D'où l'électricien tire-t-il ces principes ? Ils sont suggérés par le cerveau humain avec ses deux lobes. Il trouve que l'électricité est dirigée à travers tout le système. Si la moelle épinière est détruite, le mouvement est paralysé. Maintenant, supposons que nous appelions moelle épinière ces lumières du centre de la pièce. En éteignant les lampes nous représentons, pour un homme qui raisonne, une attaque de paralysie ; pour un ostéo-pathe qui n'est pas trop pressé de partir avant de savoir quoi que ce soit, cela suggère un principe, une raison, un fondement sur lequel construire. Je vais vous démontrer que la moelle épi-nière fournit toutes les autres parties du corps. C'est ce qui four-nit la vie à toute la machine (démonstration avec les ampoules électriques. Les lumières du centres éteintes).

Pendant que ces lumières sont éteintes, supposez que vous vouliez les allumer en creusant autour de l'angle de la mai-son, en déversant des choses dans les cheminées ou en tout autre endroit possible. Cela aiderait-il les choses ? Un électricien intelligent connaissant l'ABC de son travail s'attendrait-il à ral-lumer les lumières avec un tel procédé ? Si j'avais un fils de trente-cinq ans ne sachant pas plus de choses que ça sur l'ajustement de la mécanique humaine, je lui paierais un tuteur à qui je demanderais d'utiliser la seringue hypodermique de la raison sur les deux côtés de la tête. Il n'existe qu'un seul principe au moyen duquel pouvoir guérir cette paralysie, et cela consiste à réunir les fils présentement débranchés à la batterie pour que l'électricité puisse y circuler. Un ostéopathe sait cela et peut le mettre en œuvre, comme cela (lumières allumées).

Existe-t-il ici un philosophe suffisamment dépourvu de raison en cet âge de l'électricité et qui oserait se lever, venir ici et dire qu'elle est la plus prodigieuse foutaise jamais vue sur terre ? La main droite du Dieu de l'univers est avec nous et nous pro-pageons la lumière de plus en plus loin de par le monde. Je compte bien, lorsque j'aurai quitté la vie active sur terre, revenir chaque semaine pour voir ce que fait l'ostéopathie. Je veux voir si elle est éliminée de la surface de la terre. Dans les premiers temps, les gens ne connaissaient rien à la médecine et ils

vivaient longtemps. Moins ils en connaissaient, plus leur nourriture était bonne, plus ils vivaient vieux.

Notre travail ici, dans cet hôpital, c'est de venir à bout des
effets de la médecine. Quatre-vingt-dix pour cent des cas venant
ici, bien qu'ils soient tordus et déformés dans de nombreux
endroits du corps, doivent d'abord être traités pour remettre en
route les nerfs des organes excréteurs du système, et ce pour
nettoyer la maison dans laquelle demeure l'âme humaine. Que
trouvons-nous ? Nous trouvons que le foie ne travaille pas correctement, nous trouvons quelque atteinte du poumon, nous
trouvons des calculs dans la vésicule biliaire. Nous allons un
peu plus loin jusqu'aux nerfs, veines et artères rénaux qui fournissent les reins. Ils sont hors d'usage. Nous descendons jusqu'à
la vessie et là, nous trouvons quelques spécimens. Spécimens de
quoi ? De pierres. Preuve de la stupidité inconsidérée de l'homme
qui, en prenant des médicaments, a converti les organes en pro-
ducteurs de chaux. Quelques doses de calomel et au revoir les
dents. N'importe qui dans l'assistance a la possibilité de lever la
main et de dire que je me trompe, si j'affirme quoi que ce soit
d'incorrect. Je combats pour Dieu et je suis prêt à affronter cette
question bien en face. Tant que je suis là, je compte dire la stricte
et pure vérité. Pour qu'un homme puisse comprendre, il doit
faire quelque chose. Le patient peut comprendre qu'il a quelque
chose à faire, savoir s'il a mal au dos ou non. Il peut comprendre
suffisamment pour savoir qu'il a mal au dos, et que l'heure suivante, il ne l'a plus, ce savoir le rendant heureux. Un ostéopathe
doit connaître la forme et la position de chaque os du corps,
aussi bien que l'endroit où s'attache chaque muscle ou ligament.
Il doit connaître l'approvisionnement vasculaire et nerveux. Il
doit comprendre le système humain comme un anatomiste mais
également d'un point de vue physiologique. Il doit comprendre
la forme du corps et ses fonctions. C'est un raccourci pour vous
dire ce qu'un ostéopathe doit connaître. Bien entendu, vous
pouvez avoir une petite connaissance en ostéopathie et accomplir certaines choses tout en ne sachant pas comment elles se
font. Avant que vous puissiez partir dans le monde et affronter
le combat, vous devez maîtriser l'anatomie humaine et les lois

physiques. Notre anatomiste enseigne l'anatomie depuis quatre ans et s'il n'était pas là, je dirais que dans mes pérégrinations à travers l'Amérique, je n'ai pu rencontrer personne qui surpasse ses qualifications en anatomie. Il peut vous dire tout ce que vous désirez savoir sur l'anatomie et vous en donner la source. Il s'est collé à elle et il la connaît. Ce n'est pas parce qu'il est plus malin que les autres hommes mais il s'est attaché à elle jusqu'à connaître la constitution de la machine humaine et son fonctionnement. Je pense qu'aucun homme ne peut tout connaître sur elle ; il y a énormément de choses à apprendre pour chacun. Pour quelqu'un venant ici apprendre cette science, c'est une matière sérieuse, à moins qu'il soit un escroc, venant ici dans l'intention d'acquérir un petit savoir pour ensuite filer et duper pleins de gens. Mais s'il désire être préparé pour la science et obtenir tout ce qu'il y a de bon en elle, c'est une matière importante, devant être considérée aussi sérieusement que le choix d'une épouse, aussi sérieusement que les prières récitées avant d'être pendu. S'il l'aborde dans cet état d'esprit, il ne tardera pas à se rendre compte qu'il existe dix milles loges dans le corps humain n'ayant jamais été intelligemment explorées. Il peut en sauter une grande quantité s'il le désire. Un homme peut apprendre l'ABC et la résolution des verbes grecs. Il a évité une partie du sujet. Eh bien pareillement, en étudiant l'anatomie, un homme peut négliger des parties ; et lorsqu'il sort d'ici, et vous dit qu'il comprend profondément tout sur la science de l'ostéopathie, même une respectable quantité, s'il a fait moins de deux ans, il en a manqué un peu.

Nous nous trouvons placés dans une position particulière. Il y a tellement de gens qui souffrent, n'ayant rien à la maison que des drogues et des flacons et qui demandent à nos jeunes de venir les traiter. Ils leurs font des offres alléchantes et nous demandent de les laisser partir. Avant que cette classe ne commence, nous avons essayé de loger les gens aussi bien que possible. Mais je vous dis que pour devenir un philosophe ostéopathe, il faut au minimum vingt-quatre mois ; une gestation de neuf mois ne vous donnera jamais un ostéopathe. Il faut une gestation de deux ans, et même alors, sont-ils seulement débutants. Même si, comme le dit le Pr Blitz de Londres en Angleterre, nous disposons ici des plus grands avantages cliniques de la terre, des plus grandes facilités pour comprendre l'anatomie – même si c'est le cas, à la fin des deux années, nos meilleurs et plus compétents praticiens devront comme moi porter la charge, comme fait le jeune homme qui donne à son père l'extrémité la plus lourde du rondin, parce que la peau de ses épaules est résistante.

Nous contrôlons des fièvres de ce climat ou d'autres, tout des maladies contagieuses telles qu'oreillons, varicelle, scarlatine, rougeole, diphtérie ou coqueluche ; également dysenterie, constipation, maladies des reins ou de la colonne vertébrale. Nous traitons avec le cerveau, le foie, les poumons et le cœur. En bref, chaque division de tout le corps humain, avec toutes ses parties.

Je peux choisir parmi vous un jeune homme, en très peu de temps, faire de lui un imitateur et l'envoyer dehors pour qu'il puisse traiter la diphtérie ou le croup dans sept cas sur dix ; et il pourra également traiter quelques maux de tête. Quelle est sa condition ? Il est comme mon perroquet. « Jacquot veut un biscuit, » mais il ne sait pas ce qu'il dit ou fait. Vous lui demandez où se trouve le nerf glosso-pharyngien et il vous répond qu'il ne s'en souvient plus ; il le cherche dans son livre. Nous voulons que vous compreniez parfaitement l'anatomie de sorte que cela vous vienne aussi vite qu'un « aïe ! » sort de la bouche d'un Hollandais qui se blesse le doigt. Cela devrait être une seconde nature. Cela devrait être fixé de manière aussi indélébile que faire la quête l'est dans l'esprit du pasteur, un devoir qu'il ne doit pas négliger avant de fermer.

Depuis la constitution du collège, nous avons établi ces règles que nous estimons nécessaires pour l'accès à une connaissance approfondie de l'anatomie. En premier, il y a l'anatomie; c'est un grand ouvrage. Lorsqu'elle a été étudiée un moment, on prend la physiologie, juste deux fois plus vaste que l'anatomie. Alors, nous avons ce qui s'appelle la symptomatologie. Nous considérons les différents symptômes ou leurs combinaisons. L'un indique un mal de dent, un autre quelque chose d'autre.

Supposons qu'il y ait eu un arrêt dans l'apport du sang à l'estomac, qu'en résulte-t-il ? Ce qu'on appelle cancer. Un autre symptôme indique la pneumonie. Qu'est la pneumonie ? Prenons un ostéopathe qui connaît à fond son travail ; il peut en donner le diagnostic, sans utiliser un seul terme des anciennes écoles. Prenez la scrofule, la consomption, l'eczéma. Dans chacun d'eux, il y a un courant interrompu, une relation inamicale s'établissant entre les capillaires veineux et artériels.

Qu'est la dysenterie ? Un effort avorté de l'artère pour alimenter la veine. La veine se contracte et l'artère déverse le sang au plus proche, il passe à travers les intestins et la mort en résulte. Le médecin donne sa quinine, son kino, ses tisanes aux graines de potiron et autres poisons, et y ajoute ses emplâtres à la moutarde. L'enfant meurt. C'est un enfant baptiste, et on l'amène à frère Morgan qui dit : « Puisqu'il a plu à Dieu de prendre l'enfant ».

Je ne crois pas que frère Morgan dirait cela. Il dirait : « Je crois que cette mort nous vient de l'ignorance du docteur ; cet enfant aurait dû vivre et travailler, comme Dieu le désire. »

Je suis venu ici ce soir pour vous dire que la science de l'ostéopathie, si peu que l'on en connaisse aujourd'hui, promet en très peu d'années de pénétrer les esprits des philosophes de toute la terre, qu'ils parlent anglais ou non. Aujourd'hui, elle est connue non seulement des nations du monde anglophone, mais elle est également connue en Allemagne, elle est connue en France. Sans doute pas si bien connue que le cyclone de Saint-Louis mais, comme lui, commençant ici et se répandant à travers tout le pays, ce cyclone se montrera dans les corps législatifs d'ici très peu d'années. Des hommes intelligents, capables d'examiner une science et suffisamment honnêtes pour dire la vérité une fois leur investigation terminée, ne pourront pas manquer de voir les résultats de l'ostéopathie. Ils voient l'ostéopathie rentrer avec entre ses mains les scalps de la rougeole, des oreillons, de la dysenterie, de la diphtérie, de la scarlatine, de la coqueluche et du croup. Le philosophe a découvert que la nature possède l'aptitude à construire une machine fiable sous tous les climats. Ici, nous avons un homme vivant à la Nouvelle-

Orléans. À cet endroit, il n'a pas besoin de faire beaucoup d'efforts pour respirer ; il respire une fois de temps en temps et va très bien. Il va plus au nord et se retrouve à 72 ou 73° de latitude. Que trouve-t-il ? Il respire plus vite, ses poumons sont plus vigoureux et son cœur dispense une plus grande quantité d'électricité. Cela lance le courant électrique plus rapidement, et le maintient au chaud au sein d'une température plus froide. Prenez l'homme et débarquez-le en Nouvelle-Orléans ; il vous faudra le mettre dans l'eau pour le rafraîchir. Il aura trop chaud parce que ses poumons augmentent l'action de l'électricité. J'ai attrapé aujourd'hui un poulet qui n'avait pas une plume sur le dos (il était juste prêt pour le pasteur). Quel était la vitesse du cœur de ce poulet ? Il devait battre à 180, peut-être 280. Pourquoi le cœur battait-il aussi vite que cela ? Pour conserver la chaleur du poulet jusqu'à ce que les plumes repoussent. Chaque trait du Maître Architecte de l'univers, montre une preuve d'intelligence et Son œuvre est absolue.

Je souhaite parler de l'aptitude de nos praticiens à juger de votre cas. Ils ont étudié l'anatomie et la physiologie ; ensuite, ils ont été placés dans les salles de pratique, après être passés par les entraînements de la clinique. Ce sont d'habiles praticiens et ils savent par expérience quand ils ouvrent ou ferment un interrupteur ; ils ont traité quinze ou vingt mille cas, à peu près le nombre de patients qui nous visitent annuellement. Si un cas se présente que l'un d'entre eux ne comprend pas, il le dirige vers quelqu'un de plus expérimenté ; et s'ils sont tous perdus, ils viennent à moi pour me questionner et je leur indique le chemin conduisant à la cause. Lorsque vous venez ici, allez à l'hôpital, demandez à être examinés par les praticiens et parlez-leur en les considérant dotés d'intelligence et de raison ; ne vous contentez pas d'exiger le « Vieux Docteur ». Le vieux docteur ne fera pas ce travail, même si vous décidez de rentrer chez vous. Lorsqu'un homme a travaillé et élaboré une science telle que celle-ci, et a passé vingt étranges années à cela, s'il n'a pas réussi à transmettre suffisamment de savoir aux autres, il doit partir. J'ai exigé des hommes œuvrant ici qu'ils connaissent leur travail, et je vous demande simplement de les traiter avec respect jusqu'à ce qu'ils aient examiné votre cas. Une fois de temps en temps, se présente un cas très sérieux, la personne se trouvant entre la vie et la mort, alors, ils viennent me chercher et je m'en occupe. Je ne peux pas m'occuper de chaque orteil, de chaque coude ou de chaque articulation des vingt milles qui viennent ici annuellement. Lorsque vous parlez à un diplômé de cette école, vous parlez à un homme qui connaît beaucoup de choses sur le corps humain et ses conclusions sont correctes. Il en existe certains qui après avoir passé cinq minutes dans la maison, pensent en savoir plus sur notre travail que ceux qui sont ici depuis cinq ans. Je suis presque dans ma soixante-huitième année, et je passerai le reste de mes jours à prêcher ici. Je suis heureux de vous rencontrer dans la rue et de bavarder amicalement, allez et voyez le secrétaire. Je crois pouvoir enseigner cette science aux autres, sinon je la quitterais. J'ai traîné dix ans une misérable existence, travaillant trop durement, lorsqu'il n'y avait pas d'usage pour l'ostéopathie. J'ai investi ici des dizaines de milliers de dollars pour vous démontrer que je peux l'enseigner et que l'homme peut l'apprendre et la faire connaître. Je ne traverse pas la ville à la naissance de chaque enfant. Les gens réclament des praticiens, attendent des résultats et les obtiennent. Je ne veux pas que des gens tapent à la fenêtre pour que je m'arrête et les examine après que le Dr Hildreth ou le Dr Patterson ou d'autres se soit occupés de leurs cas. J'aime m'arrêter sous les porches et parler avec vous et avoir du bon temps, mais je ne veux pas vous examiner. Je sais que cela peut être fait pour vous ici. Vous venez ici comme de vieux squelettes décharnés et vous entrez subrepticement comme si vous aviez honte de venir. Vous avez honte de venir et beaucoup d'entre vous ne le disent même pas à leur conjoint. C'est votre affaire. Que vous est-il arrivé ? Votre corps a été lacéré par le scalpel du chirurgien qui a sectionné quelque nerf essentiel. Qu'attendez-vous de nous en venant ici ? De refaire de vous un homme ou une femme après que vous avez été taillardés comme après un combat contre trois sangliers sauvages en Russie. Les tendons du jarret sont sectionnés ; peut-on en faire une jambe ? Peut-on faire un bras alors que l'artère sous-clavière est sectionnée ? Neuf personnes sur

dix venant ici pour se faire traiter ont tout essayé. Elles disent être sans espoir ; mais je n'en crois pas un mot, sinon elles ne viendraient pas ici. Beaucoup ont été opérés. Ils avaient un goitre et ont été traités par le scalpel, l'artère thyroïde a été sectionnée, la seringue hypodermique, les acides et les poisons ont été utilisés. Nous ne voulons pas de ce genre de cas parce que les artères qui approvisionnent les organes ont été détruites. Nous avons moins de possibilités pour œuvrer que ce que nous voulons. Vous venez ici gorgés de digitale, pourquoi ? Eh bien, à cause d'un problème cardiaque. Que trouvons-nous ? Nous trouvons un cœur probablement plus long que ce qu'il devrait être, ou trop large. Dans de tels cas, j'avertis mes praticiens de ne pas travailler sur les nerfs correspondants et d'éviter de lancer trop de force sur le cœur mais de le laisser dégagé. Je leur dis : « Garçons, ne flattez aucun homme, femme, ni enfant arrivant ici. » Dites leur qu'il y a un peu d'espoir. Il faut de deux à quatre semaines pour savoir quelles chances existent pour eux. Je ne veux pas que les patients disent : « Le Dr Landes ne m'a donné aucun espoir à propos de ça. » Il n'est pas prêt à le faire s'il reste avec moi. Le Dr Patterson ou le Dr Charley, mon fils, ne vous flatteront jamais. S'ils peuvent vous donner une lueur d'espoir, ils le feront. Vous arrivez ici avec ce que vous appelez un anévrisme de n'importe quel vaisseau aboutissant au cœur. Supposez que le Dr Charley examine ce cœur ; il entend un son rauque. Il vous demande qui vous a dit qu'il s'agissait d'un anévrisme. Vous répondez, le Dr Neely, un autre parle du Dr Mudge, ou Fudge, de Saint-Louis ou d'ailleurs. Il y a le son rauque et grondant. Vous pouvez l'entendre facilement. Anévrisme – qu'est-ce que c'est ? Il dit au patient : « Quand avez-vous remarqué cela la première fois ?
– Un cheval blessé par un cochon m'a désarçonné et à partir de là, le cœur a fait ce bruit.
– Combien de temps après ?
– Deux minutes. »
        Docteur, combien de temps faut-il pour constituer un anévrisme sur une artère ? Réponse : « Des mois voire des années. » Et son cœur s'est mis à faire ce bruit deux minutes après avoir

été désarçonné par le cheval ? J'ai moi-même été désarçonné par un cheval, j'ai reçu un coup qui m'a fait sonner le cœur ; et on m'a dit alors qu'il s'agissait d'une perturbation valvulaire. Ce bruit indique que le nerf phrénique et certains muscles ne fonctionnent pas correctement et, chaque fois que le flux artériel est envoyé dedans, il fait ce bruit. Ils s'en retournent dans le Kentucky guéris de leur soi-disant anévrisme.

Je pense qu'il est inutile d'en dire davantage car la nuit est chaude et il faut beaucoup de patience pour être patient un soir comme celui-ci, donc, je vais vous souhaiter bonne nuit.

CHAPITRE XXIV

Conférence du 25 avril 1895 – Pas infidèle – Encore cette merveilleuse machine – Ce que la sagesse des affaires nous apprend – Le maréchal-ferrant et l'horloger – L'objet de l'école – Je ne veux pas d'ostéopathes modérés – Médecine et douze mille poisons – Un cas d'aphonie – Une lettre.

Tous les mercredis matins nous avons établi comme règle de nous réunir dans ce hall pour parler d'ostéopathie. Pour les personnes qui sont là depuis quelque temps, ces entretiens peuvent peut-être, à l'instar de certains sermons, agir comme narcotique et induire le sommeil ; mais les étrangers présents peuvent désirer savoir ce qu'est l'ostéopathie. La même question est posée, qu'est la médecine ? Qu'est l'homéopathie ? Je prends beaucoup de plaisir à vous parler de cela. Avant de passer à ce sujet, permettez-moi de dire que certaines personnes pensent que je suis un mécréant, une sorte d'hypnotiseur, de mesmériste ou quelque chose du genre. Otez ce fatras de votre esprit maintenant et pour toujours.

Observons notre environnement ce matin, les arbres bourgeonnants, l'herbe florissante, les fleurs qui s'épanouissent, trop de choses disent qu'une Intelligence guide, dirige et contrôle cette merveilleuse création d'objets animés et inanimés. Le Divin, le plus grand de tous les créateurs, a conçu ce majestueux univers avec une telle exactitude, une telle beauté et une telle harmonie, qu'aucune ingéniosité mécanique humaine ne peut égaler celle de cette première grande création. La botanique, l'astronomie, la zoologie, la philosophie, l'anatomie, toutes les sciences naturelles révèlent à l'homme ces plus hautes, plus nobles, plus grandes lois et leur perfection absolue. Qu'ils soient examinés à travers le microscope le plus puissant ou autrement, aucun défaut ne peut être découvert dans les paroles de Dieu.

Le mécanisme est parfait, le matériau utilisé est bon, l'approvisionnement suffisant, l'antidote pour chaque friction, chaque secousse ou discorde se trouve en quantité suffisante pour les matériaux sélectionnés ; et le processus par lequel ils passent, pour maintenir une vie active et vigoureuse, après que la machine a été mise en mouvement et correctement ajustée, est merveilleux. L'homme, la machine la plus complexe, la plus intriquée, la plus délicate de toute la création, est celle avec laquelle l'ostéopathe doit devenir familier. Le sens et l'intelligence des affaires nous montrent que dans chaque département d'art, de science, de philosophie, ou de mécanique, il faut des opérateurs habiles et expérimentés. À qui portez-vous votre montre en or à réparer lorsqu'elle est en panne ? À un habile maréchal-ferrant ou à un orfèvre ? Certainement à ce dernier – pourquoi ? Parce que c'est l'homme instruit et entraîné à ajuster ce genre de machine délicate. Il sait comment elle est construite, la fonction de chaque roue, pivot ou roulement doit s'accomplir de manière que la montre décompte le temps avec justesse. Même alors, vous ne laisseriez pas votre montre à n'importe qui affichant un panneau « Réparation de montre. » L'habile maréchal-ferrant peut faire du bon travail dans son domaine. Il fabrique un fer à cheval à la perfection. Il utilise un étau, des tenailles, une enclume et un marteau ; ainsi fait également l'orfèvre. Les matériaux diffèrent au niveau de la quantité utilisée par chacun, plus peut-être que la qualité, la grande différence réside dans la délicatesse des mécanismes et les points faibles de ses parties, de la sensibilité aux substances étrangères introduites dans le mécanisme de la montre produisant un mouvement irrégulier, de l'obstruction, de l'usure, de la dégradation et finalement la mort. Le maréchal-ferrant peut placer le fer sur une roue de charrette ou de chariot, la remettre sur l'axe en l'ajustant correctement, et elle est prête à rouler. Le point que je voudrais vous voir garder à l'esprit est le suivant : pour être un ostéopathe, vous devriez étudier et connaître l'exacte construction du corps humain, la localisation exacte de chaque os, nerf, fibre, muscle et organe, l'origine, le trajet et le flux de tous les fluides du corps, la relation de chacun avec les autres, et la fonction que chacun est sensé accomplir pour perpétuer la vie et la santé. En plus, vous devez avoir l'habileté et l'aptitude vous permettant de détecter la localisation exacte de toute obstruction aux mouvements normaux de cette grande machinerie de la vie. Vous devez non seulement être capables de localiser l'obstruction, mais également de l'enlever. Vous devez pouvoir brandir la masse du maréchal-ferrant, aussi bien que le plus délicat burin de l'orfèvre. L'objectif de cette école est de proposer au monde des ostéopathes entraînés. Votre aptitude à faire cela ne fait aucun doute. Quelques ostéopathes très ordinaires sautent de place en place démontrant par là leurs incapacités comme le font tous les incompétents. Je suis affligé à la pensée des impressions ainsi laissées dans le public, et à l'association du mot ostéopathie aux noms de ces simulateurs. La pensés consolatrice, c'est que leurs jours sont comptés. Le péquenot, lorsqu'il rencontre quelqu'un, demande : « Comment allez-vous ? » La réponse invariablement est « moyen. » Nous ne voulons pas d'ostéopathes moyens. Nous voulons et devons avoir des ostéopathes qui, tous, lorsqu'ils se trouvent face à la pneumonie, la dysenterie, la scarlatine, la diphtérie, connaissent l'exacte localisation et la cause du trouble et sachent comment l'enlever. L'ostéopathe ne doit pas être comme le maréchal-ferrant, capable d'atteindre seulement de gros os et muscles avec un lourd marteau, mais il doit également être capable d'utiliser les plus délicats instruments de l'orfèvre, pour ajuster les os, les nerfs, les muscles dérangés et déplacés et enlever toutes les obstructions et par là restaurer la machinerie de la vie dans son mouvement normal.

Vous qui êtes là aujourd'hui vous n'avez qu'à utiliser le sens de la vue pour vérifier si je dis vrai ou non. La science de la médecine, telle que nous le montrent les dispensaires, recourt à l'aide de près de douze mille différentes sortes de drogues, pour tenter de guérir les maladies. Malgré tout cela, le plus intelligent de la profession n'est pas satisfait des résultats. Cette longue liste de poisons tend à montrer que Dieu a fait une erreur en promulguant une loi selon laquelle la maladie peut être atteinte et arrêtée par une connaissance approfondie de cette loi. Je crois que Dieu n'a fait aucune erreur. Je crois que l'homme a commis une erreur lorsqu'il a entrepris d'injecter des substances empoisonnées dans le système humain comme remède à la maladie, au lieu d'appliquer à cette fin les lois de la création. C'est là que l'ostéopathie et la médecine divergent. Lorsque j'appuie sur les touches de ce piano, l'effet de la pression est de produire un son ; lorsque les combinaisons de notes sont en accord, cela produit une harmonie ; la même loi existe pour les cordes vocales. Je vois dans l'assistance une dame qui est venue il y a quelques jours souffrant d'aphonie, elle était dans cette condition depuis dix semaines, sa voix peut aujourd'hui s'entendre à travers toute la maison. (À la demande d'A. T. Still, la dame parle d'une voix claire et audible.) Il s'agit là d'une restauration de la voix obtenue simplement en ajustant la structure vocale. La nature constitue des organes et compose les lois de leur ajustement et elle ne fait aucune erreur, ni dans leur formation, ni dans la loi.

En considérant l'effet malfaisant produit par la libre utilisation des drogues, on pourrait dire beaucoup ; en vérité, des volumes pourraient être écrits pour suivre les blessures qu'elles infligent. Ce matin, je voudrais seulement en mentionner une ou deux. Il y a à peu près soixante ans, la quinine était utilisée en premier mais très modérément ; mais bientôt, à cause de son efficacité supposée dans la fièvre malaria, elle devint la grande panacée en tant que fébrifuge. On augmenta non seulement l'importance des doses, mais également leur fréquence. Avant cette époque, les tumeurs fibroïdes étaient rares. Aujourd'hui, je crois véritablement que le grand nombre de tumeurs fibroïdes trouvées chez les gens sont la conséquence de la grande quantité de quinine utilisée, associée parfois à la belladone et autres substances toxiques. Ces excroissances, dont nous devons l'origine à une génération de docteurs, sont d'une grande opportunité pour le scalpel du chirurgien d'aujourd'hui. Leur tentative d'ablation par le scalpel coïncide habituellement avec l'ablation du patient de cette terre.

L'époux et les amis en deuil écoutent révérentieusement le

prêtre lorsqu'il dit que Dieu dans Sa providence a rappelé cette sœur dans sa demeure éternelle, loin au-delà des mondes mouvants et des soleils brûlants. En guise de consolation pour l'époux en deuil, il cite le texte scripturaire, avec l'addendum : « Dieu rabaisse celui qu'Il aime » (avec une autre épouse).

Une lettre à Madame Inquisitrice de la part de Madame Expérience :

Chère amie, j'envoie cette missive qui t'apportera la nouvelle,

Que j'ai, en esprit, épousé l'ostéopathie.

Mais, ne lève pas les bras au ciel, disant : « Elle ne sait rien de son esprit. »

Quand tu sauras toute l'histoire, ton jugement sera bienveillant.

Dans les années passées, quand la douleur cuisante me saisit de sa poigne,

J'eus besoin d'un bras fort pour deserrer l'étreinte.

La science (?) allopathie me fit douces promesses ;

De cœur, je m'unis donc à elle – elle semblait mon alliée.

De cette union, les meilleurs fruits furent plâtres, potions, pilules,

Et multiplication de mes maux, peines et maladies.

Ne trouvant pas ce mariage céleste et voulant me sauver,

Je devais rompre les chaînes de l'à-peu-près, et m'éviter la tombe.

Sans permission légale, je divorçai et m'unit à l'homéopathie,

Elle aussi se révéla fléau.

Car pilules blanches de sucre doux et de toxique aconit,

Furent plus problématiques que dynamite mortelle ;

De ce nouvel amour je me séparai vite ;

Mais à qui m'adresser pour reposer mon cœur ?

L'hydropathie vint et me convint,

Ce mariage prolifique eut des fruits insipides ;

Je trempai dans des bains d'eau froide et d'eau bouillante,

Mais les articulations, manquant d'huile, craquaient.

J'épousai alors Hygiène, ses fruits, son pain complet,

Ses mouvements suédois machinaux, jusqu'à presque être morte.
Son très sévère mandat ne permet pas le sel,
Jusqu'aux larmes insipides, je le suivis pourtant.
À nouveau le divorce m'aida, mais encore j'étais chagrinée,
Car ces renforts à l'aide appelés n'avaient pas su me soulager.
J'étais profondément plongée dans la douleur et dans la peine,
Alors vint la nouvelle science, grande, loyale ostéopathie.
Elle ne fit pas de promesse ; on l'essaya, et elle vainquit,
Je lui offris cœur et main, la chose vitement fut faite.
Aujourd'hui, fermement unis pour les ans à venir,
Nous porterons les fruits d'amour et de santé, oubliant pleurs et douleurs.
Comme l'ingénieur guide sa machine,
L'ostéopathe guide l'homme mortel, d'une main infaillible et vraie ;
De sa main magistrale, chaque partie il ajuste –
Nerfs, muscles, os et ligaments, et même le cœur battant.
Cette science est très exacte, grâce à ses lois,
Chaque organe revit œuvrant sans défaut.
À l'homme elle donne muscle, force et santé ; à sa jeunesse le fait renouer,
Cela sans drogue, en vérité.
Ainsi, vers ce nouvel amour, vraie et dévouée, serai-je,
Et jamais de l'ostéopathie ne me séparerai.
De source divine, j'en suis certaine, cette rencontre fut inspirée,
Ainsi, j'attends tes bons souhaits – à jamais je suis tienne,
Espérant que tu trouves le chemin qui m'apporte la joie.
Douce harmonie, paix sans mélange elle me rendra.
En commençant, écrire autant je ne pensais
Mais pour cette fois, excusez-moi, votre ami – Expérience.

Teddie

Écrit pour le *Journal of Osteopathy*, 1894.

CHAPITRE XXV

Discours aux étudiants et diplômés, le 7 mai 1894 – L'ostéopathie adhère aux lois de la nature – Déclaration écrite sous serment par des docteurs en médecine – L'ostéopathie peut accomplir toutes choses – Tout ou rien – Tenez prêt le vieux drapeau.

Au début de votre mission d'ostéopathe, vous avez la satisfaction de savoir que vous êtes sur le point de vous engager dans la pratique d'une science. Par une adhésion systématique à ses lois infaillibles, vous vous ferez honneur et apporterez un bienfait à l'humanité. Vous devriez également vous souvenir que l'ostéopathie se réfère aux lois immuables de la nature et à un Dieu infaillible qui en est l'Auteur. Ainsi suffit-il à l'ostéopathe de se conformer à ces lois, pour que ses efforts dans la vie soient non seulement couronnés de succès, mais l'enrichissent des remerciements de ses semblables. Vous devez vraiment être félicités pour les splendides notes obtenues lors des récents examens.

L'École Américaine d'Ostéopathie existe aujourd'hui avec toutes les preuves de son succès. Elle a atteint ce niveau malgré les manigances des intrigants visant à connecter notre science à l'ignorance désuète et à la stupidité moderne, à nous forcer d'accepter des relations avec les drogues allopathiques, les granules homéopathiques, les chocs électriques, les bains de transpiration et la chirurgie des orifices. Nous sommes fiers que notre science, correctement appliquée, soulage l'humanité souffrante plus que toutes les autres sciences combinées. Nous nous enorgueillissons de la vérité selon laquelle, avec bienveillance, nous donnons chaque jour à l'humanité souffrante santé, confort, paix, joie, soulagement.

C'est l'unique objectif de notre école et nous devons nous efforcer de le maintenir dans toute sa pureté. Aucun système allopathique avec ses drogues fatales ne devrait jamais passer nos portes. Aucune pratique homéopathique avec ses pilules dragéifiées ne devrait être autorisée à salir ou polluer notre nom. Aucune chirurgie des orifices, avec ses tortures et ses déceptions pour les affligés, ne peut décemment trouver place durable dans l'esprit de l'ostéopathe vrai, éprouvé et qualifié. L'ostéopathie ne demande l'aide d'aucune autre discipline. Elle peut « mener sa propre barque » et accomplir sa tâche par elle-même lorsqu'elle est comprise. Tout ce qu'elle demande à ses partisans, c'est une connaissance approfondie des lois infaillibles gouvernant sa conduite, le reste vous appartient.

D'éminents praticiens et chirurgiens de la « vieille école », ayant atteint une considérable renommée dans leurs lieux respectifs, ont été instructeurs dans notre collège d'enseignement et nous ont donné, de bon cœur, des écrits sous serment, preuves de la haute considération qu'ils ont pour la science qu'est l'ostéopathie. Pour eux, comme leurs déclarations sous serment en témoignent, l'ostéopathie s'élève de façon prééminente au-dessus des autres méthodes de guérison. Ils ne la relient à aucun autre système de soulagement de l'humanité souffrante, mais en font la science qui englobe toutes les autres et la plus permanente de notre ère. C'est avec plaisir que je vous propose la déclaration sous serment suivante :

Kirksville, Missouri, 13 janvier 1893

Je suis un praticien et un chirurgien qualifié, autorisé à pratiquer. J'ai une connaissance précise de la méthode thérapeutique connue sous le nom d'ostéopathie dans laquelle aucune drogue n'est utilisée.

Je jure solennellement et sincèrement croire que le système ci-dessus est en avance sur tout savoir de la profession médicale générale à propos du traitement de la maladie.

Andrew P. Davis, M. D.,

(enregistré en Missouri, Illinnois, Colorado, Californie, et Texas.)

William Smith, médecin et chirurgien, (enregistré en Écosse et dans le Missouri.)

F. S. Davis, M. D., (enregistré au Texas.)

Souscrit et certifié devant moi ce quatorzième jour de Janvier 1893. Ma charge expire le 5 septembre 1895.

William T. Porter, notaire public.

La position qu'occupe l'ostéopathie dans l'estime de ces messieurs est évidente. Ils rougiraient sans aucun doute de honte de voir leurs noms apposés sur une déclaration en désaccord ou en contradiction avec la vérité de leurs serments. On observera que l'allopathie, l'homéopathie, l'éclectisme et la chirurgie des orifices en particulier sont manifestement évités ; ils n'ont certainement pas voulu abaisser notre science en la mélangeant ou en la liant à ces sciences déclinantes de l'Antiquité. Ainsi, vous êtes appelés à en faire autant dans la pratique de la profession que vous avez choisie. Souvenez-vous qu'aucun pouvoir n'est utile s'il n'est guidé par la loi du Dieu infaillible, aux lois inchangeables de qui nous devons nous conformer si nous espérons gagner dans la bataille de la vie. L'ostéopathie devrait être le phare sur lequel votre œil demeure fixé. Dans son étude, vous trouverez une place pour chaque pensée, chaque idée et du réconfort pour chaque peur. De nouveaux cas, difficiles, vous seront présentés pour correction, mais adhérez à l'ostéopathie. Ne pervertissez pas votre intelligence ou n'entachez pas la bonne réputation de cette école en vous égarant vers quelques étranges dieux. Gardez à l'esprit que l'ostéopathie fera son œuvre si elle est correctement appliquée, que tout le reste est contre nature, non raisonnable, faux et que ce reste ne doit pas divertir l'étudiant ou le diplômé qui a l'intelligence suffisante pour saisir dans toute sa richesse la plus avancée et la plus progressiste des sciences du dix-neuvième siècle.

Si l'ostéopathie n'est pas complète par elle-même, elle
n'est rien. Elle ne marche main dans la main avec rien d'autre
que les lois de la nature et, pour cette seule raison, elle marque
le progrès le plus significatif dans l'histoire de la recherche
scientifique ; elle est aussi pleinement comprise par l'esprit
naturel que l'or ornant le crépuscule de l'ouest enluminé. Écoutez-moi encore ! Vous êtes les seuls braves et vrais soldats de la
grande armée de la liberté, combattant pour la libération des
corps enchaînés. Les remerciements de l'homme reposeront sur
votre consciencieux travail. Vivez pour la grande cause qu'est
l'ostéopathie et n'abandonnez personne en chemin. Élevez-vous
en compassion et aimez le frère souffrant en le tirant hors des
profondeurs de la maladie et des drogues. Laissez briller votre
lumière tellement devant les hommes que tout le monde saura
que vous êtes un ostéopathe pur et simple et qu'aucun titre ne
peut rendre un homme plus fier. Demeurez du côté de la « vieille
bannière » de l'ostéopathie dont les replis voltigeants sont bla-
sonnés en lettres d'or : « Une science, un Dieu, une Foi et un
Baptême. »

OSTÉOPATHIE

J. S. Lovell

Les ombres de la nuit rapidement tombent,
À travers un village de l'Ouest
Passe un jeune homme sans ami,
Portant bannière à l'étrange légende
        Ostéopathie.
Dans les foyers joyeux, il voit la lumière
De la joie sortant dans la nuit très sombre ;
Privé d'amis par l'étreinte de la mort,
Une peine profonde se lit sur son visage.
        Ostéopathie.
« Comment retenir le bras de la mort. »
S'écrie le jeune homme, – « le souffle vital,

Le don de Dieu, s'éteint trop tôt,
Avant que la vie n'atteigne l'apogée, »
                    Ostéopathie.
« N'essayez pas de passer », dit le docteur,
« La tempête rabat sur vous l'ombre terrible,
De la puissante persécution,
Le linceul tombe sur vous chaque heure. »
                    Ostéopathie.
Sans se décourager, avec hardi courage,
Le jeune homme épanouit partout,
La bannière proclamant si fortement
La science si justement nommée
                    Ostéopathie.
Le règne de l'erreur telle la loi du tyran,
Intolérante, s'enfuit de son école favorite,
Elle est défiée par ce hardi champion,
Qui au monde souffrant a proposé
                    Ostéopathie.
Pendant longtemps, leurs victimes ont jonché le sol,
Tout en sonnant des cloches aux sons solennels,
En rang, la mort marche vers le tombeau,
Celle des milliers qu'ils n'ont pu aider.
                    Ostéopathie.
À tous, salut ! Vous les proches du genre humain,
Qui guérissez le malade, rétablissez l'aveugle ;
Bienvenue ! Le rayon brillant et encourageant,
Qui brille pour marquer ce jour naissant,
                    Ostéopathie.
Loin de la stature maintenant agrandie,
Laissant toutes les autres écoles derrière ;
Son savoir emplira bientôt toute la terre,
En même temps que sur la terre retentira l'écho « Still »,
                    Ostéopathie.

Chapitre XXVI

Discours pour le vingt et unième anniversaire de la découverte de l'ostéopathie, le 22 juin 1895 – Le roi Alcool – Équiper l'homme pour le voyage de la vie – Le foie contrôle la fièvre – La grande Sagesse ne connaît pas l'échec – Pourquoi « ostéopathie » a été choisi pour cette science – Calculs biliaires et traitement – Kansas Baby.

Mesdames et Messieurs, voilà je crois, la manière habituelle de commencer un discours. Je suis d'une nature timide et ne sais trop comment débuter mon propos et, en guise d'introduction, je voudrais prendre un verre (d'eau), car j'ai la gorge très sèche. « J'ai la gorge très sèche » est une phrase aussi vieille que « Hark from the tomb the doleful sound ! » [1] et beaucoup d'hommes ont fredonné cette berceuse.

Combien souvent entendons-nous : « J'ai la gorge rudement sèche, mes dents sont douloureuses, mes gencives sont enflées, mes articulations me font mal » et ainsi de suite à l'infini. Ces effets douloureux sont la conséquence de l'utilisation de gomme-gutte [2], d'aloès, d'huile de ricin et autres anges noirs de la guérison. De tels anges nous ont bien souvent entourés dans le passé et parmi eux, il en est un, pas toujours à la vue du voisinage – un que l'on trouve habituellement dans le cellier, un ange à petit col, appelé roi – le roi Alcool.

Dieu nous protège de la tutelle de tel anges ! Ils nous environnent par l'intermédiaire des docteurs à whisky. J'ai pour les

---

1. On pourrait traduire par : « Prête l'oreille au son désolé venant du tombeau ». [N.D.T.]
2. *Gomme-gutte* : gomme-résine extraite du *Garcinia hauburyl* employée comme purgatif drastique. [N.D.T.]

médecins, en tant qu'hommes, le plus grand respect, et leur tend la main droite de l'amitié. Ils appartiennent à ma race, sont fabriqués de la même manière – deux yeux, deux mains, deux pieds – et je ne souhaite pas lutter contre eux ou refuser de les rencontrer.

Nous n'avons aucunement l'intention de nous conduire de cette manière. Nous sommes armés de l'infaillible javelot de la vérité et sommes prêts à rencontrer nos opposants, adhérents aux théories médicales, aussi bien que les autres. Je ne désire aucunement guerroyer contre les docteurs eux-mêmes ; je lutte seulement contre leurs théories fallacieuses. Que fait la médecine pour vous ? Pour apaiser la détresse, elle engendre souvent du mauvais et abreuve le système de poisons. En administrant des drogues, le médecin n'est jamais certain des résultats, et doit se contenter d'attendre, inutile, le développement du mal, essayant un autre remède lorsque l'un échoue.

Ils bataillent avec la mort même au chevet des êtres qui leur sont chers, et pleurent dans l'angoisse du cœur. « Dieu, donne-moi l'intelligence et la capacité de sauver les proches de ma famille ! Dieu, aide moi ! »

Mais tant que leurs méthodes ne seront pas fondées sur des lois infaillibles, tant que leurs mains seront liées, ils ne pourront combattre avec succès ni la mort, ni la maladie. Je ne prétends pas être l'auteur de cette science qu'est l'ostéopathie. Ses lois n'ont pas été formulées par une main humaine. Je ne réclame pas d'autre honneur que celui de l'avoir découverte.

Ses enseignements m'ont convaincu que l'Architecte de l'univers a été suffisamment sage pour concevoir l'homme afin qu'il puisse aller du Maine de la naissance à la Californie de la tombe sans l'aide de drogues. En 1849, au moment de la fièvre de l'or, lorsque les hommes voyageaient longuement à travers le pays, que faisaient-ils au commencement de leurs journées ?

Ils s'adonnaient aux préparatifs nécessaires concernant les provisions, les solides fourgons aux roues cerclées sur sept centimètres, les attelages de bœufs, les couvertures, et tout le nécessaire pour affronter les tempêtes des plaines, sans jamais oublier leur whisky ou hypocrite médecine. Sans ces tranquilles arrangements et ces nécessaires commodités, ils auraient dû abandonner leur voyage près de chez eux, sans pouvoir atteindre leur objectif.

Dieu, lorsqu'Il fit commencer à l'homme le voyage de la vie, le pourvut avec encore beaucoup plus de soins que cela.

Rien n'est oublié – cœur, cervelle, muscles, ligaments, nerfs, os, veines, artères, tout ce qui est nécessaire au fonctionnement accompli de la machine humaine. Mais l'homme semble parfois oublier que Dieu a chargé l'attelage avec tout le nécessaire, de sorte qu'il recourt à de nombreuses pharmacies pour s'aider en cas de problème. Nous en avons à peu près sept dans ce pays et toutes ont beaucoup à faire et continueront jusqu'à ce que les lois de la vie soient parfaitement comprises.

L'homme désire prendre entre ses mains les rennes de l'univers. Il dit qu'en cas de fièvre, il faut aider la nature en administrant de l'ipéca et autres fébrifuges. Mais en agissant ainsi, il accuse Dieu d'incompétence. Vous pouvez être certains que l'intelligence Divine n'a pas manqué de placer au sein de la machine humaine une manette permettant de contrôler la fièvre. Le Seigneur n'a jamais manqué de matériaux ; Il a conçu des hommes de loi, des musiciens, des mécaniciens, des artistes, et tous les hommes utiles, alors que les idiots sont, je suppose, conçus avec les restes.

Dans le passé, dans ma propre famille, j'ai observé quatre médecins, les meilleurs que les écoles de médecine puissent fournir, se battre avec toutes leurs connaissances contre l'épouvantable maladie qu'est la méningite cérébro-spinale. Prières, larmes et médecine furent toutes vaines. La lutte entre vie et mort fut sans merci mais, à son terme, trois corps sans vie gisaient au foyer désolé.

Dans mon chagrin me vint la pensée que Dieu ne donne pas la vie dans le simple but de rapidement la détruire – un tel Dieu ne serait rien d'autre qu'un meurtrier. C'est à ce moment-là que je me convainquis de l'existence d'autre chose, plus sûr et plus fort que les drogues, pour vaincre la maladie, et que je jurai de le chercher jusqu'à ce que je le trouve.

Il en résulta qu'en 1874, je hissai le drapeau de l'ostéopathie, proclamant que « Dieu est Dieu et la machinerie qu'Il a placée en l'homme est parfaite. »

Cela créa une véritable consternation. Trois truies parmi dix oisons n'auraient pas fait tant d'histoires. Certains de mes amis allèrent même jusqu'à demander au Seigneur de me rappeler à Lui parce que je remettais la médecine en question. J'étais seulement remonté plus haut que la médecine vers la Source de toute vie. La Grande Sagesse ne connaît pas l'échec et ne réclame aucune directive de la part de l'homme. Lorsqu'Il conçoit une tomate, Il n'a besoin d'aucune aide. Il la pourvoit en poumons, tronc, nerfs et artères. Le Grand Architecte de l'univers construit sans bruit de marteau ; la nature œuvre silencieusement.

L'homme constitue une étude intéressante. Pensez à vos trois livres de cervelle, dont vous n'utilisez qu'une livre pour raisonner. Ne pensez pas que je vous prends pour des idiots ; le cerveau est vraiment le lieu où habite la pensée.

J'ai étudié l'homme comme une machine. Je suis ingénieur et je connais les locomotives. Je puis vous dire comment les forces positives de la vapeur poussent la machine en avant et comment la vapeur s'échappe par les soupapes de sécurité.

Le cœur de l'homme est son moteur et c'est de là que Fulton a tiré son idée de bateau à vapeur et Morse sa pensée sur la télégraphie. Souvenez-vous qu'au moment de réaliser sa première expérience, Morse fut tourné en ridicule. C'est tout à l'honneur de Thomas H. Benton [1], du Missouri, d'avoir souhaité le succès de l'entreprise lorsque Morse demanda l'aide du Congrès. Mais on dit qu'Henry Clay, le grand homme d'État du Kentucky, déclara à M. Morse : « Allez au diable avec votre damnée bêtise. » Lorsque Morse demanda au Congrès de lui allouer huit mille dollars pour développer sa science, Clay proposa sarcastiquement un amendement affectant deux mille dollars à l'étude du mesmérisme.

De telles insultes blessèrent-elles Morse ? Non ; lorsqu'un homme possède une vérité, les insultes lui font du bien. Je

1. *Thomas H. Benton* (1782-1858). Homme politique américain, sénateur partisan de l'abolition de l'esclavage. [N.D.T.]

n'accepterais pas un millier de dollars contre un des coassements des corbeaux qui ont jacassé sur moi ; ils ont simplement agi comme engrais, enrichissant l'œuvre de ma vie. Certains disent : « Nous ne croyons pas que l'ostéopathie puisse accomplir ce que Still prétend. » Bien sûr, pour quinze cents, un homme peut acheter un brevet d'invention et donner un nom à n'importe quelle foutaise.

Je n'ai jamais prétendu pouvoir accomplir quelque chose sans en être parfaitement certain. Lorsqu'une interruption apparaît dans l'approvisionnement nutritionnel, une inanition en résulte dans quelque partie du corps qui s'atrophie ; les médecins constatent leur incapacité à la rétablir car, dans de tels cas, la médecine est sans effet. L'interruption doit être enlevée.

Lorsque le Christ rétablit le bras atrophié, il savait comment articuler la clavicule avec l'acromion, libérant veine et artère sous-clavières pour qu'elles accomplissent leurs fonctions.

Certains pensent que cette science peut s'apprendre en cinq minutes. Ils viennent ici, passent quatre heures, puis s'en vont et se déclarent ostéopathes.

C'est tout à fait comme si un homme ayant échoué en tant que docteur, fermier, mécanicien ou prédicateur, rencontrant un avocat dans la rue et causant avec lui pendant cinq minutes, se déclarait homme de loi et devenait la semaine suivante juge itinérant. Si vous pouvez apprendre l'ostéopathie en trois ans, je vous achèterai une ferme, avec une épouse pour la faire fonctionner qui vous commandera. J'ai découvert que l'homme est une mécanique et que l'approvisionnement pour son fonctionnement vient directement du système artériel. Lorsque vous comprenez l'homme, vous pouvez prouver que l'œuvre de Dieu est parfait.

Je ne comprends pas le travail du prêtre. Je n'ai pas étudié la Bible dans cette optique ; mais le savoir que j'ai acquis sur la construction de l'homme me convainc de la suprême sagesse de Dieu.

Maintenant, posons une question au Seigneur ; il est légitime de poser une telle question : « Pouvez-vous, Seigneur, créer chez l'homme un système intérieur lui permettant de boire

279

n'importe quelle sorte d'eau sans pour autant risquer de calculs vésicaux. La réponse serait « oui ». Dieu n'a rien oublié et nous trouvons un apport d'acide urique pour détruire le calcul dans la vessie. Sa loi est tout aussi fiable dans la destruction de calculs biliaires. Je n'ai aucune crainte à étudier dans cette direction car je trouve toujours que Dieu a fait son travail à la perfection. Regardez seulement comment il a régulé les battements du cœur pour fournir la quantité d'électricité ou de chaleur requise dans les différentes formes de vie.

Depuis vingt et un an, je travaille en ostéopathie, pourtant, je garde le gosier toujours prêt à absorber les nouvelles choses surgissant constamment avec elle. Je m'attends à vivre et à mourir en combattant pour le principe sans accorder la moindre attention aux fadaises de l'opposition, les considérant comme engrais ou magnifique qualité d'ignorance agissant comme stimulant, augmentant mon courage et ma détermination. L'ostéopathe qui maintient son attention sur la science au lieu du dollar sera capable de contrôler toutes les formes de maladie.

Si une telle œuvre était apparue dans le Massachusetts cent ans plus tôt, tous ses protagonistes eussent été noyés ou brûlés sur le bûcher. Pour les ignorants des lois de la vie, d'aussi merveilleux résultats ne peuvent s'obtenir que par sorcellerie. Ce jour, le 22 juin, est l'anniversaire de la naissance de l'ostéopathie, l'enfant dont je suis fier à juste titre. Et aujourd'hui, pour l'entrée dans sa majorité, je suis heureux de vous accueillir ici. Chaque année que j'ai encore à vivre, j'espère vous rencontrer ici et parler de ses grandes avancées.

Kansas Baby

Mille huit cent soixante-quatorze. Dans le Kansas balayé par le vent,
Étrange, habillé de langes un bambin repose – qui de lui fera parler.
C'est un bien petit gosse, peu épais, bien fluet,
Mais doté d'une âme de Titien et d'une force ardente,

Aucune berceuse d'amour n'est fredonnée près du petit lit,

Car c'est un petit enfant sans foyer – pas d'endroit où reposer la tête.

Pas de père le serrant dans ses bras d'un air fier,

Pas de mère déversant en pluie des baisers sur son visage.

Les vents glacés de l'indifférence cinglent froidement sa silhouette,

Et ceux qui supputent sa parenté souhaitent lui faire du tort.

Mais Dieu veut que cet enfant vive et vers lui pousse

Le soin bienveillant d'un Génie et l'Inspiration vraie.

La jeune petite chose ils adoptèrent et l'emmenèrent chez eux,

Depuis ce temps, elle n'a jamais cherché à fuir le refuge de leur amour.

Ils l'ont placée dans le giron de la Pensée, et allaitée au sein de la Sagesse.

Par les brillantes robes de l'Intelligence, sa forme séduisante est habillée.

Elle porte les blanches sandales de la Vérité, est couronnée de Pureté,

Et grandit alors que vite passent les années, jeunesse belle à voir.

Elle passe les heures de solitude, tranquille et solitaire,

Les seuls jouets dont elle dispose sont différents ossements.

Ainsi, lorsque ses parents adoptifs l'appellent Ostéopathie,

Ce nom est particulièrement seyant, convenez-en.

Un crâne affreux, grimaçant à belles dents – horrible chose à voir.

Des cubitus, radius, fémur ou vertèbre spinale,

Une clavicule, une omoplate lui donnent d'intenses délices.

Il étudie soigneusement, studieusement, du matin à la nuit humide.

Et lorsqu'il découvre les rôles exacts dans le merveilleux plan de la nature,

Plus profond il avance encore, étudiant l'homme vivant.

Cervelle, tissus, nerfs et artères tout d'abord, puis maintenant,

Jambes et cœur, diaphragme et foie.

La machine humaine est bientôt habilement étudiée, et le guide,

Répondant rapidement à son toucher dont il conçoit de la fierté.

Les prodiges journellement accomplis racontés à travers le pays,
Lui amènent un troupeau désolé recherchant la santé.
Mais tous leurs maux s'enfuient sous son toucher guérisseur –
Le paralysé se lève et marche, l'estropié jette ses cannes.
L'aveugle voit de nouveau, le muet profère tout haut des éloges,
Jusqu'à ce que le monde entier, interrogateur, silencieusement
contemple.
Déjà, des ennemis de tous les côtés, le cœur jaloux
Cherchent, comme jadis Hérode, à prendre la vie d'un jeune
enfant.
Prêtez maintenant une bienveillante oreille (je vous la rendrai)
Je vais conter un peu l'histoire de ces méchants hommes.
Il y a de nombreuses années Ignorance épaisse épousa
Superstition,
Un horde de garçons turbulents, rapidement naquit.
L'audacieux Allopathe, puis Homéopathe et le jeune Éclectique
aussi –
Puis vint Hydropathe, avec bains de vapeur et nouvel appareil,
Électropathe, Vitapathe, et autres pathes à l'envi,
Jusqu'à ce que tous les retenir meurtrisse ma mémoire,
Chacun d'eux portait en lui grande haine pour chaque autre,
Essayant d'éviter ruine, du matin tôt jusqu'au soir tard.
Maintenant, faisant amis – amis, contre jeune Ostéopathie
Ils s'unissent, engagent un combat, implacable,
Appelant leurs bataillons de braves qui, les regards acérés
Contre leur adversaire, tout seul, avancent rapidement.
Leurs boulets sont pilules de quinine, leurs coups de feu gra-
nules,
Leurs scalpels sont baïonnettes, leurs gamelles remplies de bile.
Leur chant guerrier est :
« Personne ne guérirez, tant que nous aurons le pouvoir de tuer.
Si votre merveilleux travail s'épanouit, qui peuplera nos cime-
tières ? »
Mais vigoureuse Ostéopathie protégée du bouclier de son
savoir,
Les rencontre seule sur le champ de bataille et les disperse.
Bien qu'ils s'efforcent puissamment, ils ne gagnent aucun point,

Et battent en retraite à toute vitesse, face tuméfiée.

Le front du victorieux est couronné de lauriers justifiés,

Des louanges pour ces grands actes, la terre entière résonne.

Ce jeune a grandi jusqu'à la taille adulte et ce soir est devenu majeur.

Ses vingt premières années vous saluent de cette estrade.

Et maintenant, buvez à sa santé, trinquez pendant que nous crions.

Dieu dans son œuvre, encourage cette science pour qu'elle vive toujours.

Écrit pour l'anniversaire des vingt et un ans de l'ostéopathie.

Teddie

CHAPITRE XXVII

Ballade du matin – Aurore – Astronomie – Peur – L'étendard de la vérité –
Le roi des scalps que nous recherchons – Une prière pour les épouses
et les mères – Le nouveau Josué – Divorce d'Allopathie – Les métiers
à tisser du temps – La toile de la vie – « Le Vieux Docteur » – Réponses
à quelques questions – Comme la vie est curieuse – La prophétie définie –
La pensée touche l'Infini.

𝓓 ans la nuit sombre et profonde, je reposais, esclave enchaîné par le sommeil mais, dès le premier jaillissement de la pâle lueur de l'aube humide, je me levai et partis en ballade.

La nature tout entière semblait plongée dans une profonde expectative. Avec une ferme volonté, je verrouillai le portail de la mémoire, excluant le passé et toutes ses vieilles idées. Mon âme devint réceptive, mes oreilles tendues vers l'harmonie rythmique de la Nature. Au loin, dans les limbes des abysses incertains, je vis apparaître de pâles rayons de lumière, parant la pâleur de l'aurore d'une teinte rosée. Je vis le disque rouge du soleil apparaître, puis surgir, boule brûlante, de l'étreinte de la nuit, et embrasser le monde de sa beauté en éveil. Mon esprit fut submergé par l'incommensurable magnitude du plan Divin sur lequel l'univers est construit.

Debout à l'orée du pays où les vagues d'une mer imaginaire se brisaient sur les rivages des faits, je discernai dans le ciel de l'orbe mentale une vision de toute beauté. Avec la plume de la vérité profondément trempée dans l'encre bigarrée de l'imagination, je peignis l'image telle qu'elle me parvenait.

Très haut, dans le dôme du firmament bleuté, je vis le grand Sirius, soleil central de tranquillité, régentant et manœuvrant avec habileté sa multitude d'étoiles. Et, alors qu'elles tournoyaient dans l'air dans une direction ou une autre, je discernai dans cette myriade de mondes tout un cercle de famille semblant résider à l'écart. C'était le système solaire et ses membres loyaux. Bien que ce groupe évolue isolément, l'union entre ses membres est si parfaite que le plus petit choc initie une grande discorde au sein des planètes sœurs. Le personnage central du groupe, père Soleil, illumine l'espace de ses rayons resplendissants, éclairant le chemin pour de nombreux enfants et petits-enfants. C'est un père incomparable qui guide ses enfants à la perfection ; chacun d'entre eux est policé au plus haut point de perfection. Né sans défaut, obéissant volontairement, entendant chaque injonction, accomplissant tout ce qui lui est imparti dans le grand plan en constante évolution.

Petit Mercure réside très près de son père, comme s'il avait peur, en s'éloignant, de se perdre dans l'immensité de l'espace. Il est paré de robes d'un blanc éclatant, aucune tache n'altérant sa pureté. Vénus, la belle étoile ornant le ciel du matin et illuminant le blanc mat du crépuscule, est la plus brillante des filles du soleil. Elle brille d'une beauté consciente et ose même projeter de l'ombre sur la terre. Elle ne donne pas d'enfant qui réjouirait le cœur de son Père et aiderait à grossir la progéniture stellaire. Le plus ancien de tous les enfants, Uranus, ne présente aucun défaut. Bien qu'ultérieurement dissipé, il n'est jamais sous surveillance attentive de l'œil parental, et met les petits-enfants à la vue des vieux toutes les heures, jours, mois ou années. Sa famille est bien contrôlée et ses mouvements toujours en mesure. Je vis Saturne et ses multiples anneaux. Il souriait à Jupiter, dansait avec Mercure, satinait la Lune qui diffuse la lumière de ses instructions sur ses multiples enfants. Sombrement entourée, Jupiter, l'ardent Mars, le très distant Neptune, notre Terre, dont la fille, Lune, croît et décroît avec une lumière argentée – tous, infailliblement, obéissent au moindre commandement du Soleil et suivent sans défaillance les étapes du tableau de marche pour eux tracé. Je vis le visage du cher parent enveloppé du voile d'un incompréhensible deuil, comme si le cœur s'affligeait de l'action erronée de l'une des beautés de la famille. Mais en une heure ou deux, selon notre décompte du temps, le linceul sombre de ce qui semblait un chagrin s'estompa, laissant apparaître un visage, ni ratatiné, ni défiguré, mais rayonnant d'un frais brillant et d'un sourire ensoleillé, m'envoyant ce message sur un rai de lumière : « Je n'étais pas habillé de deuil. Un de mes enfants marchait entre toi et mon visage, alors qu'un autre le faisait entre moi et ma bonne grand-mère – Lune chérie. »

Je vis tout cela et plus encore. Je vis ces mondes vivre, croître et mourir et leurs progénitures répéter, en accord avec les lois de la nature, la même suite d'apparitions et de disparitions – comme les enfants des hommes traversent les différentes phases de la vie physique. Je vis ces glorieux habitants de la stratosphère, en courageuse et brillante progression, danser rythmiquement sur le sol de l'espace au son de la resplendissante musique des sphères. D'un œil humble, je vis cette partie d'un tout, dont nous ne connaissons ni le commencement, ni la fin ! – cette branche de la vie de l'univers qui vibre et pulse dans chaque veine de la nature et guide chaque atome dans son chemin à travers les innombrables âges de l'éternité. Cette vie est la loi et l'ostéopathie, son dernier article qui nous apprend sa magnitude, dirige et guide l'œuvre maîtresse de la création – l'homme vivant – vers son droit parfait, la santé immuable.

La peur nous étreint seulement lorsque nous ne savons pas ce que sera la fin lorsque nous commençons. Par exemple, nous avons peur de nous retrouver sous l'influence du chloroforme, parce que nous ne savons pas si nous survivrons ou périrons par son utilisation. La même peur nous étreint quand nous utilisons des drogues. Dans le traitement ostéopathique, nous n'avons aucune peur, car l'ostéopathie nous fortifie dans tous les cas. Il n'est pas de cas où la mort a résulté du traitement, alors que des centaines de personnes ont bénéficié des habiles mains des diplômés de notre école.

Pendant vingt-cinq ans, la reconnaissance légale nous a été refusée, pourtant, notre bannière pour la vérité a constamment flotté dans le murmure de la brise. De gros mortiers ont déversé sur nous des obus de grande taille, chargés avec ce qui avait mortellement exécuté toute opposition et fait baisser ses pavillons, jusqu'à ce qu'en 1874 la petite ostéopathie plante un simple fusil à découvert dans le puissant État du Missouri. Pendant vingt-deux ans, les obus sont tombés tout autour de ce drapeau et pourtant, à l'examen, aucun fil n'est déchiré ou manquant. Chaque fil est plus fort et appelle aujourd'hui les légions pour sa défense. Des hymnes de louanges retentissent. Les victoires de l'ostéopathie se multiplient et se succèdent rapidement. Parmi ses captifs, il y a des génies. Elle n'a jamais enregistré de victoire qui ne soit la capture d'un général de renom. Les scalps des idiots et des enfants ne sont jamais comptabilisés, nous ne souhaitons pas être jugés pour infanticide. Le scalp d'un général chauve ne nous intéresse pas. Nous ne voulons pas de scalps d'hommes ou de femmes en réduction. Ce doit être un coq avec crête et ergots, sinon, nous ne l'exhiberons jamais en tant que trophée. C'est une guerre qui ne cherche à conquérir ni popularité ni puissance. C'est une campagne énergique pour l'amour, la vérité et l'humanité. Nous aimons chaque homme, femme et enfant de notre race ; à tel point que nous nous sommes enrôlés et avons placé nos vies face à l'ennemi pour leur bien et celui des générations à venir et que nous demandons au Seigneur, qui arrêta le bras d'Abraham s'apprêtant à tuer son propre fils avec son poignard, d'exaucer, aider et assister par tous les moyens honorables pour stopper l'inutile boucherie de nos mères, épouses, sœurs et filles ; d'enseigner à notre peuple un meilleur bon sens que l'utilisation des drogues provoquant calculs biliaires, calculs vésicaux, foies détraqués, troubles cardiaques et pulmonaires, tumeurs fibroïdes, hémorroïdes, appendicite ou toute autre maladie ou habitude pouvant directement résulter de l'utilisation irraisonnée des drogues, qui donnent ou produisent des tuméfactions de tout ou partie du corps, laissant le patient dans une condition telle que le soulagement ne vient que du scalpel mortel ou du prochain expérimentateur. Cette guerre a durement et chaudement sévi pendant presque un quart de siècle. L'ostéopathie a témoigné devant le juge de l'amour, de la vérité, de la justice et de l'humanité.

Depuis octobre 1874, ma plume a été muette pour raconter comment l'enfant ostéopathie a été traité. Lorsque fut ouverte la cage dans laquelle je gardais le garçon en qui je croyais voir le plus grand guerrier jamais apparu sur la scène du monde de la raison, beaucoup demeurèrent suffisamment longtemps pour voir que l'enfant était un garçon, le cheveux roux, le nez busqué, le cou bien proportionné, l'œil d'aigle, des griffes et des ailes de grande taille, qui signifiaient, disait-on, voler très haut si nécessaire, l'œil signifiait la possibilité de choisir parmi les meilleurs joyaux, et les griffes indiquaient dans le meilleur langage que pénétrer profondément est la règle de la raison pour laquelle elles étaient vraiment indispensables. Après un examen attentif, tous dirent : « Cet enfant est bâti comme un farouche et fier combattant. » D'autres demandèrent : « Pourquoi voulez-vous combattre en temps de paix ? » Je dis à la multitude que les jours de paix sont le meilleur moment pour préparer la guerre. Je commençai à entraîner mon gars pour les jeux Olympiques des jours futurs. Pendant des années, je l'entraînai avec soin pour être un habile escrimeur car je savais que de très durs combats seraient à mener dès que le garçon attaquerait les vieilles théories ne pouvant se vanter d'aucun mérite, si ce n'est l'âge et la tradition. Je savais que bientôt mon Josué commanderait à ces soleils et ces lunes de se tenir cois et les ferait obéir à la lettre.

Certains dirent, mais dans un faible chuchotement, que ce jeune était un enfant illégitime : on ne connaissait pas son père et, de tout temps, il serait considéré comme un bâtard ; après cela, aucun illégitime ne serait autorisé à parcourir librement le Missouri. Mais l'enfant grandit bientôt, devint un homme, attaqua ses accusateurs en diffamation, et le procès fut repoussé d'échéance en échéance pendant vingt ans.

Un homme grand et bon, du nom de Lon V. Stephens, surgit à la haute cour du Missouri et dit : « Je suis son père et veux lui donner le Missouri en héritage. » Et il mit son désir à exécution et plaça dessus le grand sceau de l'État du Missouri, avec sa signature d'autorisation, le 4 mars 1897, et appela le garçon Josué.

Les révolutions – politiques, religieuses et scientifiques – se sont succédé en Amérique. Les gouvernements ont changé à la vitesse de la demande. Ces révolutions partirent de rassemblements en congrès de législateurs, militaires, religieux et scientifiques professionnels et, à partir de la navigation maritime, sont parvenues à l'individu, qui s'est accordé le droit de se séparer ou de diverger de n'importe quel système parmi ceux énoncés ci-dessus. Il ou elle a le droit de demander et d'obtenir le divorce d'une épouse ou d'un époux lorsque des raisons sont produites en quantités suffisantes ; et les actes à cet effet sont accordés par nos plus grandes cours avec le consentement habituel des gens. Lorsque j'étais marié à l'allopathie, au début de ma vie, je vécus avec elle, me présentai avec elle, souffris sous elle, jusqu'à ce que cette association rende ma vie misérable, et que je demande le divorce. Je formulai et déposai ma requête le 22 juin 1874. Mes charges étaient fondées sur le meurtre, l'ignorance, le sectarisme et l'intolérance. La confrontation avec la cour à laquelle je m'étais adressé fut très ardente et déterminée. La cour refusa toute décision de 1874 jusqu'au 30 octobre 1894, moment juste avant lequel le juge, après avoir attentivement examiné mes prétentions, référa mon cas au secrétaire de l'État qui, après un sérieux examen, m'accorda des lettres de patente de l'État du Missouri avec son grand sceau et dit : « Vous êtes par la présente déclaré libre de toute obligation ultérieure envers Madame Allopathie. »

Pendant à peu près douze mois, je me suis activement consacré à la vérification de mon métier à tisser. J'ai un métier à tisser de la plus excellente facture ; il n'a pas été construit sur terre, ni avec la main. Il est le prolongement de la pensée. Aucun fil ne peut passer par ses lisses s'il n'a été filé dans la plus fine soie de la raison. Dix mille fils à six brins coupés en quatre, avec cent quarante à la taille, tirés d'une bobine de trois mètres cinquante de circonférence. Chaque palier est huilé avec le genre d'huile qui adhère à l'acier du palier et ne peut adhérer à rien d'autre. Son action est exclusivement limitée au palier et elle demeure juste à cet endroit. Ces paliers tournent très rapidement. Ils font plusieurs milliers de tours à la minute. Je me prépare actuellement à fabriquer ou tisser, comme vous voulez, une toile aussi grande que l'éternité des jours à venir. Je suis commissionné et appointé par les ancêtres, dont l'esprit n'est jamais en repos, pour commencer dès maintenant et remplir la lame ou la lisse avec cinq fils dans chaque maillon et commencer à tisser la toile de la vie. On m'a ordonné d'utiliser ces cinq fils parce que lorsqu'ils sont achevés, ils conduisent la vie, la sensation, le mouvement, la nutrition, l'assimilation dans le corps. Ces cinq fils contiennent cinq sens. Ce sont la vue, l'ouïe, le tact, l'odorat et le goût. Grâce à l'aptitude qu'ils contiennent, il m'est juste nécessaire de mettre en route le métier à tisser. Nommez le sujet, et la toile se tisse selon l'ordre le plus élevé, en réponse et à la satisfaction de l'esprit du plus grand philosophe et chercheur de vérité. Je vous fournirai un spécimen blanc comme neige, solide comme acier, pur comme or et sur sa surface, je vous dirai en quelques mots, quelle route ou quelles routes conduisent à une connaissance couronnée de succès et quel ou quels fils ont été cassés, gommés ou altérés dans le métier à tisser humain de la vie.

La question de savoir si mon nom est bien « Dr A. T. Still, le *Vieux Docteur* » m'a été bien souvent posée, par beaucoup de gens. J'ai toujours répondu oui. Alors commençaient les questions : « Comment en êtes-vous venu à penser à l'ostéopathie, la science la plus merveilleuse du monde, la plus grande bénédiction donnée par Dieu à l'homme ? » Et un millier d'autres formulations signifiantes exprimant l'approbation et l'admiration pour cette science. C'est volontiers que je vais maintenant vous répondre, en vous posant quelques questions. Pourquoi et comment voyez-vous un objet ? Sentez-vous une odeur ? Goûtez-vous une qualité ? Entendez-vous un son ? Sentez-vous une substance ? À ces questions vous répondrez en disant : « La nature a conçu en moi ces mécanismes, les pourvoyant des qualités nécessaires pour accomplir ces fonctions. » Par conséquent, vous voyez, entendez, goûtez et sentez parce que, par nature, vous êtes dotés de ces qualités et libres de les utiliser. La même question pourrait être posée à Newton pour savoir comment il étudia l'astronomie, à Fulton pour la vapeur, à Howe pour la machine à coudre, à Morse pour le télégraphe, à Washington pour l'étude de la liberté de l'Amérique et à beaucoup d'autres hommes ayant obtenu de grands résultats par l'action mentale. Si vous désirez lire leur histoire, vous découvrirez que tous les résultats qu'ils ont obtenus sont venus grâce à la persévérance mentale, sans préoccupation pour le temps, les opinions, ni les gens pour ou contre, jusqu'à l'obtention de l'objet recherché. Si vous pensez dans la direction que je viens d'indiquer, vous pouvez répondre à toutes vos questions par vous-mêmes, sans voir le « Vieux Docteur. » Toutes les personnes qui réussissent y parviennent en choisissant un travail et en y apportant toute la puissance de l'esprit dans le but de développer le principe recherché, et sans l'utilisation de cette puissance, elles seraient demeurées des « gens ordinaires ». Celui qui parle beaucoup agit peu, hait frères et sœurs qui réussissent parce qu'ils ont réussi par la persévérance, alors qu'il a échoué à cause de sa fainéantise et de sa stupidité, et ne réussira jamais en rien. Vous dites : « Comme la vie est singulière ! » Voilà l'expression sincère d'un homme qui parle de la loi pour excuser sa fonction. Il serait plus juste, même en tant que « Divin », de dire : « Oh, comme *tu es* singulier ! » Irréprochable, pacifique, éternel, autodécouvreur, autopourvoyeur, nerf et muscle de toute quintessence – animée et inanimée – de mécanique, mouvement, esprit, forme et configuration, ne parlant de soi que selon ce qui est vu et ressenti ; concevant l'œil pour voir, et l'esprit pour siéger comme juge de *ton* œuvre. Un juge, pour être juste dans sa décision, doit posséder l'ensemble des témoignages sur le cas ; alors, étant lui-même témoin, juré et juge, et connaissant le sujet et la substance des actes ou forces de l'infini, lui aussi, devrait dire : « Comme c'est curieux ! »

La prophétie est ce qui peut être vu par un esprit non embrumé, aussi bien pour le passé que pour le futur. Les événements du passé et les jours à venir doivent toujours être à la vue de l'œil de l'esprit. Pour bien prédire, vous devez voir à travers deux voiles – celui du passé et celui du futur. Si un événement doit se produire demain, où est-il aujourd'hui ? La mémoire mobilise le passé ; la raison voit le lendemain.

La pensée est l'action du mécanisme du compartiment le plus élevé de la vie, nourri par la sensation et la nutrition, réunissant seulement les corpuscules du centre de la vie – les artères de la raison étant tissées en savoir par le métier à tisser de l'Infini, qui transforme tout ce qui est esprit en un mouvement général, mettant cette puissance en mouvement dans tous les êtres, formes et mondes : une qualité qui est aussi abondante que l'espace, lorsque vous pensez toucher le fil qui vous connecte à l'Infini.

Toutes les causes combinées ne feront jamais trembler le socle sur lequel l'ostéopathie est fondée. Que vous alliez profondément ou superficiellement, la culture est toujours riche.

Quelle valeur peut avoir l'esprit s'il est placé dans le cerveau d'un couard ? Si l'esprit est un don fait par Dieu à l'homme pour qu'il l'utilise, laissez-le en user. On n'utilise pas l'esprit lorsqu'on ne fait pas de bien. Sachant qu'un homme n'utilisera pas son esprit, pourquoi Dieu ne placerait-Il pas des cornes sur sa tête et ne l'appellerait-Il pas mouton ?

CHAPITRE XXVIII

Histoire d'une vie – La machine pour la moisson de la vie – Une résolution
pour la vérité – Grand respect pour la chirurgie – La chirurgie définie –
Que peut donner l'ostéopathie à la place des drogues ? –
Quelques questions posées aux docteurs en médecine.

É coutez l'histoire d'une vie, racontée en cinq minutes ou plus. Je suis né sur cette terre il y a soixante-huit ans. J'ai eu la chance, bonne ou mauvaise, de naître dans une maison à drogues. Papa était M.D., et également D.D. [1] À l'âge de trente-cinq ans, je commençai à me demander comment un docteur en théologie pouvait mélanger ses enseignements avec les enseignements insensés de la médecine. Les questions jaillirent ainsi : comment l'homme peut-il concilier l'idée que l'œuvre de Dieu est parfaite et pourtant jamais en ordre de marche ? Sa machine la plus parfaite, l'homme, jamais en condition de marche ? Le Dieu de la sagesse aurait-il pu échouer dans cette superstructure-là, l'homme, et la prétendre valable, tout en sachant qu'elle ne peut fonctionner comme prévu lors de sa conception ? Et pourquoi un D. D. qui dit les mains levées : « Son œuvre prouve Sa perfection », prend-il une dose de quinine et du whisky pour aider la machine de la nature à fonctionner et accomplir les devoirs de la vie ? S'il fait ainsi, où se trouve la preuve de sa foi dans la perfection de Dieu et pourquoi doit-il absorber ou boire ces choses qui ont un effet mortel ? Je ne désire réellement pas dénigrer ou ternir nos théologiens ni nos docteurs en médecine qui, après Dieu, viennent

---

1. *D. D.* : abréviation pour Doctor of Divinity, docteur en théologie. [N.D.T.]

pour réparer Ses machines pour la moisson de la vie. Mais pourquoi reprendre Son œuvre, si elle est bonne et sagement conçue par la main et l'esprit de l'Intelligence ? Je commençai à raisonner dans cette direction : Dieu serait-il offensé par un homme Lui disant : « Vous avez échoué dans suffisamment de domaines pour accepter quelques suggestions. » – Par l'homme qui, dans sa sagesse ou son manque de sagesse, dirait par ses mots ou ses actes : « Vous avez échoué à rendre telle ou telle partie capable de s'ajuster par elle-même pour s'accommoder aux différentes saisons et aux différents climats du globe sur lequel elle est placée, ainsi, votre machine doit être améliorée et lubrifiée par les drogues et les boissons, sinon, elle échouera toujours dans la bataille entre la vie et la mort qui sévit actuellement de par le monde. » De telles pensées surgirent et demeurèrent avec moi pendant des années. En accord avec mon idée, je trouvai que si les drogues ne sont pas une nécessité absolue pour le système lorsqu'il est malade, une grande erreur existe soit dans l'œuvre de Dieu, soit dans les conclusions de l'homme. À ce moment, tout devint clair et je vis soudain que si j'optais pour l'utilisation des drogues, ce choix me plaçait à côté de l'aptitude de Dieu à pourvoir Son homme, dans toutes les conditions, et me conduisait à déclarer qu'Il n'avait ni l'esprit ni l'intelligence qu'on Lui attribue ; et si j'optais pour Dieu, je me heurtais aussitôt à soixante-quinze pour cent de la race humaine s'alignant pour s'opposer à cette conclusion. À défendre et maintenir l'idée que l'œuvre de la nature est capable de prouver la perfection à chaque point d'observation, ou face au test philosophique le plus pointilleux, je découvris vite que pour être populaire, je devrais entamer une vie de déception ; et c'est à ce moment que je décidai de brandir la blanche emblème de la vérité avec le drapeau rouge de l'éternelle guerre, pour commencer le support commun à toute humanité, aussi naturel au corps de l'homme que l'amour d'une mère pour son enfant et, pour ce drapeau, et par lui, je voulus me dresser jusqu'à la mort et être enseveli en lui.

Le défenseur de l'ostéopathie a le plus grand respect pour la science de la chirurgie, qui, de tout temps, a été reconnue comme une science.

Comme définie par Dunglison, « la chirurgie est la partie de l'art de guérir se rapportant aux blessures et maladies externes, à leur traitement, et spécialement aux opérations manuelles adaptées à leur guérison. » La formulation est un peu mieux définie dans l'*Encyclopédie Chamber* : « Chirurgie signifie l'interférence manuelle au moyen d'instruments ou autrement, dans les cas de blessure corporelle, pour la distinguer de la pratique de la médecine, désignant le traitement de maladies internes au moyen de drogues. »

Comme il a été constaté précédemment, l'objet de l'ostéopathie est d'améliorer les systèmes actuels de chirurgie, d'obstétrique et de traitement des maladies générales ; c'est un système de traitement qui s'adresse à la fois aux maladies internes et externes par l'intermédiaire d'interventions manuelles et sans recours aux drogues. Dans l'acception populaire, le mot chirurgie signifie coupure et toute référence au travail du chirurgien appelle une image mentale d'instruments tels que couteau, scalpel ou lancette et leur utilisation sur le corps humain. Nous acceptons cette partie de la chirurgie comme étant également très utile et bénéfique à l'humanité. Un ostéopathe utilisera le couteau pour tout corps indésirable aussi promptement qu'un charpentier utiliserait la scie pour un pièce de bois inutile.

Nous reconnaissons la nécessité de bandages, pansements, attelles, béquilles et anesthésiques parce qu'ils ont prouvé leur utilité.

Mais quand doit-on utiliser le scalpel ? Jamais, tant que nerfs, veines et artères n'ont pas tous échoué à restaurer une condition de santé du corps dans toutes ses parties et fonctions. Le grand défaut de la plupart de ceux qui entreprennent un travail chirurgical est leur recours trop fréquent au scalpel et à l'anesthésique. Là où le chloroforme est utilisé cent fois, il aurait pu être évité quatre-vingt-dix fois, avec des résultats bénéfiques pour le patient.

Beaucoup de mal portants vivent défigurés, estropiés ou dépossédés de quelque organe essentiel, qui auraient pu voir leur corps se rétablir en parfaite condition sans être mutilé.

Le plus souvent, le scalpel est utilisé sur les membres, le

corps ou la tête pour n'importe quoi, démontrant ainsi à l'évidence une inexcusable ignorance de la loi naturelle que nous reconnaissons comme capable de rétablir toute partie tant que la mort des tissus n'y est pas survenue.

Que peut nous apporter l'ostéopathie à la place des drogues ? C'est la grande question que les médecins posent d'une voix tonitruante. Dites-leur de rester assis et de prêter attention à quelques vérités et questions.

« Que donneriez-vous à la place des drogues ? » Nous n'avons rien à proposer à la place du calomel, parce que l'ostéopathie ne détruit pas les dents, ni l'estomac, ni le foie, ni aucun organe ou substance au sein du système. Nous ne pouvons rien donner à la place de la morelle noire [2] mortelle dont le poison atteint et détruit les yeux dans la vision et la forme et crée des tumeurs, petites ou grandes. Nous n'avons rien à proposer à la place de l'aloès qui vous purge un temps et vous laisse avec des hémorroïdes insupportables pour le reste de votre vie.

Nous n'avons rien à donner à la place de la morphine, du chloral, de la digitale [3], de la vératrine [4], de la pulsatille [5] ni de tous les sédatifs mortels de toutes les écoles. Nous savons qu'ils tueront et c'est tout ce que nous savons à leur propos. Nous ne savons pas s'ils ont guéri un seul cas de maladie, mais nous savons qu'ils ont tué des milliers de gens et nous ne pouvons rien donner qui pourrait prendre leur place. Leur action est ruinée pour la vie, et les ostéopathes considèrent la vie comme trop

---

2. *Morelle noire* : plante contenant de la solanine, glucoside calmant à petite dose, toxique à dose élevée. Propriétés sédatives, émollientes, narcotiques. Sa décoction est utilisée en lotions contre les hémorroïdes et les prurits. [N.D.T.]

3. *Digitale* : plante herbacée vénéneuse dont on extrait la digitaline, glucoside toxique utilisé comme tonique cardiaque. [N.D.T.]

4. *Vératrine* : alcaloïde toxique de l'hellébore, utilisé en voie interne comme antigoutteux et sédatif cardiaque et en voie externe comme antigoutteux et antirhumatismal. [N.D.T.]

5. *Pulsatille* : anémone pulsatilla, famille des renonculacées. La fleur utilisée fraîche agit comme rubéfiant et vésicant. Sèche, elle était utilisée contre les dartres et dans la coqueluche. [N.D.T.]

précieuse pour mettre ses chances en péril par quelque moyen ou méthode. En réponse à l'interrogation « Que pouvez-vous nous donner à la place des drogues ? », nous pouvons vous donner l'ajustement de la structure mais nous ne pouvons ajouter ni donner quoi que ce soit provenant du monde matériel susceptible d'améliorer le fonctionnement d'une machine parfaite, selon le jugement de Dieu, dans la construction de toutes ses parties, conçue et mise en ordre de marche pour, jour après jour, ajouter à sa forme et à sa force et rejeter toutes les substances épuisées par l'utilisation et le mouvement.

Un corps parfaitement ajusté produisant un sang pur et abondant, délivré en temps utile et en quantité suffisante pour répondre à toutes les exigences de l'économie de la vie, voilà ce que l'ostéopathe connaissant son travail peut vous donner à la place de drogues.

Si cette machine est automotrice, auto-entretenue, possède tout le mécanisme de force, tous les sièges de la raison bien établis, le tout fonctionnant à la perfection, n'est-il pas raisonnable de supposer que la grande sagesse est largement démontrée par les formes achevées, par les agissements du département de la chimie, du département des machines, celui de la nutrition, de la sensibilité, par la combinaison des éléments à chaque partie du corps pour constituer les fluides nouvellement composés, par tous les changements dans la qualité chimique nécessaires à la rénovation et la restauration de la santé ?

Lorsque nous voyons l'empressement du cerveau à fournir la sensation et le mouvement, que nous sommes avisés par la sensibilité ou la souffrance de la création d'une accumulation inutile dans quelque région du corps, nous désirons que cette accumulation soit enlevée car elle constitue des interférences à la vie à travers les ganglions sensoriels vers tous ses centres, qui, lorsqu'ils sont complètement envahis par des fluides morbides, produisent, nous le savons, la mort à partir de conditions ou des maladies climatiques saisonnières.

Si la vie cède aux fluides empoisonnés générés lors de leur rétention et de leurs modifications chimiques, pourquoi ne pas en conclure tout de suite que la puissance de la machine a été insuffisante pour maintenir le mécanisme de rénovation en action par le système excréteur ? Alors, la raison procède tout de suite pour atteindre les points et les centres opprimés qui provoquent une irritation des nerfs vasomoteurs et autres, rendant la circulation veineuse si faible qu'elle permet à des fluides maladifs de s'accumuler localement ou généralement à travers le système pendant un temps suffisamment long pour que leur nature devienne morbide, leur pouvoir de séparation ayant été dominé et perdu.

L'ostéopathie raisonne avec l'idée que le potentiel général ou particulier de tous les nerfs doit être libre de voyager à travers toutes les parties du corps sans aucune obstruction, pouvant être produite par un os démis, un muscle, un nerf, une veine, une artère contracturés, rétractés ou hypertrophiés. Qu'ils soient hypertrophiés ou diminués, ils sont de forme anormale, et toutes leurs action dans et pour la vie doivent obéir strictement à la loi de force existant dans le cœur, le cerveau et tout le système sensoriel.

Si, grâce à l'anatomie et à la physiologie, vous avez une connaissance profonde et pratique de la forme et du fonctionnement des mécanismes de la vie et de la santé et les traitez comme devrait le faire un habile ingénieur physiologiste, alors vous êtes prêts à dire aux docteurs en médecine : « Nous n'avons trouvé aucun endroit dans le corps où vous puissiez substituer quoi que ce soit à la vie, si ce n'est la mort. » Enlevez tous les obstacles et, lorsque cela est fait intelligemment, la nature fera gentiment le reste.

En conclusion, laissez-moi demander au docteur à drogues s'il a été capable, à aucun moment, de composer une substance pouvant être introduite dans une veine conduisant au cœur, sans provoquer la mort ? Ne déversez-vous pas toutes les substances dans l'estomac dans l'espoir qu'elles atteindront le laboratoire chimique divin qui se chargera de rejeter celles qui sont incompatibles avec la vie ? Tous vos espoirs en les drogues ne sont-ils pas placés sur le fondement selon lequel nous faisons aller le cheval de la vie plus lentement en cas de fièvre et plus vite dans les états de froid ?

En résumé, votre théorie n'est-elle pas tout entière fondée sur de l'à-peu-près ? La nature de Dieu n'a-t-elle pas été suffisamment attentionnée pour placer en l'homme tous les éléments et principes que recouvre le mot remède ?

CHAPITRE XXIX

Discours du soixante-huitième anniversaire – Seulement quelques cycles
supplémentaires de temps – La surprise des gens – Tout ce que signifie
le mot « remède » – Réponse aux questions – La pensée la plus sublime –
Plaisir de soulager – Voyage du cœur à l'orteil – Esprit intuitif –
Peut-on faire confiance à la loi Divine ?

Mesdames et Messieurs – ceux d'entre vous qui ont reçu la lumière et ceux qui sont dans l'obscurité partielle :

Je suis heureux de vous rencontrer ici ce soir, jour du second anniversaire du commencement de cette maison inachevée. Nous avons commencé sa construction il y a deux ans et cela a fait beaucoup de bien ; mais tant que le bâtiment n'est pas complètement terminé, il est très difficile pour nous d'assumer de manière ordonnée tout le travail nous incombant aujourd'hui et qui semble se multiplier très rapidement. C'est également l'anniversaire de ma naissance. Soixante-huit fois, la Terre, avec moi sur son dos, a parcouru son orbe autour du Soleil, disant à chaque tour : « Une nouvelle année s'ajoute aux autres. » Nous sommes conscients que dans quelques révolutions autour du soleil – constituant une année pour ce globe –, nous serons éjectés. En règle générale une mule sauvage finit toujours par désarçonner son cavalier ; de même, cette vie nous désarçonnera au moment choisi, et vous célébrerez une épave. Quand un homme a atteint mon âge, on ne doit pas être surpris d'entendre parler d'épave à tout moment. Je suis encore en bon état. Je n'ai pas mal au dos, pas mal aux jambes, pas mal à la tête, quoi que la langue et la gorge soient parfois douloureuses à force de répondre à toutes les questions. Les gens semblent aussi surpris que s'ils voyaient deux soleils se lever sur l'horizon du matin. Ils sont

303

surpris de voir une science et une vérité de développement divin s'appliquant à tous les hommes et cela sans goût ni odeur – une science greffée sur la constitution de l'homme et sur sa véritable vie. Ils sont surpris de découvrir que le Grand Architecte a placé en l'homme tous les procédés de la vie, à leur emplacement correct. Au sein du corps, il a placé la force motrice avec tous les pouvoirs de la vie. La nature a été suffisamment clairvoyante pour placer en l'homme tout ce que désigne le mot remède. Pour un homme dressé à croire en l'utilisation des drogues, il est bien difficile de réaliser ce fait. Dans toutes nos maladies, de la naissance à la mort, les gens semblent s'être satisfaits des résultats des drogues données par nos hommes les plus sages, nos pères, nos mères, ou quiconque peut les avoir administrées. L'homme est surpris de découvrir que Dieu est Dieu. Il est surpris de découvrir que l'homme a été conçu par un infaillible Architecte. Il est surpris du lever au coucher du soleil de découvrir les vérités éternelles du Divin imprégnant sa constitution tout entière. Il est surpris de découvrir que le mécanisme est capable de le réchauffer, de le refroidir, de sélectionner sa nourriture et de satisfaire ses plus hautes anticipations. Nous voyons le plus merveilleux des soleils se tenir devant nous, là où nous n'imaginions même pas qu'une étoile pût exister. C'est le soleil de la vie et de la lumière éternelles. La sagesse de l'architecte de la nature existe dans chaque goutte de votre sang. Lorsqu'un homme commence à discerner ce que nous faisons ici, il est désireux de poser des questions à quiconque sait quelque chose ; une foule de questions nous sont posées. Je puis répondre depuis le matin jusqu'au soir et, lorsque j'ai répondu tout ce que je pouvais sur ce sujet, je n'en suis qu'au commencement. Prenons les maladies chroniques, contagieuses, épidémiques ou les maladies de saison. Lorsque je dis que nous pouvons les maîtriser et que je le démontre devant vous, il se trouve toujours un homme qui n'a jamais vu faire cela et dont l'esprit est rempli de questions. Il faut y répondre. À l'instant précis où vous le décevez en lui répondant ce qu'il pense ne pouvoir être accompli que par les œuvres de Dieu dans les mains de Dieu, à cet instant précis, vous avez répondu à sa question. Il continuera son chemin et lorsqu'il vous rencontrera à un autre coin de rue, il vous posera une nouvelle question pour que vous y répondiez, contenant un plus grand pourcentage de sublimité que la première. Il pose cette question-là ; alors, si vous n'êtes pas un philosophe de cette science, bien familiarisé avec elle, votre esprit peut se reposer. Non, il ne se repose pas lorsque vous ne pouvez répondre à certaines questions auxquelles vous vous trouvez confrontés de temps en temps. Je vous recommande de vous emparer de la philosophie et d'apprendre tout ce que vous pouvez à son propos, car vous savez que les questions viendront. Je suis satisfait et content de voir les gens poser des questions et recevoir toutes les réponses qu'ils peuvent obtenir. Et après avoir répondu à tout ce que je peux par les articles ou par ma propre bouche, je n'ai pas encore répondu à la majorité d'entre elles. Répondre à toutes les questions suggérées par le fémur humain, engagerait et clôturerait une éternité. Donc, vous ne devez pas vous attendre à ce que je réponde à toutes. N'attendez pas non plus que cette école fasse cela pour vous. Vous pourrez recevoir suffisamment de démonstrations pour vous placer sur la bonne piste et devenir par vous-mêmes philosophes. L'étude de la vie est pleine d'indications comme la course du soleil, l'ouverture de la végétation lorsque les ombres du soir apparaissent – fleurs de lune, fleurs de nuit et toutes celles qui s'ouvrent pour attirer la lumière du sein de la nature. La pensée la plus sublime de ma vie concerne la mécanique et les œuvres telles que je les découvris dans l'édifice humain, accomplissant fidèlement toutes les fonctions connues et les charmes de la vie. Lorsque je sors le matin parmi mes amis, et que l'un dit vouloir une certaine forme de régime, comme je suis heureux de cela. Lorsqu'un homme, une femme ou un enfant me pose une question, je m'arrange pour le satisfaire. Lorsqu'une mère dit : « mon enfant a mal à la gorge », de quoi a-t-elle besoin ? Elle a besoin d'un bail plus long pour la vie de cet enfant. Puis-je trouver cela ? Puis-je m'attaquer au bon endroit pour arrêter la tendance déclinante, la lente route vers la mort sur laquelle s'engage l'enfant ? Si je peux dire : « Oui, M'dam, la gorge de cet enfant peut être soulagée et cela peut être fait grâce à l'une des lois élémentaires, aussi sages que l'Infini peut les concevoir » cette âme s'en va heureuse. La gorge a retrouvé sa taille normale. Mais une autre personne apparaît descendant la rue dans laquelle je me promène disant : « J'ai enterré un de mes enfants à cause de la dysenterie et l'autre saigne. » De quoi a-t-elle besoin ? Elle a besoin du mot qui soulagera cet enfant et lui permettra de poursuivre sa vie. Sais-je quel bouton apportera le soulagement ? Si je le connais et que je le touche, j'ai fait un deuxième heureux. Je fais cela et mes praticiens le font également, journellement. Cette science, pour le peu que j'en connaisse, est capable de maîtriser la dysenterie, les fièvres, les coups de froid, les toux, les rhumes et en fait, la longue liste de maladies qui s'emparent du système humain.

Ce soir, après quarante et un ans, je suis fier de vous dire que je peux vous remettre ce sujet en tant que science pouvant être aussi complètement démontrée que la science de l'électricité. Je trouve en l'homme un univers en miniature. Je trouve la matière, le mouvement et l'esprit. Lorsque l'ancien priait, il parlait à Dieu ; il ne pouvait rien concevoir de supérieur à l'esprit, au mouvement et à la matière, aux attributs de l'esprit comprenant l'amour et tout ce qui lui appartient. En l'homme, nous trouvons un univers complet. Nous trouvons le système solaire, nous trouvons un monde, nous trouvons une Vénus, un Jupiter, un Mars, une Herschel [1], un Saturne, un Uranus. Nous trouvons toutes les parties de tout le système solaire et de l'univers représentées en l'homme. Dans le cœur, nous avons le centre solaire ; le petit orteil représente Uranus. Quel chemin est emprunté jusqu'à Uranus ? À partir du cœur, il passe par la grande aorte thoracique, l'aorte abdominale qui se divise en les iliaques et de là vers le bas à la poplitée, etc., jusqu'à l'arrivée aux artères plantaires.

Lorsque le major Abbott me parla de ces questions il y a quarante et un ans, nous en parlâmes comme de la curiosité du jour. Mon père faisait partie des esprits intuitifs. C'était un

1. *Herschel* : nom primitivement donné à Uranus, planète découverte par l'astronome anglais William Herschel en 1781. [N.D.T.]

homme sensible et il avait un esprit intuitif, ce qui le faisait s'inquiéter au point qu'il pouvait s'en retourner sur quatre-vingts ou cent kilomètres. Pourquoi ? Parce que la loi intuitive ou loi de providence l'envoyait à la maison. Parce que quelque chose l'inquiétait – quelque chose à propos d'un cheval ; et lorsqu'il arrivait à la maison, le vieux Jim était mort. Une fois qu'il prêchait dans les Chariton Hills, il s'arrêta.

Il dit : « Je dois m'arrêter là ; on me demande ailleurs. » Par la loi de l'intuition, il dit : « On me demande, nous allons terminer immédiatement. » Il s'arrêta juste au milieu de son sermon, pris ses sacoches de selle (il était médecin) et, au moment où il gagnait la porte, Jim Bozarth arriva pour lui demander de venir soigner la cuisse cassée d'Ed. Des témoins ont vécu cela, et je pense que dix ou vingt sont encore en vie. Ils s'étonnèrent de ce que le vieux Dr Still ait su quand prendre ses sacoches de selle. Voilà un des attributs que Dieu a placés en l'homme.

Peut-on faire confiance à la loi de Dieu en toutes choses et en toutes circonstances ? Regardez de par le monde et vous verrez des hommes et des femmes de toutes nations qui, tout en prétendant haut et fort croire en l'infaillibilité de l'Infini, n'hésitent pas à utiliser des boissons avec du whisky et de l'opium « comme remède contre la maladie ». Vous verrez parfois le docteur appelé à votre chevet boire avant et après qu'il vous a fait boire vous-même. Vous trouverez rarement un prêtre ayant le courage de dire face à ses fidèles : « Notre système de traitement de la maladie est plus mauvais que tous les démons ; il apprend par préceptes et exemples que la sagesse de Dieu est une farce et que Sa loi n'est pas fiable pour la maladie. » Par leurs actes et leurs avis en cas de maladie, beaucoup de nos prêtres, jour après jour, s'éloignent de la loi divine et font ouvertement honte à Dieu. Ils disent dans leur meilleur langage : « Tout, dans l'œuvre de Dieu, est parfait », avec beaucoup d'emphase sur le mot « parfait », et : « Son œuvre prouve Sa perfection » ; croient-ils vraiment à ce qu'ils disent sur Dieu et la perfection de Ses lois ? Si le prêtre y croit réellement, pourquoi envoie-t-il un homme déjà chargé de poison dans la chambre de malade de la famille boire l'amère et mortelle potion ? A-t-il appris la loi de Dieu telle qu'elle s'applique à l'anatomie et à la vie de l'homme, qui lui permet de connaître le bouton à toucher pour réduire la fièvre ? Ou bien pense-t-il que ses actes seraient une insulte à un Dieu de même intelligence que l'homme ? Si l'Infini sait toutes choses, il devrait en toute justice marquer de tels théologiens à la fois comme menteurs et comme hypocrites, ou idiots de premier jus. Le Dieu de toute vérité sait très bien combien de ces ecclésiastiques ont été envoyés dans les cures Keeley. Ne sont-ils pas légion ?

CHAPITRE XXX

Rimes d'os – Discours du soixante-neuvième anniversaire – Tribut à un petit anatomiste – Devoir de parents – Lorsque Still était parti – Guerrier de naissance – Qui a découvert l'ostéopathie ? – Clairvoyant et clairaudiant – Né pour savoir quelque chose sur les drogues – Combat pour préserver la santé – Montages mathématiques – Effets climatiques sur les poumons – Diète – Consternation – Pourquoi j'aime Dieu.

LES RIMES D'OS

Combien d'os sur l'humaine face ?
Quatorze, s'ils sont tous en place,

Combien d'os sur la tête humaine ?
Huit, garçon, je l'ai souvent dit.

Combien d'os dans l'oreille humaine ?
Trois dans chaque ils nous aident à ouïr.

Combien d'os sur l'humain rachis ?
Comme une vigne vierge, trente-six.

Combien d'os dans le thorax humain ?
Vingt-quatre côtes plus deux pour le reste.

Combien d'os les épaules attachent ?
Deux à chaque ; un devant, un derrière.

Combien d'os pour le bras humain ?
Un chaque bras, deux chaque avant-bras.

Combien d'os dans le poignet humain ?
Huit en chaque si aucun ne manque.

Combien d'os dans la paume de main ?
Cinq en chaque, et beaucoup en ligne.

Combien d'os pour tous les dix doigts ?
Vingt-huit, tous articulés.

Combien d'os dans la hanche humaine ?
Un dans chaque, avec une cupule.

Combien d'os dans la cuisse humaine ?
Un dans chaque, profond il se trouve.

Combien d'os dans chaque genou ?
Un dans chaque, la rotule, dit-on.

Combien dos du genou au pied ?
Deux à chaque, on peut nettement voir.

Combien d'os dans chaque cheville ?
Sept en chaque, mais aucun n'est long.

Combien d'os dans le tarse du pied ?
Cinq en chaque, ont été placés là.

Combien d'os dans les orteils des pieds ?
Vingt-huit en tout, pas un de plus.

Tous ensemble ces nombreux os tiennent,
Et dans le corps, on en compte deux cent six.

Et, dans la bouche humaine,
Celles du haut et celles du bas, trente-deux dents.

Parfois, existe un os auquel il faut penser,
Dans l'articulation il se place ou remplit un espace.

Sésamoïde ou wormien il se nomme.
Et maintenant, repos, tous ont été cités.

Mesdames et Messieurs, étrangers, garçons et filles : nous avons traversé un grand conflit national – trente ans se sont écoulés depuis. À cette époque, nous avions droit à de grands discours prononcés par des hommes tels que Lincoln, Seward [1], Chase [2] et par des centaines de voix qui s'élevaient pour soutenir le drapeau américain. Ces discours seront lus avec intérêt dans les années à venir. Mais je n'ai pas eu l'occasion d'entendre ces discours pendant les heures de la Rébellion [3], ni au cours de la vie dans les camps, ni sur les champs de bataille sanglants de la guerre, où les hommes de chaque camp tombaient comme des étoiles du ciel pour la défense de leurs principes, et pour soutenir le drapeau qui serait respecté par les nations du monde – aucun discours prononcé par les hommes n'égalera celui de cette petite fille que nous venons d'entendre dénombrer ses os, correctement placés et nommés avec l'usage de chacun d'eux. Voilà la sorte d'intelligence que nous voulons. J'ai ressenti de la fierté à la rencontre d'hommes luttant avec moi sur le champ de bataille, quel que soit le camp, mais je ne savais pas que je ressentirais un jour en mon cœur un sentiment aussi doux que lorsque cette fillette récitait sa pièce d'os, de muscle et de ligament. Apprenez-la à vos enfants et ils auront moins d'usage pour la guerre. La guerre vient pour résoudre une difficulté à travers laquelle le cerveau ne peut pas discerner. Nous avons ici

1. *William Henry Seward* (1801-1872). Homme politique américain, leader du parti républicain et secrétaire d'État (1861-69). Sénateur de l'État de New York (1838-42), puis sénateur américain (1849-61). Bien qu'il n'ait pas cru en l'égalité des Blancs et des Noirs, il fut un opposant avéré de l'esclavage. Il conseilla le président Lincoln sur de multiples questions. Il fut gravement blessé lors de l'attentat où périt Lincoln, mais survécut. Il acheta l'Alaska pour les États-Unis (1867) et favorisa l'acquisition des territoires de Virginie et d'Hawaii. [N.D.T.]
2. *Salmon Portland Chase* (1808-1873). Juriste et homme politique américain défenseur connu des esclaves fugitifs. Il fut sénateur puis gouverneur de l'Ohio (1849-55). Secrétaire au Trésor, il proposa l'établissement d'un système bancaire national (1861). [N.D.T.]
3. Rébellion, en anglais *Rebellion* : autre nom de la guerre de Sécession. [N.D.T.]

quelque chose d'encourageant – de jolies filles, de belles fleurs, et des visages souriants, et je sais que chacun d'entre vous à l'intention de maîtriser l'anatomie. C'est un devoir de parents que d'apprendre ces choses à leurs enfants. Ils devraient connaître chaque muscle et son usage, chaque ligament et son usage, les os et les vaisseaux sanguins, parce qu'aujourd'hui, aux États-Unis, le scalpel intransigeant du chirurgien frémit au-dessus de la tête de milliers de filles et, tel un aigle non content d'engloutir leurs chairs mortes, leur arrache les organes vitaux.

Nous sommes réunis ici à l'occasion de cet anniversaire qui commémore également trois parmi quatre autres événements importants. Il y a trois ans aujourd'hui, fut enlevée la première pelletée de terre, à l'angle sud-est de ce bâtiment. Une fois tracés, les jalons étaient séparés de vingt-cinq mètres. Les gens me regardèrent en disant : « Still s'apprête-t-il vraiment à ériger cette énorme bâtisse ? N'a-t-il pas un problème ? Nous avons toujours entendu dire qu'il est un peu ailleurs – aujourd'hui, nous savons qu'il l'est vraiment. » Il y a un an, il était de nouveau ailleurs en construisant les extensions nord et sud et on ne dit pas quel jour il sera de nouveau ailleurs.

Il y a trente-cinq ans, le sang de frères fut versé dans cette ville par le canon et le glaive. Il y a soixante-huit ans, une grande question se posa aux gens de Virginie. Quelque chose d'étrange venait d'apparaître à près de cinq kilomètres à l'ouest de Jonesville. Les hommes sages de l'Est et les femmes de l'Ouest se rassemblèrent. Ils dirent : « Qu'est-ce que c'est ? » Ils étudièrent un moment ; une vieille dame dit : « Peut-être est-ce un bébé ? » Autant que je puisse me rappeler, j'étais un guerrier à cette époque et je le leur dis clairement en moins d'une heure, et en anglais. Ma mère disait qu'avant même d'avoir une heure, je pouvais presque dire *war* [4] (wah) comme tout les enfants qu'elle avait pu voir. Je pus le dire avec une sorte de nasillement du sud et depuis lors, la guerre a sévi pour quelque cause.

À présent, vous vous intéressez à cette grande question qu'est l'ostéopathie. Lorsque le prédicateur se lève, il prend un

4. *War* : ce mot désigne la guerre en anglais. [N.D.T.]

texte ; puis il prêche dessus ou à partir de lui, comme il peut. En prenant mon texte, j'espère que je pourrai prêcher dans les bonnes directions à partir de lui. Voilà mon texte : qui a découvert l'ostéopathie ? Il y a vingt-quatre ans, le vingt-deuxième jour de juin, à dix heures, je vis une petite lumière à l'horizon de la vérité. D'après ce que j'ai compris, elle fut placée dans ma main par le Dieu de la nature. Cette lumière montrait sur sa face l'inscription suivante : « Voilà Ma bibliothèque médicale, Ma chirurgie et Mon obstétrique. Voilà Mon livre, avec toutes les directions, instructions, doses, tailles et quantités devant être utilisées dans chaque cas de maladie et de naissance, au commencement de l'homme ; dans l'enfance, la jeunesse et à l'âge du déclin. » Je suis parfois ce que les gens appellent un « inspiré ». Nous autres méthodistes disons « intuitif ». D'autres ont des noms différents pour cela – clairvoyant, clairaudiant. À cette époque, j'étais si clairvoyant que je pouvais voir mon père à trente-cinq kilomètres de la maison : je pouvais le voir très nettement, coupant une badine pour mon frère Jim et moi, lorsque nous n'avions pas fait un travail correct dans la journée. Cela s'appelle clairvoyance. Alors, je pouvais l'entendre dire : « Si vous ne labourez pas plus vite, je vais vous tanner deux fois la semaine. » C'est de la clairaudiance.

J'étais né pour connaître quelque chose aux drogues. Je savais qu'elles avaient un goût désagréable ; je savais qu'elles me rendaient malade, très malade, même ; je savais que je ne les aimais pas. Dès que je fus suffisamment âgé pour raisonner, je grandis avec cette question : Dieu a-t-il oui ou non accrédité d'une manière ou d'une autre l'idée selon laquelle un homme pourrait se soulager d'un poison en en utilisant un autre ? Que la saison soit froide, chaude, humide ou sèche, vous pouvez tomber malade, ce qui génère des poisons dans le sang ; la stagnation permet la constitution de nouvelles substances diminuant les forces vitales et provoquant un conflit. La vitalité essaie en permanence de trouver et de rejeter toutes les impuretés, ce qui maintient le corps en combat permanent. Combat pourquoi ? Pour maintenir son terrain en état de santé. J'ai commencé la quête lorsque j'étais encore enfant, j'ai continué et suis toujours en recherche. Je pus voir l'action de l'électricité ; je pus voir qu'elle pouvait émettre des éclats dans les cieux alors qu'aucun forgeron ne faisait jaillir d'étincelles dans les environs. Je pus voir les étoiles traverser le ciel en 1834 – fusées dans le ciel. Comment se fait l'action de cette fusée ? Existe-t-il quelque action de fusée dans le sang humain ? Où se trouve votre batterie ? Quel est le problème avec votre batterie lorsque vous avez de la fièvre ? Qu'est-ce que la fièvre ? Oh, d'éminents auteurs disent que c'est une augmentation particulière de la température, dont les causes sont inconnues. Comme nous ne savons pas ce qu'elles sont, nous leur donnons un nom, de sorte que nous savons dorénavant comment les appeler. Nous les appelons typhus, typhoïde, malaria, etc., en accord avec les saisons de l'année. Nous les nommons en relation avec quelque chose. Nous avons un système pour les nommer ; nous l'appelons symptomatologie, c'est le système arbitraire pour nommer les choses, qu'elles soient comprises ou non. Vous rassemblez les différentes parties, cela fait un quelque chose, vous l'appelez croup. Vous introduisez quelques modifications et c'est appelé fièvre. Enlevez quelque chose, mettez en deux ou trois autres et vous avez la pneumonie. Enlevez un peu et ajoutez un peu et vous avez la dysenterie. Enlevez-en quatre et ajoutez-en deux, et vous avez l'apoplexie. Les docteurs ont traité l'effet et pas la cause ; ainsi a-t-il été nécessaire de faire des lois en leur faveur.

Au cours des vingt dernières années, il a fallu se défendre contre les attaques individuelles s'opposant au système, parce que les gens sont comme cette petite fille. Ils savent combien d'os ils ont dans le poignet. Il y a quarante ans, on n'attendait pas qu'une femme sache si elle avait au-dessus du coude un os ou une centaine, et la plupart ne pouvaient pas le dire. Elles ne pouvaient pas entraîner leur enfant différemment, parce que l'anatomie leur était inconnue.

Durant les vingt dernières années on a discuté pour savoir si nous pouvions tirer bénéfice de l'utilisation de quelques classes de drogues ou s'il ne serait pas plus judicieux d'adopter un régime particulier. Nous avons des magasins de régime en Amérique et en Europe ; en fait, nous achetons et utilisons des deux et grommelons comme si nous n'avions jamais entendu parler de l'un ou de l'autre.

Maintenant, examinons la condition présente de l'homme. Il occupe toutes les régions du globe, excepté quelques-une dans le Nord, en passe d'être occupées dans les prochaines semaines, grâce à une expédition en ballon.

Certaines personnes, lorsqu'elles voyagent, veulent disposer de tel type de pain, cuit sur un poêlon à grands pieds ou un poêlon à pieds de trois cents, sinon, ils ne peuvent exister. Que sont les maisons de santé ? Ce sont des endroits supposés proposer certains régimes ; vous devez manger telle quantité, à telle heure, et aller au lit à telle heure. En Amérique, nous allons nous coucher tôt ou tard, mangeons ce que nous voulons et tout ce que nous voulons si nous pouvons l'avoir. Cela prouve que le commerce pour les aliments de régime n'est pas nécessaire et que nous pouvons tout à fait nous en passer ; c'est le système consistant à manger ceci et cela ou risquer de mourir. Si l'estomac est connecté à la bonne batterie, le cerveau et les nerfs de la nutrition fonctionnant correctement, vous pouvez manger une grenouille à longues pattes et en vivre ; vous pouvez manger du chien et bien vous en porter. Si vous ne le croyez pas, achetez un morceau de bœuf dans cette ville et si vous pouvez le manger, vous pourrez manger n'importe quoi. L'Architecte avisé de l'univers a placé ce moulin en vous et il broiera tout ce qui est nutritif. Les choses étant ainsi, il est tout aussi utile pour vos repas principaux de grignoter d'une certaine manière qu'il est d'avoir votre batterie et votre mécanisme de telle sorte qu'ils puissent fonctionner comme Dieu et Son jugement l'ont prévu lorsqu'ils les planifièrent. Nous découvrons qu'Il est compétent et sait comment accomplir Son œuvre et lorsqu'Il a fait un travail, vous ne pouvez pas l'améliorer.

Comment ai-je découvert l'ostéopathie ? Qui était avec moi lorsque je l'ai découverte ? Qui m'a assisté pour la découvrir ? Je donnerai cent dollars pour la photographie de l'homme qui lui aura ajouté une simple pensée.

En 1874, j'adoptai le point de vue selon lequel le sang vivant essaime des corpuscules vivants qui sont transportés vers toutes les parties du corps. En entravant ce courant de sang, on quitte la rivière de la vie pour entrer dans l'océan de la mort. Voilà la découverte. Les artères apportent le sang de la vie et édifient l'homme, l'animal et tous les autres corps. Les artères vivantes constituent le monde, remplissent tout espace et forment les nuages. Si Dieu est compétent et connaît Son travail, Il a certainement fait un bon travail. Fort de cette conclusion, soutiendrai-je Sa sagesse, essayant de travailler la machine telle Il l'a conçue, ou bien changerai-je mon destin pour joindre les partisans des ombres profondes de l'ignorance et de la superstition ?

Lorsque je brandissais ce petit drapeau (ostéopathie), il n'était pas bien grand, mais je décrétai de ne jurer toute ma vie que par l'éternel Dieu et par Son œuvre. Si un obus nous était tombé dessus ce soir, il n'aurait pas créé plus de consternation que moi déclarant que Dieu n'était pas un docteur à drogue. Ils voulurent que je me repente avant qu'il ne soit éternellement trop tard et pensaient que par égard pour mon père, je pourrais peut-être être sauvé. L'opinion de mes propres frères était que j'allais au diable aussi vite que tournaient les roues du temps. Quel était mon crime ? Je déclarai que Dieu était Sagesse et que Son œuvre était réussie ; c'était ça le crime.

Mon frère pria pour moi et je travaillai pour lui et, après dix-huit ans, il vint et rallia ma morne banquette. Jacob œuvra plusieurs années pour son épouse ; moi dix-huit pour mon frère. Maintenant, il vient et dit : « C'est la plus grande bénédiction jamais léguée à l'humanité. »

En 1874, mon honorable frère, dont le mot vaut tout l'or qu'il put porter sur lui, croyait honnêtement que j'avais un pied en enfer et qu'il devrait m'attraper par la queue de mon habit et me tirer de là. Je lui dis que Dieu ne bénissait pas des choses telles que la quinine, l'opium, le whisky ou les piqûres. Il me dit : « Tu délires ; je t'adjure d'abandonner ça tout de suite. Tu risques vraiment de te perdre. »

Du temps s'écoula et après un court instant il dit : « J'aimerais parler un peu de ce problème. Comment expliques-tu la fièvre ? Comment expliques-tu le rhume ? »

Je dis : « En proportion de la vélocité avec laquelle le cœur apporte l'électricité générée par le cerveau, la température est haute ou basse. »

Il dit : « J'ai une douleur au côté et j'ai pensé prendre un peu de quinine et de poudres de Dover. »

Je lui dis : « Si tu restes là un moment, je pense que je peux arrêter ça. Mon idée, c'est que la grande veine azygos n'a pas drainé au bon moment. » Je lui donnai un traitement pour drainer le sang et l'homme fut soulagé. Alors, je lui dis : « Si tu penses être converti, je vais te baptiser maintenant. » Il était diplômé de l'université de médecine de Chicago. Je lui demandai s'il n'avait pas étudié là-bas quelques éléments concernant la force du cerveau et des nerfs. Il répondit : « Pas de cette manière ! – Eh bien, lorsque tu administres une dose de quinine, à quoi la destines-tu ? Est-ce à la circulation du sang ? Que cherches-tu à faire ? Contracter les vaisseaux sanguins et forcer le sang à circuler plus vite ? Cherches-tu à les contracter ou à les dilater ? – Je crois, dit-il, que l'effet peut être de les contracter, bien que je n'aie jamais réfléchi à cette question. Cela peut peut-être atteindre le cervelet et forcer le sang avec plus de puissance à travers la circulation artérielle.
– T'est-il jamais venu à l'esprit, lorsque deux mules ne veulent pas escalader une colline, que l'une tire vers le bas ? Comment faire pour les tourner toutes les deux vers la montée ? La batterie de la vie, la force motrice, pousse le sang à partir du cœur dans les artères, mais il n'est pas ramené de manière convenable et demeure retenu dans les veines. Tu mets ta quinine et ton opium là-dedans, les veines s'ouvrent et le sang peut circuler et le circuit est fermé. Tant qu'il est complet, la force de l'électricité le fait circuler et il se sent mieux. »

Vous m'avez demandé de vous parler à l'occasion de cet anniversaire, et je parle franchement. J'aime Dieu. Pour quelle raison ? Parce que je ne puis trouver aucune contradiction lorsque j'examine Son œuvre. Le lever du soleil en dépend. Prenez l'éclipse de l'autre jour ; les mathématiques nous on dit à un cinquième de seconde près à quel moment elle allait survenir. Lisez vos journaux et dites-moi si cela n'est pas vrai. Quand nous l'ont-ils annoncée ? Il y a douze mois. Les mathématiques du ciel sont parfaitement fiables. Les comètes font leur temps et sont de retour dans leur circuit comme prévu. La Terre tourne autour du Soleil en une durée à la minute près. Si elle s'arrêtait pour parler politique, elle vous mettrait la tête à l'envers. J'aime Dieu parce que Ses œuvres sont parfaites et dignes de confiance. Il n'a besoin d'aucune aide et n'a pas conçu l'homme pour être un déversoir à brouet que ce soit pour des drogues ou des pilules, petites ou grandes. Je L'aime, Lui qui fait un sang pur pour Sa machine, prend la matière morte et l'incorpore à la force vivante à partir des matériaux bruts, et la transforme en muscle efficient. Je L'aime parce qu'Il peut donner la vue à votre corps, également l'ouïe, et le sens du toucher – en fait, les cinq sens et à peu près cinq cents autres sortes de sens à leur sommet. Je L'aime parce qu'Il est photographe. Que photographie-t-Il ? Votre esprit est une plaque sensible et chaque mot prononcé s'y trouve, photographié ; et lorsque vous voulez regarder un mot, vous enlevez la glace ; on appelle ça la mémoire. La plaque sensible absorbe vos rêves et vos visions. Ce fait est aussi vieux que le temps. Certains d'entre nous n'ont pas besoin de dormir pour avoir des visions.

Je suis heureux de vous rencontrer ici pour mon anniversaire. Je n'attends plus beaucoup d'autres célébrations. J'ai maintenant soixante-neuf ans ; l'an prochain, soixante-dix. Mon père est décédé à soixante et onze ans, ma mère à quatre-vingt-neuf. Aussi longtemps que je vivrai, je serai un défenseur inconditionnel de l'ostéopathie. J'en ai grand besoin pour moi-même, bien que je sois plutôt en forme, mais pour les besoins de l'estropié, j'essaierai et donnerai quelques cours sur la fréquence des traitements et quand arrêter. J'espère un brillant futur pour l'ostéopathie. Lorsque je serai mort, si je reviens ici, j'espère voir l'ostéopathie devant toutes les autres « pathies » et les hommes développer leurs esprits, cerveaux et nerfs et devenir meilleurs en toutes choses.

Je vous remercie pour votre attention.

CHAPITRE XXXI

Une allégorie sur les affaires – Ma première vie, une affaire ratée –
À la recherche du succès – L'avis du pasteur – Investissement dans une
scierie – Confiance en soi – Un soliloque – Endormi sous l'arbre –
Le bélier – Au sommet de l'arbre – Les jambes aussi nécessaires que la tête
pour réussir – L'arbre aux étiquettes – les étiquettes du succès – Comment
réussir dans les affaires – Un grand financier – Un rêve et sa réalisation –
L'épouse implore en vain – Ce sacré bélier de la délivrance – Jeté du toit
d'une maison de dix mille dollars hypothéquée – Parole de bélier.

Nous allons voir comment dans ma première vie, je n'ai pas
réussi en tant qu'homme d'affaires. Pendant de nombreuses
années, tout ce que j'entrepris échoua. Je perdis mes moyens et
mon temps et tout ce que je pouvais montrer, c'était un nouvel
échec. Je pensai qu'il valait mieux ne plus essayer. J'arrivai à un
carrefour sur le chemin de la vie, un chemin partait vers la droite,
l'autre vers la gauche. Je m'arrêtai à cet embranchement où
beaucoup de gens étaient rassemblés, et je demandai quelle
route menait au succès. D'une seule voix, tous dirent : « Chacun
de nous peut tout vous dire sur la route du succès. » Je demandai
à l'aubergiste ce que me coûterait d'obtenir l'opinion de chacun
d'eux. La réponse fut : « Cela ne vous coûtera rien maintenant,
si ce n'est votre temps car nous sommes tout disposés à donner
nos avis. » Au premier abord, je ne remarquai pas particulièrement le mauvais état des vêtements de la plupart. Finalement
un homme très bien habillé, l'air très gentleman, s'avança et dit :
« Je suis prêtre et je vous conseille de prendre cette route », en
montrant la droite. « Cependant, je vous questionnerai sur votre
condition financière. Disposez-vous de quelque argent ? » Je lui

dis que j'avais une petite somme, quelques centaines de dollars. Et il dit : « Venez avec moi vers la droite. » Je ne posai pas de questions, car j'avais trouvé un « homme de Dieu », et me voilà parti – après les habituelles courbettes et flatteries, par lesquelles il me disait à quel point j'étais un grand et bon homme, et quels bénéfices je pourrais apporter à sa communauté.

Nous étions samedi après-midi, il me demanda de rester le dimanche, de me reposer et d'aller à l'église avec lui ; il monterait en chaire. Oh comme je me sentais bon ! J'avais l'impression d'avoir rencontré un frère. Il dit au sacristain de me donner le meilleur siège de l'église. Mon cœur se dilatait et bondissait de joie. Les services commencèrent en musique. J'aimais les mélodies et souhaitais presque être mort et au paradis pour pouvoir entendre une telle musique en permanence.

Pendant ce temps, je commençai à ressentir mon indignité à cause du talent [1] et, lorsque le prêtre passa près de moi, je lui demandai de prier pour mes succès. Et tout ce qu'il dit fut : « Dieu vous bénisse, mon frère ! » Après les chants, il procéda au service de la prière, au cours duquel il remercia Dieu pour notre bon gouvernement, notre paix, et notre puissance pour le maintien de la paix avec toutes les nations, ou le combat si elles préféraient cela. Il remercia Dieu pour les récoltes, la santé et les écoles, et dit : « Seigneur, nous avons honte et sommes vraiment désolés de devoir prêcher l'évangile dans une église si pauvrement construite et si peu pourvue. Vous savez que c'est une honte et une disgrâce pour les gens d'oser appeler cela la maison de Dieu. Bénissez-nous. Amen ! »

Je ne saisis pas l'allusion, ni ne discernai le pot aux roses. Il ouvrit la Bible et comme par magie, tomba sur le bon vieux verset : « Béni soit le généreux donateur ». Il me sourit doucement et dit : « Nous sommes vraiment dans le besoin et devons trouver de l'argent. » Il dit au sacristain de faire circuler le chapeau, lui faisant un clin d'œil et un signe de tête. Il gémit et renifla à propos des bénédictions déversées sur les « généreux donateur », et me sourit de nouveau.

1. Allusion à la parabole des talents de l'Évangile. [N.D.T.]

Je pensai qu'étant étranger à la communauté je devais faire dix fois mieux que ce que je faisais chez moi, et laissai tomber dans le chapeau un dollar en argent. Le sacristain dit : « Hum ! Nous sommes en train de construire une église et nous attendions mieux de vous. » Je commençai à réfléchir aux limites de mes moyens. À ce moment, le prêtre désigna du doigt une sœur entraînée qui entonna un Alléluia, signal pour un mouvement de toutes les sœurs, les jeunes et les vieilles, destiné à m'inciter à donner plus d'argent ; ainsi eurent-ils les derniers sous que j'avais sur moi, soit dix dollars. À partir de ce moment, le pot aux roses devint évident. Dans un faible chuchotement, je dis : « Je me suis encore fait avoir. »

Je partis sur la grande route de la vie pour un nouveau périple. Je voyageai longtemps jusqu'aux embranchements de cette route. De nouveau, je trouvai là un grand rassemblement. Ils avaient à la main des marteaux, des clés anglaises, des gouges, des limes, et différentes sortes d'instruments. Je les saluai comme doit le faire un étranger qui se renseigne. D'une seule voix, ils crièrent : « Venez dans le groupe et asseyez-vous sur un rondin avec nous. » Je leur dis être un explorateur à la recherche du succès, et avoir entendu dire que dans cette direction, existait un magasin où on pouvait l'acheter.

Un monsieur très digne dit : « C'est l'endroit que vous recherchez », et demanda : « Quel sorte de travail voulez-vous accomplir ? » Je lui répondis : « N'importe quel travail honorable permettant à un travailleur de faire vivre sa petite famille. » Un homme d'âge moyen et d'aspect solide dit : « Nous avons besoin d'une scierie dans ce pays et nous nous sommes arrangés pour acheter et nous faire livrer un moteur, une scie et toute la machinerie nécessaire pour couper du bois de construction. » Il me posa cette question : « Avez-vous du capital ? » Je lui répondis que je disposais de quelques centaines de dollars. Il dit : « Il nous manque $ 400 pour que tout nous soit envoyé immédiatement. » Quelque chose dit : « Éloigne toi des scieries et des moteurs, à moins d'être habile ingénieur, et de pouvoir faire tout ce qu'il faut pour réparer et entretenir le mouvement de ces machines. » Ils insistèrent pour me dire que je devrais investir.

J'hésitai, parce que c'était tout l'argent que je possédais. Un petit copain bavard me dit qu'il serait sage d'investir, qu'il attendait une rentrée d'argent dans les trente jours et que, dès que la scie couperait sa première ligne, il me paierait $ 800 pour mon stock dans la compagnie de sciage. Je donnai immédiatement mon argent et m'embarquai pour le sciage du bois.

Le matériel de sciage fut envoyé, reçu, monté, une bûche mise en place, une ligne sciée, puis de nombreuses autres. Je regardai alentour à la recherche de mon petit homme, pensant que j'allais encaisser mon argent et rentrer à la maison. Je le réclamai et on me dit qu'il avait été mis au cachot une semaine pour ivresse et resterait là et dans la prison du comté soixante jours à payer une bonne amande pour violation des règlements de la ville.

Pas découragé, je dis aux autres que j'acceptais les mêmes propositions que le petit homme m'avait faites, car je voulais rentrer chez moi. L'un d'eux dit : « Dans à peu près une semaine, j'achèterai votre concession si mon argent arrive comme je l'attends. » J'embauchai pour travailler mon bois jusqu'à l'arrivée de son argent.

Beaucoup de partenaires de cette scierie buvaient passablement. Ils avaient établi le mardi soir comme jour de réjouissance. Tous bien éméchés, ils rentrèrent chez eux pleins de bière et l'ingénieur était si plein qu'il oublia ou négligea de fermer le fourneau. Il y eut cette nuit-là de grandes rafales de vent qui poussèrent des brandons enflammés de place en place sur les copeaux et la sciure, jusqu'à ce que le moulin et toutes les machines soient la proie des flammes, et scierie et chariots furent détruits.

À ce moment, je sentis qu'il n'y avait aucun « pot aux roses » dans le jeu et je me dis : « L'homme de Dieu m'a piqué mes dix dollars et l'alcool, la bière et la confiance m'ont pris le reste. » J'étais à pied et seul, sans un sou pour nourrir mon épouse et les enfants.

Ainsi se termina ma première vie « d'idiot » des affaires. Je suivis les conseils des gens, sans jamais raisonner par moi-même, jusqu'à devenir un nain mental, ce dont je ne me remis qu'au bout de nombreuses années.

322

Le plus grand combat de ma vie fut de m'accorder confiance et d'admettre que Dieu a placé en chaque homme le cerveau et toutes les qualités commerciales requises pour bien vivre, avec abondance pour ceux qui dépendent de ses services, pourvu qu'il fasse bon usage de ses dons personnels. S'occuper d'une chose à la fois et de cette chose-là tout le temps. Voilà pour mes allégories expérimentales.

Dans la première partie de ma vie, le lecteur a vu que j'étais jeune et inexpérimenté pour choisir le domaine dans lequel je pourrais réussir. Je grandis, croyant que « conseil est père de sûreté ». Je ressentais le manque d'expérience et souhaitais apprendre tout ce que je pouvais de personnes plus âgées. Mon désir était de vivre une vie honnête et laborieuse. Pendant de nombreuses années, je n'ai pas imaginé que mes échecs étaient la conséquence de mon manque d'autonomie. Mais finalement, je perdis toute confiance en moi et pris des avis inadaptés à mon cas. Je n'avais jamais pensé que les hommes avisés doivent prendre du temps pour mûrir une stratégie ; je supposais au contraire qu'ils savaient nativement et pouvaient répondre à tout moment à ma requête et qu'il me suffisait de demander.

Je pensais alors que m'habiller mieux pourrait peut-être m'aider. Avec cette idée en tête, je m'achetai un nouveau chapeau, mais le changement pour le mieux ne fut pas vraiment évident. Je me rasai, même résultat. Je suis même allé jusqu'à cirer mes bottes, mais aucune étoile d'espoir ne m'apparut. Je ne sortis donc plus en habits de cérémonie et tout fut de nouveau sombre.

Pas d'argent, pas d'amis sur terre, et le prêtre me disant qu'il serait très dangereux pour moi de rencontrer Pierre, de très méchante humeur à cause des dix petits dollars donnés avec tant de regrets au comité de l'église, celui que j'ai appelé « pot aux roses », après qu'il me les eu soutirés, grâce à ces prières, ce prêche et cette parade. Je sentais que s'il était furieux à cause de l'argent, mes chances d'aller au paradis étaient bien maigres. Ainsi, je me retrouvais sur le grand chemin. Je n'étais pas allé très loin que je reçus un insecte dans l'œil qui se débattit et me griffa ; cela rendit l'œil douloureux pendant si longtemps que j'en vins à croire qu'un seul œil répondrait désormais. Je commençai à regarder avec lui du mieux que je pus. Je bourlinguai tant et plus sur la sombre route de l'espoir, rencontrant beaucoup de gens aux croisées des chemins mais, ne pouvant utiliser qu'un seul œil, je pensais voir le « pot aux roses » de la déception à vendre à chaque croisement. Comme je n'avais pas d'argent, je ne pus acheter d'autres succès à bon marché et je dus voyager seul sur de nombreux et assommants kilomètres. Tremblant, je sombrai dans le repos à l'ombre d'un arbre et soliloquai.

Rendez-vous compte que lorsqu'un homme a fait du mieux qu'il a pu, échouant à chaque tentative, que l'espoir a été balayé de son horizon comme par un cyclone furieux, son cœur sombre, comme une pierre tombe du temple de la vie ; il abandonne les joies de l'espérance, hait leurs langues flatteuses et leurs douces syllabes deviennent pour lui aussi amères que la bile. Alors, il ne contemple la joie qu'avec la pensée de la mort. Il a le sentiment que toutes les portes de l'amour se ferment devant lui et les siens, à jamais condamnées. L'amour se transforme en haine, même dans sa propre vie. Il abandonne et lorgne du côté de la mort ; il construit de nombreux temples en pensée et ressent que la mort, l'anéantissement ou n'importe quoi plutôt que la vie serait pour lui une glorieuse alternative. Il pleure lorsqu'il devrait rire, hait lorsqu'il devrait aimer. Il sent que la bataille de la vie est perdue, que lui et les siens sont captifs et que la vie n'est qu'une perpétuelle servitude.

Il est comme un vaisseau voguant dans les vagues déferlantes d'un océan déchaîné, dérivant dans le gosier tournoyant d'un tourbillon qui engloutit et cache en sûreté ses victimes au fond d'abysses inexplorés. Dans cet antre, périssent tout espoir et toute aspiration pour lui qui voulait vivre et mourir une juste vie et a vu les forces de l'adversité tomber sur lui et barrer son chemin, chaque jour, chaque heure, chaque minute de sa vie, alors qu'il peut voir ceux dont les chemins sont éternellement parsemés de roses aux plus suaves parfums – champs et troupeaux prospères, dispensant tout ce que le cœur d'un homme peut demander, sans dons supérieurs apparents, si ce n'est le succès couronnant chaque effort.

À celui-là, le succès sourit. Comment ? Il ne sait pas. Lui et les siens ont toutes les joies de la vie, alors que moi et les miens avons tous les chagrins d'un monde amer et ne pouvons jamais goûter le peu de joie qui semble accessible à la vue, et demeurons seulement pour ajouter la misère aux pertes et maintenir sur le visage un faux-semblant d'ouverture pour les hyènes qui mangent ma chair en se riant de mes chutes, si proches l'une de l'autre que, comme les jours de ma vie, elles se comptent par milliers.

Ainsi, j'étais assis là, buvant et rebuvant à cette coupe dont la moindre goutte de chagrin semblait m'être destinée et rejoindre la rivière conduisant à mon cœur, m'empêchant d'accepter même quelques minutes de repos et de sommeil sous l'ombrage de cet arbre isolé ; quelque féroce animal pourrait, me trouvant endormi sous le feuillage, en profiter pour presque me tuer. Je n'osais même pas demander aux anges de veiller sur moi pendant que je dormais, bien que ce soit le sommeil de la mort. Pendant que j'étais plongé dans ce sommeil, je rêvai qu'un vieux bélier de grande force me donnait un coup sur le côté de la tête, ce qui m'affala de tout mon long sur le sol. Je me réveillai et, regardant autour de moi, découvris qu'il ne s'agissait pas d'un rêve, mais d'une réalité ; le vieux bélier reculait pour me frapper à nouveau. Mais il m'avait fait entrer tant d'électricité dans la tête et les jambes que je sautai dans l'arbre comme un kangourou.

Alors, je commençai à me rendre compte qu'un homme, pour réussir dans n'importe quelle entreprise, doit utiliser sa tête et ses jambes.

Au fur et à mesure que je grimpais dans l'arbre salvateur, mon attention fut attirée par des branches d'où pendaient de nombreuses étiquettes, faites de toutes sortes de matières connues – or, argent, platine, fer, coquillages de la mer, peaux d'animaux, cornes et dents d'animaux. L'une d'elles était écrite en lettres d'or et attachée autour du tronc de l'arbre, son inscription était : « Voici l'arbre de la connaissance, à l'ombre duquel toutes les personnes ont reçu l'instruction nécessaire à leur succès personnel dans la vie, et sans laquelle aucun homme n'a jamais réussi. »

Toutes les étiquettes, exceptée celle qui entourait le tronc, étaient pourvues d'un anneau pour s'accrocher à un crochet ainsi fait qu'elles pouvaient être enlevées et lues par tout explorateur en recherche.

Elles étaient disposées en ordre alphabétique et leur nombre dépassait les milliers. Comme j'étais en grand émoi et que mon nom est Andrew, je lus beaucoup d'étiquettes marquées A, mais aucune ne convenait à mon cas. Je continuai ainsi jusqu'à ce que je trouve les étiquettes en S. La première indiquait : « Le succès est la récompense de l'effort personnel et de la confiance en soi dans la résolution de tous les problèmes de la vie. Soi devant. Soi dans toutes les batailles et au commandement. Secret. Solitude au cours de la conception, du développement et de la naissance de tous les plans de la vie des affaires. » Je pensai que cette étiquette pouvait me convenir, puisque mon nom est « Still », j'en fis une copie et depuis cette époque, je l'ai toujours suivie. Et en l'utilisant, j'ai réussi au-delà de tout ce que je pouvais imaginer ou espérer avant ce jour où le bélier de l'Énergie m'a conduit en haut de l'arbre de la Connaissance pour lire les étiquettes disposées là pour moi.

À vous tous, hommes et femmes, je voudrais conseiller d'aller jusqu'à cet arbre, de vous y arrêter et d'y faire un somme, d'y abandonner votre fardeau de la vie car je suis certain que vous y trouverez une étiquette qui vous dira quelle branche de ce grand arbre de la connaissance détient le fruit du succès à vous destiné.

Si vous désirez être politicien, regardez du côté des étiquettes en P et, si vous trouvez que vous avez le genre de qualité nécessaire, copiez l'étiquette et l'indication pour la politique. Sinon, retournez en arrière sous C. Vous pouvez avoir une tête vraiment magnifique pour un combinard. Cet arbre est disponible à tous et le bélier vous apprendra vite à y grimper.

Si vous pensez devoir être docteur, je voudrais vous conseiller de foncer immédiatement sous l'ombre de l'arbre et si vous ne dormez pas, faites semblant ; le bélier fera vite de vos jambes des pattes d'écureuil et vous enverra au sommet de l'arbre parmi les étiquettes de la lettre D, pour lire tout ce qui existe à propos des docteurs, drogues, drinks et décès.

Si vous désirez une épouse, allez vers E. Vérifiez d'abord qu'elle veuille de vous, qu'elle soit désireuse de travailler durement pour vous, de s'occuper du lavage en vous laissant assis à l'ombre à prendre du bon temps, à parler du vote des femmes ou de leurs souffrances, juste comme votre mère a souffert toute votre vie oisive, lorsque les rides de son front sont apparues nettement. Laissez « Épouse » tranquille si vous n'avez pas la richesse ou le désir de l'aider à laver ou pleurer [2].

Beaucoup d'emplacements très utiles attendent d'être occupés. Si vous n'avez qu'une jambe et ne pouvez pas danser, ne vous découragez pas et n'abandonnez pas. Vous avez sans doute plus de bon sens dans votre tête que dix danseurs et quatre moricauds avec leurs banjos. Le courage et le bon sens sont les cornes dispersant le foin permettant au bétail de paître. Le courage est la perle qui vous mettra en valeur et des milliers vous demanderons où vous l'avez eue, ce qu'elle vous a coûté et souhaiteront que leurs fils aient plus de sagesse dans leurs têtes et moins de danse dans leurs talons.

Très haut dans l'arbre de la connaissance, parmi ses branches, je découvris une grande et brillante étiquette écrite dans toutes les langues (même en hiéroglyphes), disant que le succès ne vient pas à une personne par la seule lecture des étiquettes écrites en lettre d'or (en relief ou en creux), indiquant comment procéder ou les raisons pour lesquelles l'homme ne réussit pas dans les entreprises des affaires. Après avoir choisi la profession qui convient, le secret consiste à vous charger d'énergie, à vous stimuler dans le feu de l'exécution, et à ne jamais permettre à votre ardeur de diminuer tant que n'a pas été réalisé ce que vous avez décidé d'accomplir, avec la détermination de ne

---

2. Il y a une correspondance en anglais avec des mots commençant par w, intraduisible en français : *Let wife alone if you haven't the wealth or will to help her wash or weep.* [N.D.T.]

jamais regarder ni à droite, ni à gauche, ni en arrière mais de maintenir l'œil toujours fixé vers l'avant. Graissez et entretenez les mécanismes de l'ambition et de l'énergie, augmentant la vitesse, jusqu'à l'arrivée à la gare du succès, située au bout de l'effort individuel, personnel. Voilà la grande boussole, l'aiguille magnétique qui guide avec sécurité le chercheur de réussite.

Mes réussites ont donné de moi l'image d'un grand financier et d'un grand homme d'affaires. Je puis disposer de beaucoup plus d'argent m'appartenant que je n'ai jamais espéré. J'ai de l'argent en dollars, des centaines de dollars, quelques milliers même. Cet argent est mien et je sais qu'il est mien parce que j'ai payé jusqu'au dernier sou tout ce que je devais aux hommes de la terre. C'est mon argent et je désire faire savoir à tout le monde que, quelle que soit la loi, de commerce ou de justice, il est mien. J'ai l'impression que le malchanceux devrait me demander mon avis avant tout autre, parce que j'ai réussi. Je crois que je peux entamer n'importe quelle opération financière et en sortir triomphant.

Je me considère comme un général d'industrie capable et prudent. Je me perçois ainsi parce que je peux exhiber les dollars, ce qui est certainement le nec plus ultra de n'importe quelle conclusion philosophique. Je ressens de la fierté à l'idée que je suis sans doute un des hommes les plus philanthropes du passé et des jours à venir.

Avec ce sentiment, je fis un nouveau somme et, pendant que j'étais plongé dans le sommeil, je me vis tenant le stylo, prêt à signer beaucoup de cautionnements d'affaires et de bordereaux de commission. Je m'éveillai au matin suivant et avant que j'ai absorbé ma première tasse de café, les sonneries de porte retentirent de tous côtés, les portes s'ouvrirent et la maison s'emplit d'un grand nombre de personnes souhaitant se lancer dans différentes spéculations et me demandant de les aider dans leurs entreprises en cautionnant leurs engagements et leurs bordereaux. Mon épouse, femme très circonspecte, connaissant par expérience le danger des cautionnements, supplia et plaida auprès de moi de n'accepter de cautionner personne, car cette activité avait causé la mort de son père avec « remords » comme derniers mots. Il avait justement été volé et ruiné par de tels personnages. Elle plaida auprès de moi pour que je ne signe aucun papier pour lequel je n'étais pas intéressé.

Ayant été éduqué dans l'idée que l'homme est le chef de la famille et que l'épouse se doit de recevoir des avis plutôt que de les donner, je lui demandai de se retirer de la pièce et de me laisser opérer les transactions pour mes affaires comme si j'étais un grand financier. Elle refusa de s'en aller et insista sur le grand danger de ruine. Elle argumenta que lorsqu'une caution est donnée, il n'y a jamais de payeur, si ce n'est l'innocent et aveugle souscripteur à ces billets et bons, et que si je signais ces papiers, nous courrions à la ruine. Je répondis que je savais ce que je faisais et que les hommes que je m'apprêtais à cautionner étaient bons et responsables. À ce moment, elle s'enfonça dans le plancher et disparut et j'entendis une voix véhémente s'adressant à moi en ces termes : « Laisse ça, femme, je vais m'occuper de ces billets. » Je regardai par-dessus mon épaule et vis de nouveau les traits de ce sacré bélier qui « mettait à l'épreuve ceux qu'il aime ». Il dit : « Jette ce stylo. Je ne permettrai pas un tel commerce. Ton épouse a raison et si elle ne parvient pas à te raisonner, je vais procéder à quelque charge très nécessaire. Je chargerai chaque homme te présentant un billet à signer, et pour lequel tu n'as ni intérêt, ni argent, et te chargerai toi en souvenir des jours passés. »

Ce sacré bélier des affaires disparut pour une saison et je n'entendis plus parler de lui jusqu'à ce qu'il me balance du toit d'un immeuble de trois étages de $ 10 000 avec sa puissante tête de prévoyance commerciale. En atterrissant sur le sol bien dur, je grommelai après le misérable traitement du mouton et, jetant un coup d'œil devant moi, je le vis me regardant depuis le toit de la bâtisse. Il dit : « Arrête de gronder. » Je demandai : « Une brute muette peut donc parler ? » Il répondit : « Ne sais-tu donc pas que c'est un âne parlant hébreu qui a conseillé et avisé les Juifs ? Je parle anglais. »

Je lui demandai alors pourquoi il m'avait jeté du haut de la bâtisse en me frappant si durement et il répondit : « C'est parce que tu as menti.

– Si j'ai menti, je n'en ai pas eu conscience et aimerais bien savoir où j'ai fait cela. »

Il dit : « Tu disais à l'ami t'accompagnant que cette maison t'appartient alors que tu sais bien qu'elle est couverte d'hypo-thèques, plus qu'elle ne vaut. Ces hypothèques ont été consen-ties pour obtenir de l'argent avec lequel acheter de la soie, des diamants, des voitures, des bicyclettes et une inénarrable liste d'autres achats inutiles. En vérité, tu ne possèdes pas un sou de cette maison aujourd'hui. Je t'ai poussé en bas pour te rappeler que tu n'es pas le merveilleux financier que tu crois être. Je t'ai donné ces bourrades pour te rappeler que tu n'as pas accumulé d'économies suffisantes pour garantir tes affaires et protéger tes succès financiers. Maintenant, je veux que cela soit la dernière occasion que j'aurai de te cogner. »

CHAPITRE XXXII

Les muscles – Quartiers généraux du cerveau – L'armée des muscles – Le secret de Dieu – Comment vivre longtemps et bien – Les temps à venir des grands festins – Ordre de manger – Hors du pays – L'ostéopathie guérit le mal de mer – Amis du pays – Calme et ombragé – Expliquant la cause du lumbago – La nature épuisée cherche le repos.

S'il vous plaît, que ceux d'entre vous n'ayant pas eu la chance d'étudier l'anatomie dans les écoles ou autrement soient attentifs quelques minutes et considèrent la forme de quelques muscles ; comme ils sont exactement formés et correctement placés pour mener à bien la grande mission qu'ils ont à accomplir dans la vie. Ils possèdent une grande force, équivalente aux fonctions qu'ils doivent accomplir. En examinant en détail le corps humain de la tête aux pieds, on trouve partout de fortes armatures, en taille et en qualité, juste adaptées à l'endroit où elles sont placées, attachées pour maintenir les os en place, avec, au-delà de leur travail de tension, une réserve de force leur permettant de soulever plus de poids.

Chaque muscle se distingue si nettement des autres en forme et en fonction, que nous pourrions considérer chacun d'eux comme un officier commandant une division. Il doit être présent lors de l'appel effectué par le commandant en chef dont les quartiers généraux sont au cerveau. Chaque muscle doit rendre compte au commandant en chef et le saluer avec la correction qui lui est due, et cet officier supérieur doit saluer et respecter tous ses subordonnés, sous peine de perdre la grande bataille de la vie. Il doit maintenir ses courriers avec chaque commandant de division en mouvement, transmettant sans cesse des bulletins relatifs à la condition de chaque camp, qui doivent être transmis au quartier général. Chaque commandant de division reçoit et lit toutes les dépêches concernant le lieu des opérations – du directeur de l'intendance, de l'officier d'intendance, de la compagnie, des brigades et des sections, non pas seulement d'un camp ou d'une division, mais de tout le corps. Nous avons fait venir quelques soldats ou muscles en grande tenue, pour que vous soyez plus à même d'apprécier à quoi ressemble un de ces soldats, dévoué serviteur qui relève ou abaisse votre bras selon votre convenance ou pour votre confort, qui bouge un membre et le repose jusqu'à ce qu'un autre serviteur passe devant lui, avec comme résultat, ce que nous connaissons sous le nom de marche. Un autre commandant ouvre et ferme l'œil et la bouche. Un autre démarre le moteur de la vie et du cœur. D'autres s'occupent de la minoterie qui concasse les matériaux bruts et les sépare du sang de la vie, pour fournir les nerfs de la force, du mouvement, de la sensibilité, de la nutrition, les nerfs volontaires et involontaires, et soutenir toute la mécanique de la vie et de la raison.

Nous espérons que par ces atomes d'intelligence vous pourrez être appelés dans les rangs et devenir d'actifs explorateurs de la connaissance dans le grand domaine de la raison, accessible à tous.

Vous n'avez peut-être pas envie de devenir de grands ingénieurs anatomistes, mais quelques pensées proposées dans ce domaine philosophique peuvent vous amener à explorer suffisamment pour voir et savoir que votre frère ostéopathe essaie de se familiariser avec les lois de la vie, les mécanismes de la vie et l'homme de la vie, tel qu'il se présente aujourd'hui, sans équivalent, après de nombreux milliers d'années. Il se connaît mieux lui-même, connaît la plupart des lois données par l'Intelligence que le monde civilisé appelle Dieu. D'autres mots sont ou ont été utilisés tels que « Nature », « Inconnaissable », « Créateur », « Toute-sagesse » ; mais l'homme, le résultat, est là, mystère de la vie, problème à résoudre pour l'homme – le secret de Dieu – le résultat des nombreux jours de l'éternité.

Nous voilà dans la période de Noël, du nouvel an, et des grands festins. Grosses dindes, grandes tartes, aux pommes, à l'oie, au poulet, farcies d'huîtres aussi grandes que Cleveland. Fromage au céleri, sauce à la sauge, à l'ail et aux oignons qui tuent, gâteaux d'amande et soupe, ice-cream et vinaigrette glacée, salade de chou à la crème Jersey avec gâteaux aux noix, flibustier et morue, patates douces et irlandaises. Tartes de grand-mère parfumées au « pur vieux brandy ou whisky », le tout servi dans une pièce confinée, chauffée à mourir à 50° C par un poêle, sans le moindre aérateur pour renouveler l'air.

Manger est aujourd'hui à l'ordre du jour. Manger signifie rester assis pendant deux heures et gaver le corps de trois à douze plats différents. Alors, je pense au prédicateur combattant qui, au milieu des balles et des boulets, priait toujours avant d'entrer dans la bataille. Il disait : « Seigneur, je Vous demande instamment de sauver mon corps, si possible, de ces prédateurs de fer et de plomb ; si Vous ne parvenez pas à sauver mon corps, alors, s'il Vous plaît, sauvez mon âme. » Maintenant, la bataille est engagée. Je vois les artilleurs et leurs servants, tous en ligne. Les fusées sont hautes dans le ciel ; cela signifie que la première ligne est si proche qu'on peut voir leurs yeux, et l'ordre du général est de charger sur toute la ligne, et pas de quartier. Dévorez l'ennemi si vous le pouvez. La première ligne est un régiment de pain, blanc et bis, de jambon, de beurre, de céleri, de fromage, de dinde, de café, de thé, de chou en salade et de crème, et plus encore. Nous réduisons la première ligne. Sachant que j'ai aidé à réduire la première grande ligne de l'ennemi, je me sens bon et brave. Je veux rentrer à la maison pour raconter notre merveilleuse victoire et demande une permission au commandant en chef. Il refuse, me tend sa lorgnette et dit : « Regarde le second régiment ; tu risques de tomber à leurs pieds et d'être piétiné à mort et laissé là pour les charognards, ou envoyé dans la salle du Dr Jones pour autopsie. » Je jette un coup d'œil, vois les armes de la seconde vague, large, étendue, celle que nous devons dans l'instant charger et défaire, sous peine d'être traités de lâches par le conseil de guerre. Oh mon Dieu ! Puis-je supporter encore un nouvel engagement après celui-là ? Je redoute leurs armes. Elles sont la quintessence du danger. Chair à pâté, sur les flancs de l'ennemi.

Je tombai et fus piétiné jusqu'à l'inconscience comme l'avait dit le général. Tout était mort en moi, sauf la possibilité de rêver qui entretenait une constante vision des us et coutumes des oiseaux et des animaux sauvages ; comment ils mangent et comment ils vivent – le lion, la panthère, l'aigle, le vautour, l'éléphant et beaucoup d'autres animaux à longue vie. Tous les animaux, depuis le grand singe jusqu'à l'aigle me dirent que les grands soupers composés d'une centaine de différents mets et boissons ruineraient l'estomac de tout animal, sauf celui du busard que l'on sait insatiable.

Tous les oiseaux et les animaux à grande longévité ne se nourrissent que de quelques aliments différents et devraient servir de modèles à l'homme pour ne pas manger et boire jusqu'à ce que le corps soit si repu qu'aucun vaisseau sanguin ne puisse conduire de flux dans la poitrine ou l'abdomen. Nos grands soupers ne sont que des réunions de carnage et de stupidité. Certains diront : « C'est pourtant une bonne occasion de se rencontrer et de parler. » Un hulule-t-il et mange-t-il en même temps ? Laissez-moi manger vite et trotter et j'aurai force et santé.

En 1877, je quittai le pays avec un grand sac à farine rempli d'os de moricauds et depuis je n'ai cessé d'étudier les os. À cette époque, j'étais très curieux de savoir si Dieu pouvait guérir les coups de froid et la fièvre sans quinine ni whisky, la fièvre sans drogue, les maux de tête et quelques autres maladies sans opium ni autres sédatifs. Je ne savais pas à cette époque que je pouvais appliquer avec succès cette science à toutes les maladies de terre et de mer. Bien que parvenant à stopper les vomissements survenant sur la terre ferme, je n'avais jamais eu la possibilité d'essayer en mer. Mais l'efficacité a été prouvée pour le mal de mer tout comme sur la terre ferme.

Je ne pouvais pas avoir en ville le calme que j'avais à la campagne ; pourtant en ville, c'était vraiment comme à la campagne, les cochons couraient au hasard, et avaient de grandes bauges bourbeuses de quatre mètres cinquante sur six ; quand venait une averse, ils s'y vautraient. Ils avaient tous maillot de bain et groin, et approchaient souvent de la cuisine à la recherche de nourriture, il était donc nécessaire d'avoir quelques chiens pour leur donner la chasse. Pour beaucoup, élever des porcs en ville et les laisser manger les détritus était économique. Je trouvai plus agréable d'étudier l'ostéopathie à la campagne et rencontrai là quelques personnes parmi les plus utiles que j'aie jamais rencontrées. Elles pouvaient discuter de tous sujets littéraires et furent bien qualifiées pour m'écouter et décider des mérites de la philosophie par laquelle je prétendais que toutes les drogues dont l'homme a besoin sont placées en lui par l'officier d'intendance de la nature et que leur approvisionnement est abondant, mais que nous ne savons guère comment utiliser le remède que la nature nous procure.

Dans le nord-ouest du comté, je découvris la famille de William Novinger, William Hughes et le Dr Hendrix ; dans l'ouest, A. H. John, Andrew Linder, W. Bulkly, et beaucoup d'autres ; dans l'est, Calvin Smoot et beaucoup d'autres, tous bienveillants et curieux d'apprendre. Mais la plupart d'entre eux sont aujourd'hui décédés et leurs foyers ne peuvent plus me servir de havre. Au cours des jours sombres de l'enfant ostéopathie, leur bonté à mon égard a empreint un amour qui ne cessera qu'à ma mort. J'allais terminer en oubliant ceux de la partie sud, le capitaine Bumpus, Sol Morris, Gillmores, les frères Meeks et beaucoup d'autres qui, pendant de longues années, furent bienveillants à mon égard.

Ils m'ont bien accueilli, encouragé à poursuivre, à révéler les vérités et à démontrer, en l'appliquant à la maladie, l'efficacité de l'aptitude de la nature à guérir la maladie sans le recours aux drogues. Leurs foyers me donnèrent les encouragements les plus nécessaires pour révéler les « pourquoi et les comment » permettant d'ajuster les hanches, les bras et tous les os de la colonne. Beaucoup d'idées valables se révélèrent à ma compréhension pendant que j'habitais dans la calme campagne parmi les amis du progrès.

L'homme de la ferme vint me voir, souffrant d'un mal au dos suffisamment important pour justifier une pension et demandant à l'ostéopathie de dire la cause de tant de mal et de douleur dans le creux du dos et comment alléger et guérir sans

plâtres, ni ampoules, ni pilules et ainsi de suite. Je répondis :
« Peut-être les roues de votre dos sont-elles bloquées, juste
comme une charrette se bloque lorsqu'on tourne trop court.
L'homme, dans sa meilleure condition, est une machine ;
asseyez-vous et je vais redresser l'attelage de votre dos. » Ce que
je fis.

Chers amis, me voilà aujourd'hui sur une couche, profondément endormi. Je fus à la peine pendant de nombreuses
années. J'ai économisé, mis de côté et payé jusqu'au dernier sou
dû à quiconque, et j'ai mis quelque argent de côté. Oh, comme il
est bon de dormir ! Je ne suis jamais allé dormir sans prier.
Lorsque j'étais jeune, mon petit prédicateur m'a appris : « Je prie
le Seigneur de prendre mon âme. »

Maintenant, je prie le Seigneur de maintenir mes cheveux
peignés au plus fin et d'en chasser toute ignorance, car Il sait
que les pellicules de la paresse sont le premier poison pour la
connaissance, le succès et le progrès. C'est la crasse la plus bas-
sement dégoûtante. Gardez-m'en Seigneur. Amen.

CHAPITRE XXXIII

Dans lequel je fais quelques allusions à ma famille – Mon épouse –
Réunion de joyaux et de pensées – Mes enfants – Vers une conclusion –
Mes amis – Le livre de la vie – Notre mort – Fred –
Conclusion – Vers sur le squelette.

J e sens que je ne rendrais pas justice aux membres de ma famille si je les quittais sans mentionner les mérites qui leurs reviennent ; cependant, je ne me propose pas d'écrire leur biographie mais, comme chacun d'eux a apporté une aide personnelle de grande valeur, je leur dois de mentionner ces faits.

Pendant un quart de siècle, mon épouse, Mary E. Still, m'a prodigué avis et conseils, m'a donné son assentiment et encouragé à poursuivre et à révéler les vérités, les lois et les principes régissant la vie ; à les dégager et les proclamer au monde en les démontrant, seule méthode par laquelle la vérité peut être établie. Il s'agit des principes de base avec lesquels je me suis embarqué comme sur un océan inexploré. Et au terme de chaque voyage, qu'il soit long ou court, je rapportais, comme un explorateur, des spécimens que j'avais pu prélever et les étalais sur la table pour qu'elle les examine et que les enfants s'en amusent. Elle accueillit toutes les vérités et les sépara de l'incertain, les étiqueta, les dénombra et archiva chaque bloc et chaque pièce ayant sa place dans le grand édifice de la vie humaine.

Peu m'importait que la boussole pointe vers le nord, le sud, l'est ou l'ouest, je ne portais d'ailleurs pas un tel instrument. Je n'utilisai ni la force du courant, ni celle du vent pour naviguer, mais la grande batterie électro-magnétique de la raison.

Ma boussole, c'était la raison ; mon test, c'était que toutes les vérités s'aimaient et s'accordaient les unes avec les autres.

J'accomplis voyage après voyage, chacun apportant de plus gros et de meilleurs chargements. Je pensais que toutes ces collectes étaient composées de joyaux de première qualité que je lui demandais de couper, d'ajuster, de porter et de tester pour leur brillant, d'étiqueter et d'évaluer selon leurs mérites. Comme le ferait un lapidaire mental, je lui demandais de tailler chaque pierre, lui donnant une forme permettant à ses beautés intrinsèques d'émerger et de s'exhiber à la surface de chaque facette, afin que l'observateur puisse discerner les subtiles couleurs que la nature est capable de produire avec son infaillible pinceau. Elle fit cela pour toutes, les répertoriant jusqu'à ce que toutes soient taillées et dénombrées pour achever la construction de la base au sommet.

Après quelques années, les enfants cessèrent de considérer ces magnifiques joyaux comme de simples amusements. Les années passant, les deux fils et la fille commencèrent à raisonner sur la splendeur de la superstructure qu'ils pouvaient maintenant discerner, jusqu'à ce que tous les membres de la maison attachent à leur ceinture les instruments nécessaires, s'enrôlent dans l'armée de chercheurs de vérité et deviennent démonstrateurs de cette philosophie dont les vérités sont des faits évidents par eux-mêmes, ayant seulement besoin d'être distingués et connus comme l'œuvre d'un esprit ou principe infaillible, que certains appellent nature, d'autres Dieu. Quelle que soit leur source, ils ont prouvé être des vérités absolues, aussi anciennes que le temps et aussi consolatrices que l'amour de Dieu, contenant chacun de tous les principes connus par les plus hautes autorités relatives à la maladie et à la santé.

À ce stade de la guerre, mes fils n'étaient plus des enfants babillants mais des hommes d'âge mûr. Ils s'étaient faits les champions de nombreux conflits sanglants. Aujourd'hui, ayant conquis les épaulettes de tous les rangs, ils sont commandants de division. Et je sens que les futures batailles qu'ils disputeront avec leurs subordonnés seront menées aussi sagement que celles dans lesquelles je fus personnellement impliqué.

Par peur de fatiguer le lecteur en lui laissant croire qu'il n'y a pas de sagesse en dehors de ma famille, je dirai que la rivière de l'intelligence est aussi proche de vous et des vôtres qu'elle l'est de moi et des miens. Bien que, par chance, j'ai été le premier à tremper ma coupe dans le grand fleuve de l'ostéopathie, à boire et à leur donner ce fluide qu'ils savourèrent comme toutes les personnes intelligentes ayant bu à ce fleuve, le même courant coule pour vous.

Je voudrais conseiller à chaque marin d'approvisionner, de hisser les voiles et de naviguer jusqu'à discerner l'autre rive de cette rivière dont les eaux, lorsqu'on les boit, procurent le soulagement à l'affligé, os, muscle et force à l'estropié, longévité et paix à toute l'humanité.

En feuilletant les nombreuses pages de ce livre très imparfaitement écrit sur ma vie, le lecteur trouvera de très nombreux sujets écrits dans un style qui m'est propre, moins policé que celui d'un écrivain professionnel. Le style peut sembler âpre et grossier ; s'il en est ainsi, je ne puis proposer qu'une seule excuse : c'est formulé selon ma manière habituelle de discourir.

Je ne pense pas que vous désiriez me voir infidèle à ma mère au point de formuler mon opinion sur mes trouvailles en utilisant de grands mots, comme nous dirions, ou en recourant à d'autres plumes pour rédiger mes écrits. Elle fut ma plus grande amie du temps de son vivant. Elle est la lumière de mon cabinet de raison. Bien que longtemps physiquement inactif, son langage, celui d'une dame strictement éduquée, me fournit un vocabulaire dans lequel puiser lorsque je désire exprimer une opinion. Voilà donc la raison pour laquelle je suis fier de parler dans la langue de ma mère. Après l'avoir évoquée, ainsi que ma famille, je parlerai de quelques amis loyaux et intelligents. Je ne puis les appeler par leur nom mais, pour mon bien-être et mon confort, ils ont ostensiblement offert leurs maisons, leurs lits et leurs tables avec les mains et le cœur de la bienveillance. Librement et aimablement, ils ont essayé et réussi à m'aider dans le récit de ma vie et, à tous moments, m'ont encouragé à combattre, à défendre le drapeau et à ne jamais me soumettre.

Je ressens que je ne puis terminer ce livre sans dire à celui ou celle qui, avec de bienveillantes suggestions ou par d'autres moyens, m'a aidé dans mes efforts pour compiler l'histoire de mes luttes, mentales ou autres, de maintenir ouvert le livre de la vie et de lire ses pages enchantées, si clairement écrites sur des milliers de feuilles d'or, élaborées dans le grand moulin à papier de l'Infini.

Presque parvenu à la conclusion de ce travail et devant bientôt me retirer de leurs maisons et de leurs âtres en leur temps si prodigues et bienveillants, je dirai en conclusion que leur hospitalité des jours passés a éveillé en moi un éternel sentiment d'amour, d'amitié et de respect.

Nous pensons souvent aux êtres chers disparus. Pourquoi cela ? À cause des liens tissés par les fibres de l'âme. Chaque brin trouvé dans le lien de l'amour est si pur que l'acidité du temps ne peut l'attaquer. Aucun élément connu ne peut produire la rouille du délabrement. Les heures, les jours, les années, rien ne peut rejeter un ami cher loin en arrière dans les pages du livre de notre mémoire et de notre amour. Nous demandons : « Est-il ou est-elle morte ? » et attendons la réponse qui vient de l'âme : « Non. » À longueur de journée, nous ressentons l'effleurement d'une main, le son d'une voix, disant de ne pas pleurer lorsque les langues ne peuvent plus servir à l'homme, que le chant de la vie ne peut plus unir les âmes par les accents de joyeuses et bienveillantes conversations, et que la fête de la raison a pour toujours cessé ; nous gémissons les cris d'une douleur qui ne cesse jamais. Nous ressentons que le rideau est tombé, qu'il ne se rouvrira pas et que les charmantes visions ne réapparaîtront jamais à nos yeux. Prières et larmes sont sans effet. Elles renforcent seulement l'évidence qu'aucun fondement n'existe pour l'espoir et que la chute du sombre rideau achèvera notre vie mortelle éternellement, ne laissant à nos aimés qu'une fugitive vision de nous. La mort scande et proclame sa détermination. Mais elle ne pourra jamais non plus anéantir l'une des parties de la loi nous disant que la vie est une moitié et la mort l'autre moitié, celle qui termine l'œuvre et nous habille pour la célébration de ce jour-là ; cela est, comme une école d'entraînement éternelle, pour l'homme.

Nous devrions sourire lorsqu'à la lumière de la raison, nous voyons de la naissance à la mort toutes les lois de la nature chanter des hymnes d'amour et donner accès à une musique dont les harmonies sont de perpétuels flots submergeants, répandant des onctions d'allégresse et de sagesse, issues de la forêt la plus dense de savoir et de fruits mûrs, tout en demeurant toujours visibles, même à l'esprit humain le plus superficiel.

J'ai détesté la perte de ce garçon chéri [1]. Je voudrais souvent lui parler comme autrefois, mais la vie, comme nous le savons, a mis définitivement fin à la possibilité de telles fêtes amicales et nos plaintes ne sont entendues que par le silence. C'est la loi, et ce serait une plus grande célébration pour nous si nous connaissions la grandeur de la vie et de la mort.

FRED

Nous haïssons les mots : « Il est mort. »

Ils nous font pitoyablement crier que nous avons perdu notre meilleur.

En énumérant mentalement l'interminable liste de chers décédés,

Nos âmes gémissent de douleur, alors que nos aimés sont au repos.

Une à une, leurs formes apparaissent ;

Je gémis à nouveau : « J'aime mon mort. »

Je vois leurs visages à tour de rôle – papa, maman, Fred mon cher fils.

D'aurore en crépuscule coulent les larmes, mouillant mon visage comme l'onde d'une rivière,

Je demande et raisonne, « S'il n'est pas mort, où, mais où est-il allé ? »

1. Il s'agit du dernier fils de Still, Fred (1874-1894), décédé des suites d'un accident. Il fut blessé par un cheval qui lui avait cassé une côte et perforé le poumon. Sa santé se déteriora peu à peu et, malgré un séjour dans l'Ouest, il décéda. Cela raviva chez A. T. Still les souvenirs de la perte de ses autres enfants. [N.D.T.]

« Mort ! Mort ! Il est mort ! »
Pourquoi, ô mes amis, dites-moi pourquoi,
Lorsqu'un ami est mort, « Il n'est pas mort » ?
Comme un philosophe, en mourant il a dit :
« Lorsque ce travail sera terminé, je reviendrai, pas mort. »
Je hais les mots « Il est mort, mort ! »
Peut-être est-ce vrai, mais pas pour Fred.

A. T. Still

L'esprit qui a perdu la puissance vitalisante de la gratitude mentale, que l'action purgative de l'égoïsme a rendu suffisamment stupide pour expulser de son souvenir tout désir de s'exprimer envers les personnes – du nourrisson au sein maternel jusqu'à l'immersion dans la tombe du grand âge –, par des mots et des actes bienveillants, celui qui n'a jamais lancé une rose, une miette de pain, ou un duvet pour adoucir un chemin, rendre un cœur plus heureux, apaiser un esprit, est coupable, selon mon jugement, d'une des plus impardonnables offenses que le stylo de l'homme a jamais relatées ou que l'esprit de justice a contemplées. Comment peut-on, ne serait-ce qu'un instant, oublier de chérir dans nos cœurs et nos esprits ces mots et ces actes bienveillants comme les plus sacrés des joyaux, aux douceurs inaltérables pour la langue et la mémoire ? Nous devrions nous les rappeler de manière sacrée parce que ces douces ondes de joie furent déversées dans nos cœurs en des moments où chaque flux émanant de notre organisme vivant était empli de la bile amère de l'espoir perdu et de la désespérance. Qui, si ce n'est la brute au cœur de crocodile, oserait dire au cœur bienveillant qui dans les jours passés l'a oint d'allégresse : « Hors d'ici ; je ne t'ai jamais rencontré ! » Laissez-moi vous dire que je possède aujourd'hui davantage du monde matériel que jadis et que tous les jours qui se sont succédé ont augmenté et multiplié dans mon esprit et dans mon cœur ma réserve d'amour pour vous et tous ceux qui, en mes jours d'adversité, m'ont tendu une main douce et bienveillante.

Je souhaite que cette expression témoigne de mon amour à tous les cœurs bienveillants rencontrés dans ma vie mortelle.

J'espère que vous croirez qu'à ce moment et à cet âge de la vie, ces sentiments sont ceux que je désire vous laisser lorsque je reposerai, la tête sur le havresac du temps, ceux que je tendrai à l'officier d'intendance lorsque je recevrai mon ordre de démobilisation, au terme de la lutte dans la mortelle condition.

VERS SUR UN SQUELETTE

Ce qui suit est un poème trouvé près d'un squelette humain au Collège royal de chirurgie de Londres et malgré la promesse d'une récompense de cinquante guinées, son auteur ne fut jamais retrouvé.

Contemplez cette ruine ! Voilà un crâne
Un temps empli par l'esprit éthérique.
Cette étroite cellule servit de refuge à la vie ;
Espace où siégea la pensée mystérieuse.
Quelles magnifiques visions ont investi ce lieu !
Quels rêves de plaisir maintenant oubliés !
Ni espoir, ni joie, ni amour, ni peur,
N'ont laissé une trace enregistrée ici.

Sous ce dais qui s'effrite
Brilla un temps l'œil clair et actif.
Mais ne sursautez pas à ce lugubre vide ;
Si cet œil usa d'amour social ;
S'il ne brilla jamais de feu sans loi ;
Mais des sérénités du service rayonnant –
Cet œil sera vif pour toujours,
Lorsqu'étoiles et soleils disparaîtront dans la nuit.

Dans sa creuse caverne appendue,
La langue, prompte, facile et mélodieuse,
Si elle a dédaigné le miel mensonger,
Et sut se taire lorsqu'elle ne put louer ;
Si elle parle pour vertueuse cause,
Sans rompre pourtant bienveillante concorde –
Cette discrète langue plaidera pour toi,
Quand le Temps dévoilera l'Éternité !

343

Sait-on si ces doigts ont fouillé la mine,
Ou brillé, parés de rubis enviés ?
Tailler la pierre ou porter le joyau,
Rien aujourd'hui ne peut leur convenir ;
Mais s'ils ont cherché le page de vérité,
Ou apporté confort à l'endeuillé –
Ces mains pourront réclamer plus riche hydromel
Que ceux cherchant fortune ou renommée.

Qu'ils soient nus ou chaussés,
Ces pieds ont-ils foulé le chemin du devoir ?
S'ils ont fui le berceau de la facilité
Pour chercher la chaumière de l'affligé ;
S'ils ont fui, méprisants, la coupable splendeur,
Revenant au natif lit de la vertu –
Ces pieds s'élèveront avec des ailes d'ange,
Pour marcher dans le palais des cieux.

LES DIX DERNIÈRES ANNÉES EN OSTÉOPATHIE

Franklin Fiske, A. B., D. O.

L'histoire du début de l'ostéopathie se confond avec celle de son fondateur ; ultérieurement, l'histoire de l'ostéopathie se confond avec celle du collège présidé par le fondateur de la science, une science qui, sous sa tutelle, a grandi depuis le cercle des premiers étudiants enseignés personnellement par quelques maîtres, mais sans cours réguliers, jusqu'à une des institutions d'étude les plus importantes dans le monde du soin curatif. Une institution équipée pour la recherche scientifique, dont le fonctionnement est assuré par des penseurs et des chercheurs, chacun expert dans son domaine, beaucoup issus de ses diplômés, protagonistes les plus brillants de la profession ostéopathique.

En 1897 fut publiée l'autobiographie du Dr Still ; elle donnait quelques instantanés sur les réalisations de cette époque. Aujourd'hui, dix ans plus tard, le livre est en révision et il semble judicieux de marquer une pause pour noter les changements et améliorations survenus globalement au sein de la profession ostéopathique et plus spécialement au sein du Collège Américain d'Ostéopathie.

Le progrès a été des plus signifiants. En 1897 le nombre total de diplômés était de 63, alors qu'en 1907 le nombre total de diplômés s'élevait à 2 765. À cela, il convient d'ajouter les diplômés des écoles ayant fusionné avec l'A. S. O.[1], 1 181 praticiens, donnant un nombre total d'anciens élèves de l'A. S. O. de 3 758 et, si l'on ajoute à la liste les post-gradués, 3 946. Parmi les membres du corps enseignant actifs en 1897, quatre sont encore en activité de nos jours : le Dr A. T. Still, président ; le Dr C. E. Still,

1. *A. S. O.* : American School of Osteopathy. [N.D.T.].

vice-président ; le Dr H. M. Still, second vice-président, et le Dr William Smith, préparateur en anatomie. Les autres membres du corps enseignant de 1897, à l'exception du Dr Patterson, décédé, sont tous des praticiens couronnés de succès. Le cours, bien que ne comportant que sept mois de plus qu'auparavant, double complètement la quantité de travail. Une quatrième année d'étude est aujourd'hui planifiée et sera bientôt une réalité. Beaucoup d'améliorations ont été ajoutées à l'école dans le sens des aménagements, le plus récent étant l'hôpital de l'A. S. O. L'hôpital vient d'être équipé par les étudiants de l'A. S. O. de deux salles libres où les malades pauvres de Kirksville, et ceux qui sont envoyés à l'école pour des soins charitables peuvent recevoir un traitement adéquat et gratuit. La classe de diplômés la plus nombreuse comportait 214 étudiants, et la classe actuelle a un effectif de plus de 180.

En 1897, la profession ostéopathique se limitait à quelques gens du Missouri ayant choisi d'exercer dans différentes parties du pays et dont certains étaient considérés comme des enthousiastes impuissants, certains comme des charlatans, certains comme des masseurs, mais ils n'étaient nulle part considérés comme d'habiles médecins. À présent, les étudiants de l'A. S. O. sont disséminés dans tous les États de l'Union et beaucoup dans des pays étrangers, et ces diplômés sont considérés comme les meilleurs praticiens dans leurs lieux respectifs, avec des statuts enviables tant professionnellement que socialement.

L'ostéopathie a réalisé ses avancées grâce à ses résultats. Des gens sont venus à Kirksville de tous les pays du monde, à la recherche d'une guérison que les vieilles écoles étaient incapables de leur donner. Beaucoup de ces êtres, guéris de leurs infirmités, décidèrent d'embrasser la profession et bon nombre des praticiens actuels furent recrutés parmi eux.

Comme indicateur du grand intérêt suscité pour les gens, on peut constater qu'au cours des cinq dernières années, plus de 11 000 personnes différentes ont correspondu avec l'A. S. O. Une indication de la tendance d'aujourd'hui est la place tenue par les revues. Du premier article écrit par Opie Read, il y a quelques années, à celui écrit par le *Vieux Docteur* à la demande du *Ladies*

Home Journal et publié cette année, beaucoup de revues et de journaux ont volontairement accordé de la place à la considération de la nouvelle science. Des manuels ont été écrits sur le sujet par différents professeurs, beaucoup sont aujourd'hui en impression. Des journaux ostéopathiques ont démarré, le plus ancien étant le *Journal of Osteopathy* fondé en 1893, qui existe toujours, considéré aujourd'hui comme l'une des revues du pays.

Avec l'augmentation du nombre de praticiens et l'augmentation du nombre de patients, en majorité issus des classes les mieux éduquées et les mieux dotées financièrement, est apparue une effervescence répétée visant à placer l'ostéopathie sur une position légale, équivalente à n'importe quelle autre école, arguant que puisqu'elle obtient des résultats supérieurs, elle est en droit de demander au moins l'égalité devant la loi et, dans ce domaine également, de grands progrès ont été accomplis. Dans tous les cas, les ostéopathes ne cherchent pas à obtenir une protection légale, mais plutôt le privilège de pratiquer leur profession et d'être libérés des actions autoritaires injustes de la communauté médicale. À chaque étape, ils ont rencontré l'opposition des anciennes écoles cherchant à les empêcher de donner à l'humanité l'avantage de la santé. En 1897 des dispositions légales furent prises dans le Vermont, le Missouri, le Michigan et le Dakota du Nord. Au cours des dix dernières années, des lois ont été édictées les unes après les autres, les ostéopathes se voyant dans de nombreux cas octroyer des comités indépendants ; aujourd'hui existent des textes législatifs en Alabama, Arkansas, Californie, Colorado, Connecticut, Delaware, Idaho, Illinois, Indiana, Iowa, Kansas, Kentucky, Maryland, Massachusetts, Michigan, Minnesota, Mississippi, Missouri, Montan, Nebraska, Nevada, Nouveau-Mexique, New York, Caroline du Nord, Dakota du Nord, Ohio, Tennessee, Texas, Utah, Vermont, Virginie, Virginie de l'Ouest, Wisconsin et Wyoming, la pratique n'étant nulle part interdite.

Les progrès de l'ostéopathie et du collège d'origine ont été formidables au cours des dix années passées, et on ne peut qu'en prédire de plus importants pour les dix prochaines. Très peu ont la chance de voir de leur vivant les résultats de l'œuvre qu'ils ont créée, mais tel est le privilège d'Andrew Taylor Still, le fondateur de l'ostéopathie.

Des praticiens ostéopathes exercent également en Hawaii, Nouvelle-Zélande, Australie, Angleterre, Irlande, Écosse, Alaska, différentes provinces du Canada, Mexique, Japon, Chine, Birmanie, Inde, Allemagne et d'autres pays étrangers.

J. A. Quintal, D. O.

Beaucoup de choses peuvent être dites sur les progrès de l'ostéopathie au cours des dix dernières années mais, selon moi, aucun facteur n'a été aussi déterminant pour l'élaboration et le développement de l'ostéopathie que les efforts personnels du Dr Andrew T. Still. C'est à lui que les plus grandes louanges doivent être adressées. Au cours de mes neuf années de service en tant que comptable et secrétaire assistant (lorsque j'étais physiquement capable), il ne s'est guère passé de jour sans que « Pap » n'ait été en évidence. C'est à lui que les cas les plus difficiles étaient amenés en consultation et son instruction destinée à la grande famille des ostéopathes a toujours été « localiser le problème et donner les traitements spécifiques. »

Il n'a pas accordé beaucoup d'attention au travail de classe routinier, mais s'est plutôt réservé le droit de « visiter » chacune des classes selon son propre désir et fut toujours un visiteur bienvenu, ne quittant jamais une salle de classe sans donner quelque instruction de grande valeur.

Nous aimons tous le *Vieux Docteur* pour le grand intérêt qu'il porte à sa science chérie ; il pense à l'ostéopathie, y croit, en parle et la pratique.

J'affirme donc avec assurance que l'influence personnelle du fondateur de l'ostéopathie a été prépondérante, non seulement au cours des dix dernières années, mais à toutes les époques, à partir du moment où il eut besoin de son premier assistant.

QUATRE EXCENTRIQUES FAMEUX

Histoire en quatre parties

ᴸ es excentriques ont toujours existé. Il est douteux que le monde puisse continuer sans eux. Bancroft [1], le fameux historien de l'Amérique, dit qu'il est parfois difficile de distinguer le fanatisme de la plus pénétrante sagacité. L'excentrique d'une époque pourrait bien être le sage de la suivante ; ainsi, ce n'est pas forcément une mauvaise chose que d'être traité d'excentrique. Cependant, mon propos n'est pas d'écrire un essai philosophique sur les excentriques mais de parler d'un quatuor de grands excentriques dans une histoire en quatre parties.

LE PREMIER EXCENTRIQUE

Le premier excentrique dont je vais vous parler vécut il y a quatre cents ans. Il ne faut surtout pas le confondre avec le premier de tous. Il vous faudrait remonter à l'époque d'Adam pour le trouver. Mon premier excentrique naquit à Gênes et comme

1. *George Bancroft* (1800-1891). Écrivain, homme d'État et historien américain. Il a écrit une *Histoire des États-Unis*, de la découverte de l'Amérique à l'inauguration de Washington, en dix volumes, considérée comme un classique. Il fut un anti-esclavagiste convaincu. Il a également écrit une *Histoire de la formation de la Constitution des États-Unis* (1882) et une *Biographie de Martin Van Buren* (1889). [N.D.T.]

tous les excentriques authentiques, il était étudiant. Il osa l'affirmation la plus stupide jamais entendue, à savoir que la Terre était ronde et qu'en partant dans une direction, on pouvait naviguer autour du monde. Oh comme tous les gens rirent et s'esclaffèrent et le traitèrent de vieil imbécile idiot ; et les malins intelligents voulurent l'enfermer dans un asile de fous. Tout le monde savait bien que le monde est plat et l'idée qu'il fût rond et en rotation sur son axe était suffisante pour dégoûter un philosophe. Il fallut beaucoup de temps à l'excentrique pour amener quelqu'un à le croire ; mais après un certain temps, grâce à l'aide d'une femme, il réussit à trouver les hommes, les bateaux et l'argent nécessaires pour prouver sa théorie et découvrir un étrange pays que l'on considérait comme au-delà des mers. Il découvrit le pays où nous vivons. Le monde était rond et l'excentrique avait raison.

LE SECOND EXCENTRIQUE

Le second excentrique dont je veux vous parler vécut de nombreuses années plus tard. Il était encore enfant lorsqu'il commença à jouer avec une bouilloire et de l'eau bouillante. Il dit qu'il y avait de la force dans l'eau chaude, permettant d'accomplir des prodiges, ou plutôt que la légère vapeur qui sortait du bec de la bouilloire possédait suffisamment de force pour faire avancer des chariots et des bateaux. Évidemment, tout le monde rit, disant que le pauvre enfant perdait l'esprit et devrait être enfermé dans un asile d'aliénés. Depuis le début du monde, seules les voiles et les rames permettaient de faire avancer les navires et les bateaux et c'était le comble de l'impertinence, pour ce garçon ignorant, que parler de vapeur. Le temps passa et la théorie de l'excentrique devint réalité. Bateaux, navires, moulins et chemins de fer sont aujourd'hui mus par cette « inutile » effervescence de l'eau appelée vapeur, et les gens ont finalement conclu que l'excentrique savait quelque chose.

LE TROISIÈME EXCENTRIQUE

Nous arrivons maintenant vers l'année 1840. À cette époque, nous trouvons le plus excentrique de tous. Il s'appelait Morse et prétendait qu'avec un fil tendu entre deux villes, quelques acides et métaux dont il disposait, il pourrait parler à d'autres personnes situées à des centaines de kilomètres. Certains souriaient, certains hochaient la tête et tous le considéraient comme un candidat rêvé pour l'asile de fous.

En fin de compte, il invita des gens à venir examiner sa merveilleuse machine. Il y avait là l'homme de loi, le maître d'école, le prêcheur et le politicien. Le vieil homme était assis dans une pièce et sa fille dans une autre. Il fit click ! click ! click ! sur une machine vers Sally et Sally fit click ! click ! click en retour et chacun traduisit ce que disait l'autre. Après avoir assisté à cela, les quatre hommes sages se retirèrent pour délibérer. Le maître d'école dit que les livres ne mentionnaient rien à ce propos ; contrarié dans sa philosophie, il ne s'y intéressa pas. L'homme de loi chercha toutes les décisions de la Cour suprême et comme la matière n'avait jamais été jugée, dit qu'il s'agissait d'une fumisterie ; le politicien fut certain que tout défenseur de cette chose deviendrait impopulaire et en conséquence, ne voulut pas s'y associer. Tous se tournèrent vers le prédicateur qui, après mûre réflexion, opina que c'était l'œuvre du diable. Cependant, le vieil homme, Morse, poursuivit son idée jusqu'à ce que le télégraphe d'aujourd'hui soit aussi commun et indispensable pour les affaires que les chemins de fer.

LE QUATRIÈME EXCENTRIQUE, LE PLUS EXCENTRIQUE DE TOUS

Cependant, les trois premiers excentriques et, en fait, tous les excentriques devinrent insignifiants lorsque vers l'année 1870, un M. D., étudiant en anatomie et en science, décida de jeter ses boîtes à pilules, déclarant que les drogues ne sont pas nécessaires. Voilà le plus grand cinglé ayant jamais vécu. Comment un malade pourrait-il se rétablir sans médecine ?

Pourtant, il eut l'audace de déclarer que Dieu avait une connaissance supérieure à n'importe quel M. D. éduqué. Il déclara que l'ostéopathie est une science grâce à laquelle toutes les maladies de la chair sont susceptibles d'être guéries. Il n'avait aucune reine, aucun congrès, ni groupe d'hommes sages devant lesquels exposer ses plans, mais il les exposa devant le monde. Il montra du doigt des milliers de cas considérés comme sans espoir, et les guérit, puis il pointa le doigt vers les milliers de monuments de marbre érigés dans les cimetières, portant témoignage de l'inefficacité des drogues.

Néanmoins, il n'étais pas excentrique ; pas plus que Colomb, Watt ou Morse. Évidemment, chacun sait que le monde est circulaire, que la vapeur possède de la force et que le télégraphe a créé une ceinture autour de la Terre qui transporte les messages en quinze secondes, mais prétendre qu'un homme malade peut se guérir sans la médecine, voilà qui est folie. La médecine est utilisée depuis que le monde existe et le Dr Still et son ostéopathie sont de la fumisterie.

Néanmoins, cet excentrique, comme les trois autres, continua, ne prêtant aucune attention aux critiques et aux moqueries des sceptiques. Bien que les lois aient pu être utilisées pour refréner et retenir le jeune géant, Ostéopathie, il brisera tous ses liens, comme la théorie de la Terre ronde, et ensemble avec la vapeur et la télégraphie, régnera encore pour bénir le monde.

Offert par un ami

L'HISTOIRE DES DÉBUTS DU DOCTEUR STILL

A. A. B. Caveness

(L'information concernant le début de la vie d'une figure mondialement connue comme le Dr Still, fondateur de l'ostéopathie, est d'intérêt général. L'éditeur a donc pris la liberté de publier ce qui suit, écrit par A. A. B. Caveness qui, en tant que citoyen de Baldwin, parle de ce qu'il connaît. La lettre de M. Caveness fut publiée par le Capitol de Topeka, dans le Kansas, le 11 novembre.)

Si « la réalité dépasse la fiction », il est certain que les histoires vraies sont beaucoup plus intéressantes que la fiction – dans la mesure où le fait dépasse l'imagination. L'expérience réelle de la vie est chose plus vitale que l'hypothétique.

De tous les gens éminents présents à la récente réunion des anciens colons, récemment tenue à Baldwin, dans le Kansas, la figure la plus unique, la plus intéressante et la plus manifeste fut le Dr Andrew Taylor Still, père et fondateur de l'ostéopathie, fondateur et président du premier collège, déjà deux fois agrandi.

Au début de l'histoire de Baldwin, le Dr Still était un médecin allopathe, pratiquant à travers un territoire au moins égal à celui d'un cavalier méthodiste itinérant de la même époque. Sa famille, venant d'on ne sait où, n'était pas seulement constituée d'originaux descendants d'indigènes, mais se distinguait tant en caractères qu'en qualités mentales. L'excentricité accompagne souvent la puissance supérieure. Mais cette accusation devient triviale si l'on considère les hommes et les femmes indubitablement capables des générations Still. Le Dr Still fut plus particulièrement un penseur. Sa pensée et son observation le conduisirent à mettre en doute les traitements médicamenteux dans les maladies humaines. Cet état d'esprit saisit la conscience. Il prit ses distance par rapport à un courant qui semblait à ses yeux plus menaçant qu'utile à la vie humaine. Dans le collège de la solitude, il redevint étudiant. Le rêve – à ce qui semblait – succédant aux longues chevauchées à travers les prairies – et ses patients se retrouvèrent entre les mains d'un érudit. Évidemment, il ne fallut pas longtemps avant que l'éternelle terreur de l'humanité, le loup, flaire la situation – et s'approche du rêveur, mais sans pouvoir le détourner de la piste déjà engagée. Avec la force exclusive des âmes fortes, ses yeux étaient fixés droit devant, n'attendant aucune sympathie. Il était de la race des quelques rares mais illustres pionniers du monde – dont les voyages ne cessent qu'à la mort ou une fois le but atteint.

La tradition veut que quelques voisins, particulièrement certains de leur santé mentale, aient regardé le Dr Still avec suspicion. Et plus tard, lorsque le médecin, ayant délibérément pris congé de la faim et à travers l'illumination du jeûne, fut à même d'annoncer une nouvelle philosophie de la guérison, la suspicion se changea en humeur. Lorsque le docteur passait devant eux, les pharisiens clignaient de l'œil vers les sadducéens. L'histoire de la folie compte des milliers de volumes contre un seul sur la sagesse. S'il y avait eu des yeux pour imaginer la création à l'état embryonnaire dans le cerveau du Dr Still, il est probable que la fameuse institution qui fait aujourd'hui la fierté de Kirksville aurait pu donner à Baldwin un prestige que ne surpasserait pas la splendide performance et la promesse de l'université Baker – qui, malgré de sérieuses erreurs et des difficultés sans nombre, a enfin tracé sa route avec sûreté. Mais ainsi en est-il, la victime du mépris et l'homme le plus sain de la communauté quitta ces lieux inhospitaliers avec femme et enfants, cherchant moins d'imbécillité dans une région plus bienveillante, où il pourrait élaborer son bienfait pour la race.

La manière dont le Dr Still gagna Kirksville serait, si on l'écrivait, un rare document humain. Mais il le fit, progressant de l'obscurité vers la renommée.

« L'ultime infirmité des grands esprits » l'épargna, le laissant homme simple et grand, comme peu le perçurent il y a quarante-cinq ans.

Chacun sait ce qui est arrivé à Kirksville. Malgré le trust puissant des docteurs en médecine, le bénéfice et l'influence de ce développement crûrent rapidement jusqu'à une taille mondiale. Que le Dr Still soit encore là pour l'observer est une nouveauté dans l'histoire. Bien que l'instinct des génies destructeurs et des sauveurs de race ne soit pas encore éteint, en se substituant à la ciguÎ et à la croix, l'amertume et l'impudence nous rapprochent de la disparition finale.

CONCLUSION

Depuis 1897, date de la sortie de mon autobiographie, je veux dire que je me suis tenu dans la position d'un guetteur, pour observer. Surveiller la croissance et le développement du Collège Américain d'Ostéopathie est devenu mon activité. J'ai essayé à tous moments de tendre mes lignes de manière à maintenir le train du progrès dans le vrai domaine de la raison aussi proche que possible du centre de la route.

L'objectif de mes enseignants et de moi-même fut d'être guidés et dirigés par la boussole pointant exclusivement vers la vérité démonstrative. Rien ne me déplaît plus ou ne me rend plus furieux que d'écouter une longue conférence sur la religion, la science, le gouvernement ou tout autre sujet – d'être assis à écouter jusqu'à épuisement physique et mental, dans l'espoir que le conférencier formulera une chose pratique au lieu de conclure avec des « cependant », « peut-être », etc. Il dit : « Ceci est autorité », « cela est autorité », à cause de son antiquité, de sa longue adoption, et ainsi de suite. Assis là, j'attends la démonstration d'une parcelle de vérité ; hélas, il recourt à cette vieille phrase « c'est peut-être vrai » et je pense vraiment qu'il vaudrait mieux démontrer. La démonstration procure le fait qui sous-tend l'assertion, elle est la preuve de sa véracité. Donnez-moi ce que vous voulez, mais pas de théorie que vous ne puissiez démontrer.

Ma devise aujourd'hui est, et a toujours été, de travailler, de travailler durement pour obtenir peu ou prou de savoir. Je n'ai jamais essayé de vivre autrement qu'un jour à la fois, mais en utilisant librement les bonnes choses des jours passés, laissant le reste dans la poubelle du temps.

À ce point, permettez-moi d'exprimer ma gratitude, mon amour et mon amitié à toutes les personnes, nées américaines ou pas, ou étrangères, sans préoccupation pour leur race ou leur couleur (bien que je sois américain de naissance, mes ancêtres sont du vieux continent). Allant plus loin, j'éprouve l'envie de souhaiter une cordiale bienvenue à tous ceux qui se trouvent temporairement avec nous ou sont devenus résidents permanents.

Mon travail au cours des trente dernières années s'est limité à l'étude de l'homme en tant que machine, dessinée et produite par l'esprit de l'Architecte de l'univers.

Par mon étude, j'espère avoir découvert et avoir pu transmettre au monde quelques vérités sur la vie et les lois opérant pour maintenir le corps en condition de santé.

À ce point, je dépose ma truelle car j'ai terminé ma dernière autobiographie, sur moi-même et sur la vie.

Bon voyage à tous.

A. T. Still

OSTÉOPATHIE

NOTRE VOCATION

Vocation sacrée ! Sainte tâche.
    Guérir les maladies de l'espèce humaine !
Profondément, je prie et humblement demande
    De recevoir vérité et savoir. Révèle-moi,
Ô toi Grand Guérisseur, l'abondante lumière
    Qui guide la main, l'œil et le cerveau
Dans les voies de la vérité, éclatante et claire,
    Pour aider l'humanité et réduire la douleur.

Cherche la sagesse où elle peut être trouvée,
    Dans le livre de la nature, répandant son savoir ;
Chacune de ses pages est couronnée de vérité :
    Chef-d'Œuvre de Dieu – le Livre de la Vie.
Ne cherche pas les dieux inconnus,
    Mais le chemin étroit de la sagesse ;
Ainsi, dans le lointain brille la lampe de la Vérité,
    Et à nous sa lumière encore sera donnée.

Le flot discret du flanc de la montagne,
    Qui toujours efflue de sa source,
Et vers le profond Océan glisse,
    Sans s'arrêter, silencieux et fort.
Oh, maintien ton œil sur le fleuve,
    Émerveille-toi, explorant sa croissance,
Et bientôt de sa profondeur, luira
    Sa vérité et son efficace puissance.

Tiens-toi fermement près de l'homme qui a vu
    Le fleuve avant qu'il ne soit parti loin,
Et a cristallisé en une loi,
    Pour guérir les millions de la terre.
Son œil pourtant a vu le flot s'élargissant,
    Calme, ferme et vrai guider sa main :
Accomplissant enfin le rêve du prophète !
    Vrais disciples, demeurez à son côté !

A. S. J. Lehr, Saint-Louis, Missouri.

GLOSSAIRE

Ostéopathie (n. f.) : du grec *osteon* (os) et *pathos* (souffrant), voir p. 192.
Juridique : un système, une méthode ou une science de la guérison (voir les statuts de l'État du Missouri).
Historique : l'ostéopathie fut découverte par le Dr A. T. Still, de Baldwin, dans le Kansas, en 1874. Le Dr Still estima qu'un flux naturel de sang correspond à la santé ; et la maladie est l'effet d'une perturbation locale ou générale du sang – ce qui excite les nerfs, oblige les muscles à se contracter, comprimant le flux de sang veineux vers le cœur ; et les os peuvent être utilisés comme leviers pour relâcher la pression des nerfs, veines et artères (A. T. Still).
Technique : l'ostéopathie est la science consistant en une connaissance exacte, exhaustive et vérifiable de la structure et des fonctions du mécanisme humain, anatomiques, physiologiques et psychologiques, incluant la chimie et la physique de ses éléments connus, ayant permis de découvrir certaines lois organiques et ressources curatives au sein du corps lui-même par lesquelles la nature, sous le traitement scientifique, original à la pratique ostéopathique, différent de toutes les méthodes ordinaires de stimulation externe, artificielle ou médicinale, et en accord harmonieux avec ses propres principes mécaniques, ses activités moléculaires et processus métaboliques, peut se rétablir de déplacements, désorganisations, dérangements et des maladies qui en ont résulté et retrouver son équilibre normal de forme et de fonction en santé et en force.
Ostéopathe (n.m.) : même sens qu'ostéopathiste.
Ostéopathique (adj.) : venant de ou appartenant à l'ostéopathie ; comme traitement ostéopathique.
Ostéopathiquement (adv.) : d'une manière ostéopathique ; en accord avec les règles et les principes de l'ostéopathie.
Ostéopathiste (n.m.) : quelqu'un croyant en, ou pratiquant l'ostéopathie ; un ostéopathe.
Diplômé en ostéopathie : la désignation technique et officielle d'un gradué et praticien en ostéopathie, le titre formel d'un tel gradué ou praticien étant D. O. – Diplômé ou Docteur en ostéopathie.

La première édition de l'*Autobiographie* date de 1897. À partir des années 1890 Still se retira peu à peu du fonctionnement journalier de son collège. « Cependant, fidèle à l'aversion méthodiste pour les plaisirs oisifs, il s'occupait toujours utilement. Il fit des expériences sur l'action de la lumière sur la croissance du blé. Il inventa un système moderne anti-pollution permettant au charbon de brûler dans les poêles en produisant moins de fumée. Il avait conservé sa propre salle de dissection et étudiait ou réfléchissait sans cesse sur l'anatomie humaine ou les questions associées d'histoire naturelle. Still aimait se promener dans les bois près de l'hôpital, où il ramassait des roches, cherchait des spécimens, étudiant les plantes, goûtant simplement le plaisir d'être en accord avec la nature. [1] »

Conscient de la nécessité de transmettre son savoir si chèrement acquis, il passera une grande partie de son temps à écrire : *Philosophy of Osteopathy* (1899), *Philosophy and Mechanical Principles of Osteopathy* (1902), *Osteopathy, Research and Practice* (1910).

La fin de sa vie sera marquée par la grande satisfaction de voir son enfant – l'ostéopathie – grandir et s'épanouir rapidement, mais également par la souffrance de le voir lui échapper irrésistiblement et prendre des orientations qu'il n'approuvait manifestement pas.

Entre 1896 et 1899, trente collèges légitimes d'ostéopathie furent créés. Il devint indispensable d'établir des standards pour tous les collèges. Avec l'établissement de ces standards, Still perdit le contrôle de l'éducation ostéopathique.

Au même moment, de grand changements se faisaient jour dans le domaine médical. L'allopathie commençait à prédominer, absorbant les autres systèmes. La pharmacologie, peu

---

1. Carol Trowbridge, *A. T. Still*, p. 181, The Thomas Jefferson University Press, Kirksville, Mo, 1991. [N.D.T.]

respectée jusqu'alors, gagnait ses lettres de noblesse et les chercheurs se mettaient à étudier les effets des médicaments sur le corps humain. « La profession se divisa en deux camps – les conservateurs, continuant d'avancer selon la ligne de Still, opposée à l'utilisation des drogues, et les libéraux, désirant mêler l'utilisation des drogues à la pratique ostéopathique – une tendance qui acquit de la force au cours du vingtième siècle. [2] »

Still n'aimait pas cette orientation et lutta farouchement pour tenter de la contrecarrer : « Nous croyons que notre édifice thérapeutique est juste assez grand pour l'ostéopathie et que lorsque d'autres méthodes sont introduites, autant d'ostéopathie doit partir. [3] »

Petit à petit, inexorablement, la profession incorpora les standards de l'enseignement médical général, y compris la pharmacologie. Still devint plus amer : « Ils me citèrent comme le fondateur et le créateur de la plus grande science jamais donnée à l'homme. Mais quand vint le moment de dire ce qui était meilleur dans l'intérêt de l'école et de son futur, alors ils n'eurent que faire de mon savoir ou de mon avis. Ils coururent vers d'étranges Dieux. Mon cœur fut attristé. Comme une poule rassemble les siens sous son aile, j'aurais voulu vous rassembler, vous, mes enfants, mais vous n'avez pas voulu... [4] »

En 1914, Still fit un ictus cérébral à la suite duquel il ne recouvra jamais totalement la parole. Il mourut le 12 décembre 1917. La tradition veut qu'avant de mourir, il ait balbutié à l'attention de ses enfants présents : « Gardez la pure, garçons, gardez-la pure. »

« Keep it pure, boys, keep it pure. »

2. Carol Trowbridge, *A. T. Still*, p. 173, The Thomas Jefferson University Press, Kirksville, Mo, 1991.

3. A. T. Still, *Research and Practice*, p. 15 (point 9 du *Manifeste de Still*), édité par l'auteur, Kirksville, 1910.

4. Note manuscrite non datée et non paginée, trouvée au dos d'un autre manuscrit : *Comment être un grand penseur* (source : Carol Trowbridge, *A. T. Still*, p. 198, The Thomas Jefferson University Press, Kirksville, Mo, 1991). [N.D.T.]

Chez le même éditeur (extrait du catalogue)

Beryl E. Arbuckle, *Ostéopathie crânienne pour le nouveau-né et l'enfant.*
J.M. Bastide, É. Perraux, *Ostéopathie et sport.*
Rollin E. Becker, *La vie en mouvement.*
Jane E. Carreiro, *Une approche de l'enfant en médecine ostéopathique.*
Paul Chauffour, Éric Prat, *Le Lien Mécanique Ostéopathique.*
Paul Chauffour, Éric Prat, *Le L.M.O. : Artères et système neuro-vgétatif.*
Paul Chauffour, Éric Prat, Jacques Miachaud, *Le L.M.O. : Lésions ostéo-pathiques de l'os.*
Jean-Pierre Chéreau, *La Colonne d'harmonie.*
Pierre Crépon, *Dictionnaire pratique de l'acupuncture et du shiatsu.*
Paul Dennison, *Apprendre par le mouvement.*
Jacques A. Duval, *Techniques ostéopathiques d'équilibre et d'échanges réci-proques.*
Alfonso Gomez, *Le crâne ostéopathique.*
Yves Guillard, *L'ostéopathie en douceur.*
Nicholas Handoll, *Anatomie de la puissance vitale.*
Françoise Hématy, *Le TOG.*
Guy Dudley Hulett, *Manuel de principes de l'ostéopathie.*
Célia Le Dressay, *L'ostéopathie pour tous.*
Paul R. Lee, *Interface – Mécaniqmes de l'esprit en ostéopathie.*
Dr John R. Lee, *Équilibre hormonal et progestérone naturelle.*
Dr John R. Lee, *Tout savoir sur la préménopause.*
Harold I. Magoun, *Ostéopathie dans le champ crânien.*
Serge Paoletti, *Les Fascias, rôle des tissus dans la mécanique humaine.*
Jean-Paul Saby, *Bien naître par l'ostéopathie.*
Raymond Solano, *Ostéopathie pour les bébés et les enfants.*
C. A. Speece, W. Crow, *Techniques d'équilibration articulo-ligamentaires.*
Andrew Taylor Still, *Ostéopathie, Recherche et pratique.*
Andrew Taylor Still, *Philosophie de l'ostéopathie.*
Andrew Taylor Still, *Philosophie et principes mécaniques de l'ostéopathie.*
W.G. Sutherland, *Textes fondateurs de l'ostéopathie dans le champ crânien.*
Pierre Tricot, *Approche tissulaire de l'ostéopathie – Livre I.*
Pierre Tricot, *Approche tissulaire de l'ostéopathie – Livre II.*
Carol Trowbridge, *Naissance de l'ostéopathie, Vie et œuvre d'A.T. Still.*
Dr Jean-Pierre Willem, *Antibiotiques naturels.*

Éditions Sully – BP 171 – 56005 Vannes Cedex
Tél. : 02 97 40 41 85   Fax : 02 97 40 41 88
E-mail : editions.sully@wanadoo.fr
Site : www.editions-sully.com

Achevé d'imprimer sur les Presses de l'Imprimerie Moderne de Bayeux
ZI, 7, rue de la Résistance – 14400 Bayeux – Janvier 2013
Dépôt légal : janvier 2013

Imprimé en France